INTÉGRALISME

Per Veritatem

Pro Justicia

Paris
Société d'Editions scientifiques

INTÉGRALISME

DU MÊME AUTEUR

Un toast maç∴. (1874). *Epuisé.*

Les droits et devoirs actuels des socialistes (1876). *Epuisé.*

Hostilités cachées des pseudo-socialistes contre la véritable solution socialiste (1885). *Epuisé.*

Le jour et le lendemain de la Révolution socialiste (1886). *Epuisé.*

Devoir et tactique des véritables socialistes devant les palinodies parlementaires (1888). *Epuisé.*

Etude sur l'Infini et les indéfinis (1895). *Epuisé.*

Du rôle néfaste et anti-socialiste de la polémique d'invective et de personnalité (1896). *Epuisé.*

Philosophie et pratique du Collectivisme-Intégral Révolutionnaire. (1re édition), 1881).

1re Etude. — Base cosmologique.....	21e éd.	23e mille
2e Etude. — Organisation...........	10e »	22e »
3e Etude. — Voies et moyens.......	18e »	22e »
4e Etude. — Critiques et répliques..	6e »	6e »

Sous presse :

Masques et visages socialistes (1850-1900).

POUR LE JUSTE, PAR LE VRAI
—
ÉTUDES SYNTHÉTIQUES
SUR
Une Organisation sociale, logique, nécessaire, conforme
aux Lois naturelles
—

INTÉGRALISME

(Philosophie et Pratique)

PARIS
SOCIÉTÉ D'ÉDITIONS SCIENTIFIQUES
4, RUE ANTOINE-DUBOIS, 4
—
1901

ACADÉMIE DES SCIENCES MORALES ET POLITIQUES

Messieurs les Académiciens,

J'ai l'honneur de faire hommage de ces petites études à la docte Compagnie à laquelle vous appartenez, vous priant, Messieurs, d'agréer cet hommage comme un témoignage de ma respectueuse déférence envers chacun de vous.

Mars 1897.

A LEIBNITZ, A CONDORCET, A MARAT

Octobre 1882.

A MA BONNE TANTE DÉFUNTE

ELVIRE LAROQUE

Avril 1887.

A toi B. B. qui me donnas 35 ans d'affection, d'indulgence, de dévouement, de Bonté.

17 Mai 1899.

AU CITOYEN LOUIS MARIANO, ORGANISATEUR ET SECRÉTAIRE GÉNÉRAL DE LA FÉDÉRATION DES TRAVAILLEURS COLLECTIVISTES.

La 12ᵉ édition de *Collectivisme-Intégral-Révolutionnaire*, celle de 1892, se terminait par ces quelques mots d'inquiétude douloureuse :

« Pauvres écrits, vous formez un travail de bonne foi ; faits sans parti pris ni haine, ne cherchant que la vérité, la justice, la concorde et l'amour ; hélas ! depuis que je vous édite, afin de vous propager le plus qu'il m'est possible, que de souffrances je vous dois.

» Serait-il vrai que le dédain du silence est l'aumône que vous méritez?

» Pourtant ma conscience me soutient ; elle me crie que mes recherches constantes, sincères et sérieuses ont fait œuvre exacte et utile.

» Si je me trompe, lecteur, j'espère que je ne t'aurai fait perdre que quelques instants ; si j'ai raison, quel bonheur?...

» Quoi qu'il en soit, je reconnais que ces écrits — résultats de mes études, de mes recherches, de mes observations et expériences de plus de trente années — sont imparfaits et incomplets de par mon insuffisance, mais j'espère que d'autres chercheurs les perfectionneront et les complèteront, ou les rectifieront, s'il y a lieu. »

Ami, grâce à votre concours dévoué, énergique, infatigable, je n'ai plus la torture du doute de moi-même, qui me brisait de plus en plus ; aussi, publiquement ici, je vous remercie et reconnais que si mes efforts pour être utiles, n'ont pas été enterrés sous l'étouffement d'un silence aussi persistant qu'implacable, c'est à vous que je le dois, à vos efforts résolus et sans défaillance.   1896.

**

« Ont intérêt à la transformation radicale, la plus rapide possible, de l'État social individualiste, non seulement qui s'y trouve spolié et victime, mais aussi qui en accapare tous les avantages : Le meurt-de-faim et le milliardaire. Les individus qui s'opposent à cette transformation urgente sont des ignorants, des fous ou des fourbes. »

« Le **Chacun pour soi** est la règle de tous les groupements individualistes, il ne laisse à aucun individu la possibilité de se développer librement et harmoniquement. Le **Tous pour chacun et chacun pour tous** sera le principe fondamental de l'organisation collectiviste intégrale, il donnera à tous, sans exception, la plus grande somme possible d'émulation et de facilités pour leur libre et harmonique développement. »

« La vie actuelle des sociétés humaines a pour base, pour moyen et pour but l'égoïsme ; il faut qu'elle soit transformée par la Solidarité. Cette Solidarité indispensable à l'harmonie générale ne peut exister que par la justice égale pour tous ; mais cette justice est praticable là seulement où règne l'égalité sociale, qui est l'**équivalence** et non le pareil, le semblable, l'uniformité. »

« Le *Chacun pour soi* est antinaturel, il est, hélas ! la base de l'état social actuel. La base de l'état social nouveau sera le *Tous pour chacun et chacun pour tous* ; elle sera conforme à la Solidarité qui, sous des noms divers, est la loi générale régissant toute la Nature. »

———

CONFESSION

Amis lecteurs, j'ai cru sincèrement à tout ce qui est dans ce livre ; mais ayant institué depuis trente ans de nombreuses et variées expériences pour contrôler mes croyances, surtout celles philosophiques, celles-ci ne me laissent plus que du doute et de l'incertitude, parce qu'elles n'ont pas été confirmées par celles-là que j'ai toujours faites sérieusement, avec persistance et le souci de la Vérité.

Donc, comme j'en ai pris l'engagement envers vous, après avoir constaté l'inanité de mes efforts passés et qu'il m'est impossible d'affirmer l'existence d'un Infini absolument Juste, Sage, Bon, je reconnais que j'ai le torturant chagrin de me demander, continuellement, si l'hypothèse matérialiste, que j'ai tant combattue, est plus absurde que l'hypothèse d'une action infiniment parfaite dont les lois feraient aux Êtres provenant d'Elle, une nécessité et un mystère insondable de la connaissance exacte du Comment et du Pourquoi de leur existence, comme c'est mon cas depuis plus d'un demi-siècle.

Edouard BOULARD
13 octobre 1899.

AVIS AUX LECTEURS

Les trois petites études qui suivent résument tout ce que, depuis 1867, les Socialistes conscients affirment et propagent partout où ils en trouvent l'occasion.

A ces militants, bien des citoyens demandent :

« Dans quel ouvrage se trouve l'exposé de vos doctrines ? »

La réponse, quant à nous, a toujours été :

« Les détails de nos convictions nous ont été fournis par les œuvres, anciennes et contemporaines, de penseurs socialistes et de vrais savants.

» Ces détails, nous les réunirons, en les résumant, dans une brochure intitulée ; *Intégralisme* ».

L'affirmation dernière était un engagement que nous prenions vis-à-vis de nous-même ; il nous a — sitôt que la possibilité pécuniaire nous l'a permis — fait éditer ce petit volume dans lequel, sans peur, sans faiblesse, sans exagération, nous avons voulu être concis et clair, équitable et vrai. Puissions-nous avoir réussi ! Pour le moins, nous y avons exprimé toute notre pensée, nous avons toujours été sincère et bien intentionné.

Par l'expression : *Intégralisme*, nous voulons indiquer la philosophie qui est affirmée et contenue en abrégé dans les trois études suivantes ; et aussi, une forme d'état social qui sera basée sur la Réciprocité des services et une Solidarité effective. Cette Réciprocité et cette Solidarité devront être rendues obligatoires et faciles à tous et pour tout ; la réalisation de cette forme d'état social nécessitera le changement de la base de tous les états sociaux actuels ; pour ce changement, qui peut s'opérer facilement, par de rapides évolutions; *si, hélas ; l'égoïsme étroit et hypocrite de quelques-uns y met obstacle, les spoliés et les hommes d'honneur seront obligés d'employer la force : Alors, cet emploi sera un droit et un devoir pour tous.*

Lecteurs, si dans les pages que vous allez lire, nous sommes revenus plusieurs fois sur certaines idées, c'est que plus une idée nous paraît importante, plus nous croyons devoir la répéter dans nos travaux ; comme nous n'y cherchons que le vrai, *quel qu'il soit*, nous répondrons toujours et serons reconnaissant à qui nous demandera des explications ou nous adressera des critiques et des objections sur cet écrit, sur ceux que nous avons faits et pourrons faire. En procédant ainsi, nous désirons arriver, pour tous et avec tous, à faire un travail probant aussi court et aussi complet que possible, pour lequel nous n'aurons choisi ni nos preuves, ni la manière de les présenter.

A 11 ans et demi, apprenti monteur en bronze ; à 16, ouvrier ; à 19, maître d'études de troisième ; à 22, sous-officier ; puis ouvrier plombier, employé, entrepreneur de travaux publics, rentier et publiciste.

Si j'énonce ici les étapes de ma vie, ce n'est pas pour en tirer vanité, mais pour témoigner que c'est après avoir beaucoup vu, étudié, observé, réfléchi, que je suis partisan résolu de la transformation radicale de notre anarchie de concurrences et de haines, où je suis un des privilégiés, en une organisation harmonique, dans laquelle nous serons tous des coopérateurs et des associés.

Pour payer autant qu'il m'est possible ma dette à la Solidarité, dont je suis et veux rester un des serviteurs les plus inconnus, j'édite des brochures comme celle-ci au fur et à mesure que mes moyens pécuniaires me le permettent. Je ne les signe que pour en prendre la responsabilité.

J'affirme à tous que je ne me fais aucune réclame, que je n'ai accepté dans le passé et n'accepterai dans l'avenir, aucun mandat avantageux.

1881.

EXPLICATIONS POUR CEUX QUI VONT LIRE LES ÉTUDES SUIVANTES

Il est indéniable que, jusqu'à présent, les peuples ont été induits en erreur et exploités dans tous les temps et dans tous les pays, parce qu'on les a toujours courbés sous des organisations sociales reflets d'hypothèses empiriques, dogmatiques et mystiques, alors prédominantes, présentées comme Vérités scientifiques ou révélées.

Ces hypothèses qui n'ont cessé d'être basées sur un dualisme antagoniste : Substances actives et passives, Esprit et Matière, Bien et Mal, Force et Matière, etc., etc., sont sources de luttes et d'égoïsme, et ne sont pas explicables logiquement.

Quelques apparences qu'elles aient revêtues, quelque nom qu'elles aient pris, très dissemblables dans la forme et dans les nuances, elles ont toujours été pareilles au fond et par les résultats: Spiritualistes ou matérialistes, elles ont continuellement, différemment, mais également, été complices de la domination, de l'exploitation et de la destruction de l'homme par l'homme.

Elles sont astucieuses : Effectivement, si les conditions de notre existence dépendaient d'une puissance anthropomorphe ou de forces brutales, nous n'aurions qu'une liberté négative, notre milieu social serait indépendant de nos efforts, toutes les exploitations humaines et tous les sacerdoces seraient justifiés. C'est bien ce que savent les hommes qui affirment que nos investigations doivent être bornées à ce que nos sens peuvent apprécier, et ceux qui proclament qu'il y a des mystères devant lesquels notre raison doit se courber. A ces hommes, le Collectivisme Intégral répond :

« *Comme les masses ont toujours été et sont encore spoliées au nom d'une prétendue science, que le milieu sociologique où elles vivent ne leur permet pas de contrôler dans ses affirmations, je les engage à ne se préoccuper que des moyens de conquérir l'état social où leurs aptitudes intellectuelles seront développées intégralement, où elles auront les possibilités de juger les hypothèses affirmées, à tort ou à raison, comme vérités scientifiques.* »

C'est donc particulièrement aux personnes qui s'occupent sincèrement des questions scientifiques, que je présente les affirmations de ma première étude comme les principaux détails d'une hypothèse à vérifier ; leur disant : Recherchez continuellement si elle a, pour elle, toutes les probabilités sérieuses que présente l'ensemble des faits dans le Temps et l'Espace. Elle ne serait pas exacte, si elle était en contradiction avec un seul des faits dont elle s'occupe ; toute hypothèse devant être formulée pour expliquer des faits suivant leur loi, et aucun fait ne pouvant faire exception à la loi dont il est tributaire.

Dans cette étude, à laquelle je donne une forme qui me permet d'être en même temps le plus bref et le plus explicite qu'il m'est possible, je cherche dans la connaissance des lois naturelles, la base de la meilleure et plus logique société humaine.

J'ai la conviction absolue que la connaissance de ces lois — quelles qu'elles soient — donnera à tous les moyens les plus pratiques, les plus rapides, les plus efficaces de conquérir cette société et de la rendre inébranlable. Cette connaissance ne peut s'acquérir seulement par l'observation — forcément superficielle et inefficace — de quelques phénomènes naturels ; mais par l'étude réfléchie, comparative et coordonnée de l'ensemble de tous ceux qui sont à la portée des investigations humaines. Mon but dans l'étude philosophique du Collectivisme-Intégral est donc et surtout de provoquer à sa discussion, en attirant l'attention de tous les penseurs qui, scientifiquement, cherchent la vérité et la morale ou règle de conduite qu'elle indique.

Comme par dessus tout, je reconnais, avec tous les socialistes sincères et sérieux, qu'il est indispensable que chaque homme puisse, lui-même, poursuivre, trouver, servir la vérité — pour en tirer au mieux la véritable satisfaction de ses intérêts, et n'être pas la dupe d'affirmations mensongères — j'étudie, dans les parties suivantes de ce travail, comment, le plus sûrement, il peut obtenir ces résultats.

Par suite, j'engage ceux de mes lecteurs qui ne seraient pas familiarisés avec les questions scientifiques, mais qui se préoccupent davantage du but social à atteindre, de commencer la lecture de ce travail par la deuxième étude et à la terminer par la première. Enfin, je les avertis tous, que les idées sur lesquelles je reviens le plus souvent dans cet ouvrage, ainsi que celles imprimées en *italiques* et en petits caractères, sont celles sur lesquelles j'ai voulu appeler spécialement leur attention.
1882.

Ami lecteur, sous le titre de : Développement, j'avais écrit une quatrième étude explicative et complémentaire des trois qui forment le présent ouvrage. Comme elle avait plus d'étendue et m'eût coûté davantage à éditer que les trois autres, sans peut-être mieux servir la propagande socialiste, j'ai dû en extraire les idées principales, les condenser et les intercaler dans cette nouvelle édition, qui est ainsi plus complète que les précédentes.

J'ai continué, comme je le devais, d'y présenter mes études dans l'ordre logique ; mais l'expérience des éditions précédentes me fait, une fois de plus, te conseiller et te prier, *si tu n'es pas familiarisé avec les problèmes de la philosophie*, de continuer la lecture de cette brochure par sa DEUXIÈME partie, de lire ensuite sa TROISIÈME, toute de pratique et d'actualité, et de terminer par sa première qui tend à être une synthèse concise des résultats philosophiques actuels, acquis scientifiquement.

En lisant ainsi *Intégralisme*, tu le verras successivement dans : Son but le plus rapproché ; ses premiers moyens pratiques et efficaces ; sa base et son droit scientifiques conformes aux lois immuables de la Nature.
1890.

SPIRITUALISME, MATÉRIALISME, INTÉGRALISME

Préliminaires

Chaque fois que des individus d'une espèce quelconque, fût-elle des moins développées, vivent assez rapprochés les uns des autres, ils sont soumis pour satisfaire aux nécessités de leur vie organique à se conformer à la loi universelle, la Solidarité.

Les nécessités organiques deviennent d'autant plus nombreuses, diverses et exigeantes que le développement général des individus devient de plus en plus considérable ; ces nécessités bien qu'encore très restreintes chez les individus les plus élémentaires dans la Vie universelle les contraignent déjà à chercher, à trouver et à employer les conditions qui les aident à se comprendre réciproquement dans un langage au moins mimique.

De ce langage mimique les individus, plus exactement les incarnés, à chacun de leurs développements organiques rendent leur langage de plus en plus articulé, complexe, flexible, approprié à rendre sensible tout ce qui les préoccupe organiquement et psychiquement.

L'individu humain est actuellement le dernier type organique paru sur la planète Terre, qui est une des moindres unités organiques stellaires ; cet individu ayant adapté son langage à la diversité et à la complexité de ses acquisitions, intimes et organiques, s'est créé les mots **Spiritualisme, Matérialisme, Intégralisme**, parce que ces mots lui représentent plusieurs de ses préoccupations ; malheureusement, aucun de ces mots n'a eu de définition précise jusqu'au moment actuel, c'est pourquoi chacun d'eux suscite entre les hommes des appréciations et des discussions obscures et contradictoires, n'aidant pas à résoudre les problèmes qu'il énonce.

Le Collectivisme intégral, sur la demande d'un grand nombre de ses adeptes et de ses adversaires, va essayer, ici, de définir exactement ce que représente chacun de ces mots.

Spiritualisme

Dès l'origine de l'espèce humaine sur la planète Terre, les individus de cette espèce avaient nécessité et avantage à s'associer pour bénéficier, en commun, des résultats de leurs efforts réunis contre les difficultés qui les entouraient ; loin de là, presque tous se méfièrent les uns des autres et finirent par chercher à s'entretuer. Alors, la majorité de ceux de ces individus que la ruse et la force violente avaient favorisés imposèrent à leurs adversaires vaincu d'être leurs esclaves en tout, partout et toujours, jusqu'en leur plus lointaine postérité.

Plus tard, les descendants de ces premiers propriétaires se voyant continuellement menacés par les révoltes de leurs esclaves cherchèrent à se faire des alliés de ceux de ces esclaves que leur intelligence faisait les oracles de leurs compagnons moins développés intellectuellement ; pour cela, ils les prirent surtout par la vanité en leur offrant d'en faire presque leurs égaux, à condition qu'ils se donneraient comme des intermédiaires de puissances surnaturelles environnantes qui les chargeaient de recommander aux esclaves, pour leur bien après leur mort, d'accepter la loi du destin et d'obéir aux maîtres que ces puissances leur avaient choisis.

Voilà dans son origine ce que le langage humain nomme « *Le Spiritualisme* ». Aujourd'hui, ses partisans plus ou moins sincères le défendent en s'appuyant, principalement, sur deux constatations de la méthode expérimentale devenues des axiomes scientifiques : *Il n'y a pas d'effet sans cause. Rien ne s'anéantit*. Mais astucieusement, ils dénaturent le premier de ces axiomes en remplaçant par un dieu antropomorphe l'Action immuablement parfaite, pour tout dire Infini, que la Cause des causes est nécessairement ; le second, en affirmant une intité appelée âme qui, par l'origine et la destinée qu'ils lui attribuent, est contradictoire à tout ce qui est dans la nature, alors que la nature est le seul livre dans lequel l'homme peut trouver la part de vérité qui lui est indispensable.

Le Spiritualisme imaginé non pour aider à chercher la Vérité, mais pour servir des intérêts particuliers, parait s'appuyer comme le Matérialisme du reste sur un assez grand nombre de faits frappant les sens de l'homme ; en réalité ces deux hypothèses ne s'étayent que sur la forme ou apparence de ces faits ; la méthode expérimentale a démontré que les sens de l'homme réduits à eux mêmes ne lui montrent pas ce qui est, mais seulement des apparences qu'il doit juger et rectifier continuellement pour n'être pas la dupe d'illusions incessantes.

Les arguments les plus subtiles dont se servent les partisans et les bénéficiaires du Spiritualisme, pour le soutenir, reposent sur ce que cette hypothèse appelle des mystères, lesquels mystères ne sont que des inventions humaines ou des faits naturels sur la cause et le processus desquels l'ignorance humaine est encore presque complète ; les arguments les plus subtils dont se servent les partisans et les bénéficiaires du Matérialisme reposent non sur les phénomènes naturels, mais sur les apparences les plus saillantes que ces phénomènes laissent voir aux sens humains.

Comme les bénéfices sociaux que procure l'hypothèse spiritualiste, à ceux qui l'exploite — *il en est de même pour l'hypothèse matérialiste* — proviennent surtout de la masse des individus sur lesquels l'état social individualiste pèse lourdement et auxquels il refuse, dans un grand nombre de cas, la possibilité de rectifier les erreurs que l'apparence des phénomènes fait commettre à ce que nous appelons leurs sens, les exploiteurs du surnaturel affirment aux parias sociaux et aux faibles d'esprit que la Cause des causes est un personnage nommé dieu qui a créé l'esprit ou âme et la matière, le bien et le mal, le libre arbitre de chaque Etre et des privilégiés qu'il choisit pour ses intermédiaires et ses interprètes près des hommes dans la direction qu'ils doivent donner à leur libre arbitre, afin d'éviter de terribles châtiments et mériter des récompenses éternelles après leur mort.

Comme toute doctrine ne peut être exactement définie que par l'énoncé de ce qu'elle nomme les principes de son enseignement, la Véritable définition du spiritualisme doit être :

Une hypothèse affirmant l'existence d'un dieu anthropomorphe qui a créé l'âme humaine à son image et l'a dotée du libre arbitre ; qui a créé la matière pour qu'elle serve d'outillage à cette âme ; qui a créé le bien et le mal pour éprouver chaque âme dans son libre arbitre ; qui se révèle particulièrement à certaines âmes qu'il choisit pour éclairer les hommes sur leurs devoirs, les aider à éviter de terribles châtiments et mériter des récompenses éternelles après leur mort.

La définition ci-dessus englobe tout ce qui constitue l'essence du spiritualisme ; elle ne s'occupe pas des détails que les exploiteurs sacerdotaux et autres du surnaturel en dérivent et qu'ils font varier sans cesse, suivant les temps et les lieux, pour les accorder tant bien que mal avec l'opinion humaine ambiante et surtout avec les bénéfices sociaux qu'ils peuvent soutirer à cette opinion.

Le Collectivisme intégral termine cette synthétique étude du spiritualisme en constatant qu'il est surtout une hypothèse matérialiste hybride affirmant des choses qui s'excluent réciproquement, parce qu'elles sont scientifiquement contradictoires entre elles, des choses qui tendent à légitimer l'assujettissement de l'homme à l'homme.

Matérialisme

Longtemps après que quelques animaux humains pour expliquer les phénomènes naturels, qui étonnaient et effrayaient leurs congénères, avaient imaginé des puissances surnaturelles dont ils se prétendaient les intermédiaires auprès des autres hommes, afin de soutirer à ces hommes tous les avantages possibles ; plusieurs de ceux-ci en observant avec attention les phénomènes qui se passaient autour d'eux avaient remarqué et enseigné que ces phénomènes ne se présentaient pas dans les conditions affirmées par les soi-disant représentants de puissances surnaturelles, et que l'existence de ces puissances était au moins hypothétique.

Dès lors, naquit une réaction intellectuelle de plus en plus accusée contre la morgue et le despotisme des prétendus favorisés surnaturellement et contre leurs affirmations intéressées; toutes les conceptions créés par cette utile réaction, même celles hélas qui se détruisent réciproquement et n'ont aucune base sérieuse, composent ce qui de nos jours constitue la croyance appelée **Matérialisme**.

Aujourd'hui, plus que jamais, les conceptions les plus contradictoires entre elles alors qu'elles attaquent les affirmations dites spiritualistes et l'astuce des pontifs qui exploitent la croyance au surnaturel forment le fonds commun où la plupart des hommes qui se disent, ou se croient matérialistes, vont chercher des arguments qui souvent se détruisent les uns les autres.

Presque tous les hommes à qui fait horreur le mensonge affirmant le surnaturel et les trafics sociaux qui découlent de ce mensonge sont des sincères, des instruits et des intelligents ; malheureusement, la crainte exagérée et anti-scientifique que la recherche du Comment et du Pourquoi des faits, le moins contestable, puisse amener une découverte dont pourraient profiter les trafiquants du soi-disant surnaturel amène ces hommes à infirmer quand même ces faits, ou à dénigrer systématiquement et despotiquement les chercheurs sérieux qui ne rejettant pas ces faits *à priori* les contrôlent et en tirent des conclusions sans se courber devant les injonctions, fanatiques et intransigeantes, des pontifes matérialistes : Il y a des pontifes matérialistes qui ne le cèdent en rien au sectarisme des pontifes spiritualistes.

Beaucoup de sectaires matérialistes rejettent de parti pris la conception scientifique de Laplace « A l'origine tout ce qui est, a été en état d'extrême diffusion et partout identique »; aussi, la plupart des phénomènes constatés par la loi naturelle de l'évolution et beaucoup d'axiomes formulés par la méthode expérimentale; alors que cette conception, ces phénomènes ou ces axiomes gênent les arguments avec lesquels ils soutiennent ACTUELLEMENT *leur religion matérialiste.*

Il ne faut pas confondre la méthode expérimentale, moyen de contributions sérieuses à la science ou connaissance exacte de la Vérité, avec le matérialiste qui, en réalité, n'est qu'une hypothèse très problématique ; les partisans quand même de cette hypothèse la soutiennent avec des arguments contraires et souvent contradictoires ; ils donnent à la matière et à la force, bases mystiques du matérialisme, des définitions variées qui ne sont que des affirmations d'états supposés et non de véritables définitions : *En fait, les partisans quand même du matérialisme sont aussi crédules et intolérants que les souteneurs des religions dites révélées.*

La définition logique du matérialisme — en ne tenant pas compte des affirmations données par ses fanatiques, alors que ces affirmations se détruisent réciproquement — doit être celle-ci :

Une hypothèse qui se déclare scientifique et indiscutable en affirmant que tout est matière se manifestant sous des formes qui ne sont que des résultantes de forces aveugles, et sans autre cause qu'elles-mêmes ; qu'il n'y a dans chaque individu qu'une forme organique, une unité complexe, une résultante éphémère n'ayant pas de passé et ne pouvant avoir d'avenir ; que l'unité complexe et éphémère formant individu-humain ou autre — n'a d'autre obligation que de se satisfaire par n'importe quel moyen et de rester vainqueur, le plus longtemps possible, dans la lutte pour la Vie qui est une loi de la matière.

Si le matérialisme pouvait être l'expression de la Vérité, que deviendraient ces constatations de la méthode expérimentale : *Qu'il n'y a pas d'effets sans cause, et que chaque cause produit les effets qu'elle contient en puissance* ; si le matérialisme était l'expression de la Vérité, les sans-scrupules seraient logiques et les socialistes seraient des inconscients !!!

Intégralisme

Les croyances basées sur le surnaturel astucieusement semées et cultivées dans le cerveau humain par des sans-scrupules, voulant en tirer le plus d'avantages sociaux possibles, ont été dans tous les temps et sous toutes sortes de formes directrices des actes sociaux et privés de la majorité des hommes ; la réaction matérialiste n'a guère entamé ces croyances jusqu'à ce jour, malgré ses périodes assez nombreuses de mode et de domination intellectuelles ! Pourquoi ces insuccès persistants du matérialisme ?

C'est que pour détruire une erreur dans le cerveau humain, il ne faut pas lui en semer une autre ; mais lui fournir de la Vérité.

Le Collectivisme intégral a démontré que le spiritualisme et le matérialisme commencent par réclamer l'assentiment de la raison humaine à leurs affirmations les plus problématiques ; cette manière d'opérer agit momentanément sur la crédulité qui désire un aliment quelconque, mais elle n'éclaire pas et par suite ne conquière pas définitivement le besoin de savoir qui caractérise le véritable développement humain. Le Collectivisme intégral agit autrement — après avoir donné un nom à la philosophie qui est sa base, parce qu'il faut donner un nom particulier à toute spéculation spéciale — il affirme hautement que cette philosophie ne doit être prise que pour une hypothèse ; que cette hypothèse doit être continuellement vérifiée par sa concordance avec tous les phénomènes de la nature, et qu'un seul de ces phénomènes qui lui serait **réellement** contradictoire l'infirmerait :

Cette philosophie et son application sociale s'appelle l'**Intégralisme**.

L'Intégralisme dit partout aux travailleurs et aux chercheurs sérieux de conquérir, avant tout, un état social où leurs aptitudes intellectuelles seront développées intégralement; un état social où ils auront les possibilités de contrôler toutes les hypothèses humaines, l'Intégralisme comme les autres, pour n'être plus dupés ni par de prétendus serviteurs de Dieu ni par de pseudo-savants.

La définition de l'Intégralisme est : Une hypothèse cherchant à prouver par tous les phénomènes qui se manifestent dans la nature et au moyen de la méthode expérimentale « *Qu'il y a une cause générale à tout ce qui est, une Cause qui ne dépend ni du temps ni de l'espace, une Cause qui n'est qu'une action parfaite agissant par des règles immuables sur tout ce qui constitue la nature; que tout ce qui constitue la nature est régi par une loi unique, la Solidarité, et soumis à une sanction inéluctable, l'imprescriptible responsabilité individuelle; que l'état premier de tout ce qui est dans la nature a été un ensemble partout identique et en extrême diffusion; que chacun des infiniment petits de cet ensemble existe éternellement, qu'il a toujours une volonté et des limites de liberté, qu'il se développe à l'infini non dans le volume et la forme, mais dans ses attributs intimes; que ces infiniment petits se groupent par affinité et créent toutes les manifestations attribuées à une entité imaginaire, la matière; que ces infiniment petits, suivant le développement actuel de leurs attributs intimes, ou sont encore attachés à des agglomérats quelconques, ou sont les moteurs de toutes les formes organiques, depuis celles les plus élémentaires jusqu'à celles des astres les plus splendides; que chaque moteur d'une forme organique est responsable des manifestations de cette forme qui ne vit et n'agit que par lui; que les infini-*

ment petits sont des Etres ou Actions développant indéfiniment leurs attributs intimes ou principes de forces dans des vies diverses et successives ; que comme conséquence de ses actes, aucun Etre ne peut rétrograder dans une espèce organique inférieure à celle où il est arrivé, mais qu'il peut rester de plus en plus péniblement stationnaire dans bien de ses vies successives ; que l'Etre humain n'est pas une exception dans la nature, qu'il n'y est soumis par devoir essentiel qu'à une loi, la Solidarité ou Aide mutuelle, et que seuls son vouloir et ses actes en accord ou en désaccord avec cette loi sont les causes consécutives de ses diverses situations tant organiques que sociales. »

L'Intégralisme, comme application sociale, conclut : A une association de garanties réciproques entre tous ses membres, hommes et femmes, contre toutes les éventualités possibles ; à une association dans laquelle librement et également chacun par ÉQUIVALENCE, suivant ses aptitudes et ses besoins naturels, contribue à toutes les charges et bénéficie de tous les avantages de cette association ; à une association où tous sans EXCEPTION auront toute la somme possible et sans cesse agrandie de bien-être, de sécurité, de liberté, de savoir, d'émulation, de développement physique et intellectuel.

Pour terminer et conclure sur les trois hypothèses qui font l'objet de la présente étude, le Collectivisme intégral affirme : Que les hypothèses spiritualiste et matérialiste sont anti-socialistes, parce que le CHACUN POUR SOI résulte logiquement des enseignements de chacune d'elles ; que l'hypothèse intégraliste est socialiste, parce qu'elle montre partout la nécessité du TOUS POUR CHACUN ET DU CHACUN POUR TOUS.

Première Étude

BASE COSMOLOGIQUE
sous forme de testament philosophique et social

> « Cette étude est un essai de philosophie intégrale cherchant à exposer le pourquoi et le comment de tout ce qui est dans le Temps et l'Espace, ainsi que le vrai et le faux des principales énigmes, surtout celles dites de l'au-delà, que les faits posent à l'Humanité. »

Pour chacun de vous, lecteurs, j'espère que les propositions et les explications de ce testament s'éclaireront et se compléteront les unes par les autres, aussi par la critique rigoureuse que vous ferez de chacune d'elles.

Pour concevoir, formuler et vérifier ces propositions et ces explications, j'ai beaucoup lu, plus encore observé et réfléchi.

Je désire qu'elles énoncent clairement et brièvement :

1º Le peu de véritables axiomes conquis par l'observation et les expériences de l'homme.

2º Les manières d'être qui sont communes à tout ce qui se manifeste dans le Temps et l'Espace ; aussi celles de différents phénomènes complexes, inexactement décrits par toutes les hypothétiques théories actuelles.

3° Les inductions et les déductions logiques tirées des sources d'informations acquises par le savoir réel de l'Humanité.

Je voudrais qu'elles établissent :

1° Que tout ce qui est dans le Temps et l'Espace procède d'une seule *Cause* ; se compose d'unités homogènes libres et responsables dans les limites d'une loi immuable, qui ne les soumet qu'à une seule et réciproque obligation ; que ces unités ont une origine identique et simultanée, une égalité absolue, une même destinée de développements sans fin.

2° Que les mots : Esprit et Matière, Substances et Corps, Organiques et Inorganiques, etc., etc., sont des expressions générales représentant, confusément, des situations différentes du développement des Etres.

3° Que les propriétés dites chimiques, physiques, mécaniques, médiumniniques, etc., etc., sont des acquisitions organiques que se sont faites des Etres de développement inférieur.

4° Qu'il n'y a rien de contradictoire dans la Nature, ni entre la nature et sa *Cause*.

Je termine ces préliminaires nécessaires à la compréhension du but poursuivi et de la méthode employée dans la présente étude, en proclamant à nouveau qu'autant qu'il m'a été possible, cette étude je l'ai écrite en termes techniques pour qu'elle ne sollicite aucun assentiment crédule, et qu'elle obtienne l'attention sérieuse des hommes qui cherchent la Vérité dans les seules révélations de la Nature. J'ajoute que les meilleures expressions du langage humain ne peuvent qu'imparfaitement dépeindre tout ce qui n'est pas dans les conditions du développement de l'homme, et qu'elles sont tout à fait insuffisantes *quand il s'agit de l'Infini.*

Ceci que je détruirais immédiatement si mon jugement se modifiait, est mon testament philosophique et social ; ma ferme volonté est d'y affirmer les résultats des incessantes, méthodiques et sincères recherches de ma vie actuelle.

Ces résultats me donnent de plus en plus la conviction que, **dans les faits et le savoir réel acquis par l'Humanité,** *aucune probabilité n'infirme, et toutes autorisent les propositions suivantes :*

1. — C'est seulement dans l'étude réfléchie et comparative de tout ce qui existe dans le Temps et l'Espace — dont l'expression « La Nature » n'est pas la personnification, mais seulement la désignation générale — que peut exister pour chaque individu la révélation permanente et universelle de sa règle immuable de conduite.

L'individu humain, par cette étude et avec l'aide des travaux de tous, apprend que :

Aucun de ses actes n'est indifférent, tous sont des causes dont il subira inéluctablement les effets, il ne doit jamais sacrifier les intérêts de son lendemain aux séductions du moment actuel.

Il lui est utile de connaître le plus exactement possible les phénomènes de ses milieux ambiants pour modifier ceux qui lui sont nuisibles par leurs effets, il n'en peut modifier utilement un seul s'il n'en connaît la ou les causes ;

Pour agir avec avantage certain sur une cause quelconque, il faut qu'il la connaisse aussi complètement que possible dans son principe, c'est-à-dire dans sa Cause Initiale, son intérêt principal, permanent, est de chercher à connaître cette Cause par ses effets dans ce qu'il peut en percevoir ;

C'est seulement dans ce qu'il connaîtra de cette Cause-Initiale dont il provient, qu'il peut savoir : Quel il est, d'où il vient, où il va, quels sont ses droits, ses devoirs, sa régle certaine de conduite individuelle et sociale ;

Pour se conquérir une conviction sérieuse sur ce que peut être cette Cause-Initiale sont insuffisantes des recherches et des expériences humaines isolées, tandis que le savoir réel de l'Humanité interrogé sincèrement lui donne les éléments indispensables et suffisants de cette conviction.

Ces éléments sont entre autres les suivants :

2. — Aucune réalité ne peut exister par elle-même, si elle n'est absolument indépendante et libre.

Dans le Temps et l'Espace :

Rien n'est indépendant ; rien n'est absolument libre ; tout est coordonné et solidaire ; tout a ses limites de liberté.

Rien n'est semblable, mais rien n'est inégal ; tout est de même valeur, car tout est nécessaire au fonctionnement général.

Il n'y a pas d'effet ou phénomène sans cause ; de cause comportant son contraire ; d'effet manifestant ce que sa cause ne possède pas, au moins en puissance ; de cause produisant dans ses effets, même les plus éloignés, ce qu'elle n'a pas elle-même.

Rien ne se perd, rien ne se crée, tout se combine.

Ce qui est simple est éternel, se développe intimement en ne changeant, ni de nature, ni de volume, ni de forme.

Ce qui est composé est momentané, se décompose, se recompose, se transforme en changeant d'aspects, de formes et de volume.

Le simple est l'infiniment petit, il est l'essence, le principe vital de tous les composés. Les composés sont des touts individuels, instruments des manifestations de la vie, ils sont formés d'infiniment petits.

Les caractères essentiels et universels de la vie sont : L'individualisation, un commencement, un accroissement, une activité interne agissante et réagissante extérieurement, enfin une désorganisation.

Toutes les agglomérations dites inorganiques sont formées de molécules ; ces molécules sont toujours en activité dite de mouvements inter-moléculaires ; elles ont les caractères essentiels de la vie et sont séparées plus ou moins entre elles ; chacune est un composé qui n'est pas identiquement semblable à ses voisins par ses qualités acquises, ni par son volume (*pesenteur*, *forme*, *étendue*).

Tout ce qui existe actuellement a été, primordialement, un ensemble en état d'extrême diffusion ; un ensemble composé d'unités élémentaires, impondérables, absolument identiques, possédant en puissance une infinité de pareilles possibilités.

C'est de cet ensemble que résulte tout ce qui s'est manifesté, se manifeste, se manifestera.

De tout ce qui a été, qui est, qui sera indéfiniment, les manifestations innombrables, incessantes et variées sont formées par ces unités élémentaires se groupant par affinités.

Ces unités restent toujours pareilles par leur volume qui est l'infiniment petit et l'impondérable, mais elles se différencient continuellement par l'usage qu'elles font de leurs attributs ou qualités intimes.

Elles sont des Etres distincts et immortels se manifestant et se perfectionnant indéfiniment en des vies diverses, successives, de plus en plus développées, radieuses, vivifiantes. Leur seule Cause-Finale est la perfectibilité éternelle.

Ces Etres et les lois de possibilités de leurs manifestations procèdent, **nécessairement**, d'une réalité indépendante du Temps et de l'Espace, et qui est elle-même sa cause.

Nécessairement, cette **Cause-Première** seule possible — indispensable et suffisante — est permanente, immuable, éternelle ; toute d'attributs actifs, parfaits, infinis, absolus, inséparables.

Les Etres émanent d'un de ces attributs de la **Cause-Première : Le Pouvoir Souverain** ; ils se développent dans un autre : **Le Présent Infini** ; ils sont attributs toujours perfectibles.

Si la phrase ci-dessus n'est pas absolument vraie, rien de ce qui est écrit dans le présent ouvrage ne peut être exact.

3. — Les Etres existent et évoluent par et dans la puissance de la Cause-Première.

Les Etres étaient originellement identiques les uns aux autres, mais dès lors ils se sont différenciés, car chacun d'eux, dans les limites de son vouloir, se servant différemment de ses attributs pour se créer ses premières facilités vitales, a uni ou opposé son moi à celui des autres. *De ce point de* départ commencent les possibilités indéfinies d'organismes et d'individualités.

Alors, chaque Etre a fait à ses attributs des acquisitions particulières en s'unissant à de ses semblables pour le bien de tous ; ou s'est tenu en puissance de possibilités qu'il ne pourra commencer à utiliser qu'en faisant acte de Solidarité, ses possibilités non encore utilisées lui forment un organisme rudimentaire dépourvu de pouvoir vital.

Tant qu'il reste réfractaire à la Solidarité — cette unique loi universelle — qu'il s'isole dans ses appétits par des résistances et des luttes égoïstes, il demeure stationnaire avec un organisme rudimentaire dans un amas d'autres Etres rendus comme lui, par leur amour d'eux-mêmes, jaloux, hypocrites, violents, dominateurs ; alors ses possibilités, qu'il n'utilise pas, peuvent être mises en action par des Etres qui se sont développés par le bon emploi qu'ils ont fait de leur vouloir.

Tout organisme qui n'est plus rudimentaire est une réunion, une colonie, ou une association d'Etres.

Tous les organismes, quels qu'ils soient, sont en continuelles modifications et sans cesse sujets à destruction, sans que les Etres qui sont le lien des individualités qui les composent aient à souffrir de ces modifications et de cette destruction ; au contraire, ils y trouvent des facilités pour se modifier avantageusement et progressivement.

Plus un Etre est développé par sa pratique de Solidarité, mieux l'activité de ses attributs se manifeste par des effets nombreux, puissants, utiles, continuels, plus les organismes qu'il se crée sont composés d'Etres de divers développements.

C'est l'usage que fait de son vouloir un Etre, avec ou sans organisme, qui mesure toute sa responsabilité.

Ce vouloir consiste pour chaque Etre en sa puissance à choisir entre les différents mobiles que lui fournit son état actuel, et il est dans son choix sollicité par ses aspirations présentes.

Toutes les aspirations d'un Etre n'ont qu'un foyer : L'amour à l'une de ses innombrables nuances, depuis la forme infiniment bornée et négative de l'égoïsme jusqu'à celle infiniment parfaite et puissante de l'amour universel.

Moins est développée la vie d'un Etre, moins son vouloir a de mobiles ; plus elle est développée, plus nombreux sont ceux qui le sollicitent, plus il est raisonné et stable dans son vouloir et dans ses actes, plus il est supérieur dans ses possibilités vitales.

Jamais les actes d'un Etre ne sont contraires à son vouloir, et son vouloir n'est jamais annihilé.

La liberté d'un Etre est moindre que son vouloir de toutes les impossibilités qu'il éprouve à manifester les actes de celui-ci ; plus il mésuse d'un de ses organismes, plus sa liberté y est restreinte.

4. — Dans la Nature et sous la rigidité de ses lois, les acquisitions d'un Etre ne dépendent que de lui.

Les unes, utiles à tous, sont intimes, profondes, réelles, essentielles à son perfectionnement ; elles développent ses attributs. Leurs rayonnements sont psychiques, forces et causes naturelles indestructibles.

Ses autres acquisitions ne sont qu'extérieures, superficielles, provisoires, relatives au fonctionnement de ses organismes successifs ; leurs manifestations sont physico-chimiques produisant des forces seulement artificielles et momentanées.

Tout rayonnement, toute manifestation d'un Etre est une cause ou une réunion de causes produisant des effets organisateurs ou perturbateurs plus ou moins puissamment ressentis par d'autres Etres dans leur organisme.

Les organismes sont pour l'Etre les instruments de ses manifestations et de ses acquisitions. Il en est le lien et le promoteur. Il les cherche et les perfectionne indéfiniment dans les limites de lois immuables et leurs imperfections de toutes sortes viennent, par ces lois, de l'usage égoïste qu'il a fait de son vouloir.

5. — Plus les Etres s'associent entre eux de façon fraternelle, intime et prolongée, plus leurs acquisitions leurs sont faciles et avantageuses ; plus ils s'isolent, plus ils restent arriérés.

La lutte entrave leur développement :

Elle a pris naissance et se continue par l'usage orgueilleux, jaloux, égoïste qu'ils font de leur vouloir ; elle les punit en leur créant, dans leurs organismes, de factices et passagers besoins ; ces besoins se satisfont en grande partie sur et par d'autres organismes.

Il y a de nombreux Etres qui, par le bon usage constant de leur volonté, n'ont jamais eu à lutter contre ces besoins ; d'autres, au contraire, par le mauvais emploi antérieur de la leur et la responsabilité réparatrice qui leur en incombe, passent des périodes de leur développement avec et sur des organismes où la lutte est habituelle et générale.

Ces derniers doivent, de plus en plus, combattre

cette lutte et la transformer en amour et Solidarité pour se pouvoir développer.

Plus ils se développeront, plus ils se débarrasseront de leurs responsabilités antérieures, plus ils domineront et moins ils subiront — comme individus — la diversité et la puissance des influences organiques des autres Êtres.

Les formes ou individualités organiques sur lesquelles la lutte est habituelle sont les plus inférieures; les organismes qui les composent et s'y meuvent vivent les uns des autres ; les plus développés peuvent façonner et organiser les plus arriérés pour se les adjoindre comme outillage d'utilité plus ou moins automatique, à résultats restreints, spéciaux, artificiels, transitoires, créant ainsi inconsciemment des possibilités futures de choix à des Êtres qui leur sont très inférieurs de développement.

6. — La liberté et les acquisitions inégales et différentes des Etres sont les causes de la dissemblance, de plus en plus sensible, de leur manière d'évoluer dans l'infinité de l'Espace et du Temps.

Dans l'infinité de l'Espace et du Temps, le nombre indéfini des Êtres, et leur volume (*étendue, pesanteur, forme*) qui est l'infiniment petit, l'indivisible, l'élémentaire ne varient pas; mais les organismes, les manifestations, les mobiles, les locomotions de ces Êtres y sont variables.

7. — Par leurs efforts à se perfectionner, tous coopèrent au progrès indéfini.

Dans ce progrès, ils élargissent de plus en plus les limites de toutes leurs possibilités ; ils apprennent à connaitre et à servir les lois dans lesquelles ils évoluent.

Ces lois ne sont que des faces et des degrés d'une

obligation unique qui lie les Êtres les uns aux autres pour leur perfectionnement, elles sont les principes des rapports éternellement immuables qui régissent toutes leurs possibilités et amènent inéluctablement les conséquences logiques de chacun de leurs actes.

8. — Par chacune de leurs acquisitions intimes, les Êtres ajoutent à la somme de leur liberté, à la puissance de leur action, à leur **développement**; ils rapprochent et pénètrent leur essence de celle de leur **Principe-But**, sans jamais l'atteindre, ni devenir inégaux et hiérarchiques devant **Lui**.

Chacun d'eux a tendance et avantage à s'unir, comme promoteur, à un organisme formé d'autres organismes que meuvent des Êtres plus arriérés que lui, et à se joindre à celui qui est mû par un Être d'un développement vital supérieur au sien sur lequel, momentanément, il se mouvra et sera incité à chercher et à prendre du perfectionnement.

Quel que soit son état psychologique quand il quitte un de ses organismes, il n'est pas débarrassé des influences de cet état; il reste avec tendance à les faire agir : Il a plus de liberté psychique pour son vouloir et moins de possibilités physiques dans ses manifestations.

Il peut alors, volontairement, rester sans s'allier à un autre organisme pendant des périodes plus ou moins prolongées, cherchant, observant, prenant des résolutions pour l'évolution qu'il a nécessité de poursuivre; mais sans pouvoir ni réparer ni acquérir.

En s'unissant à un autre organisme, il restera le même Etre, mais il deviendra un nouvel individu qui, tout en profitant de chacune des acquisitions intimes de ses individualités passées, n'aura plus le souvenir de celles-ci ou n'en aura conscience qu'en raison de son état psychique relativement bien équilibré et déjà supérieur.

9. — Chaque Etre a, toujours, une atmosphère personnelle sensible et rayonnante en rapport avec son état psychique : Plus cet Etre est développé, plus il rayonne par son atmosphère en influences vivifiantes, diverses, pénétrantes et universelles.

L'atmosphère d'un Etre, sans organisme, est formée par le rayonnement de ses puissances psychiques ; celle d'un de ses organismes est formée de ses diverses influences, des propriétés physicochimiques des organismes qui vivent de lui, des rayonnements psychiques des Etres qui s'y meuvent et doivent, organiquement, vivre et revivre de la vitalité de cet organisme.

Ainsi, la planète Terre sur laquelle nous nous mouvons, dont nous sommes comme les cellules cérébrales, a dans son atmosphère des myriades d'Etres divers depuis ceux qui entreront, organiquement, dans des unités que la connaissance humaine ne sait pas encore décomposer ; jusqu'à ceux qui, ayant eu un certain nombre d'organismes humains, n'ont pas fait toutes les acquisitions réelles que comporte l'animalité humaine ou n'ont pas réparé leurs NON-BIEN antérieurs.

C'est dans les atmosphères des Etres, dans celles de leurs organismes et par ces organismes agissant comme instruments, les uns d'émissions, les autres de réceptivités et de répercussions de certaines propriétés physiques, que se créent et se manifestent tous les effets : Organisateurs ou désorganisateurs, lumineux ou obscurs, attractifs ou répulsifs, réels ou apparents, durables ou momentanés, etc., etc.; ces effets ne sont que des nuances ou des degrés d'une manifestation unique, celle de la Vie universelle.

Chaque effet, en disparaissant pour les individus qui le percevaient n'est pas détruit dans son essence ; il a été modifié dans sa stabilité en raison des changements survenus dans les combinaisons dont il est la résultante.

Aucun effet n'est identique ni absolument contraire à un autre.

Tous les effets — autres que les Etres, la vie universelle et les lois qui régissent toutes les possibilités — sont des résultats secondaires d'influences associées plus ou moins consciemment.

10. — L'Etre ne s'unit définitivement comme promoteur à un organisme que quand celui-ci a acquis ses caractères d'individualité.

Avant, il exerce son influence psychique sur la réunion, le concours plus ou moins inconscient, les actes organiques moins ou plus éclairés des Etres de divers développements à qui cet organisme embryonnaire doit son origine, ses manifestations évolutives, sa vitalité de cohésion comme est celle de toutes les agglomérations, colonies et réunions d'Etres organisés qui n'ont pas de promoteur définitif ou qui en sont séparés momentanément.

Plus l'Etre promoteur d'un organisme a son état psychique supérieur et bien équilibré, plus il a pouvoir de s'en isoler, sans le quitter définitivement; cet organisme conserve alors une vitalité latente entretenue par les influences ambiantes, et ses fonctions physiologiques sont momentanément plus ou moins suspendues.

Une réunion d'Etres a ses évolutions moins sujettes aux influences extérieures quand elle a son promoteur.

Chaque Etre en se modifiant modifie les mobiles artificiels de ses actes ; il évolue en cherchant, en imitant, en se recommençant comme individu, en repassant par de ses formes organiques antérieures, en profitant de toutes les acquisitions intimes de ses vies précédentes et seulement de celles organiques par lui acceptées.

Par les lois de la Nature, tous les Etres profitent en modèles et influences bienfaisantes des acquisitions des uns et des autres ; mais, chacun d'eux n'hérite — comme Etre et comme individu — que de ce qu'il a acquis personnellement dans ses vies antérieures.

11. — Dans la liberté de leur marche progressive, tous les Etres ne passent point par les mêmes systèmes et le même nombre d'organismes : Ils peuvent évoluer chacune de leurs acquisitions essentielles **avec** et **sur** des formes organiques semblables ou dissemblables de même valeur et dans des milieux différents équivalents.

Il n'est pour les Etres aucune forme organique par laquelle ils doivent obligatoirement passer pour leur développement.

Dans ces formes, toutes créées par les Etres, pas une n'est identique à une autre, parce qu'elles dépendent d'acquisitions individuelles ; mais toutes sont unies par une commune essence, rapprochées et mélangées par d'infiniment petites différences de variétés et de diversités dans leurs détails.

Plus est développée une forme organique dans laquelle les Etres qui la dirigent n'arrivent point à évoluer la phase nécessaire de développement qui leur est actuellement possible, moins elle a de persistance dans le Temps et l'Espace.

Moins est développé l'organisme d'un Etre, moins celui-ci, comme individu, est lié organiquement aux organismes des Etres avec lesquels il s'est réuni ; plus son organisme est développé, plus, comme individu, il est organiquement en alliance intime, complète et nécessaire avec les organismes des Etres auxquels il est lié et qui forment ses organites, ses organes, son organisme.

Plus une forme organique est développée, plus elle contient de variétés, de nuances et de spécialisations dans les acquisitions des individus qui la revêtent.

Plus elle est supérieure : Plus est puissant son promoteur, plus sont compliquées son organisation et sa désorganisation, plus sont diversement développés les organismes des Etres dont il est le microcosme, plus est liée sa vie à celles des individus qui concourent à sa vitalité et à ses acquisitions, plus est complexe sa division du travail, plus sont multiples et diverses ses manifestations et ses influences.

Du reste, tous les organismes sont de même essence et ne diffèrent, les uns des autres, que de nuances et de degrés dans leurs possibilités de manifestations et d'influences.

Unis solidairement dans une colonie, une association ou une collectivité intégrale, les individus supérieurs de la même espèce sont toujours occasions à naissances d'autres individus qui leur sont supérieurs d'espèce et de développements.

12. — Les Etres ont tendance à imiter.

Cette tendance, moins consciente et plus visible dans les organismes déséquilibrés et dans ceux des Etres peu avancés, se manifeste surtout par des apparences et mouvements désordonnés, extérieurs illusoires et momentanés.

13. — L'Etre est simple et indestructible ; action et principe de forces ; réfractaire, s'il le veut, à toute influence autre que celle de la Solidarité ; il ne rétrograde jamais et ne peut être imité artificiellement. Seul, dans la Nature, il a l'incompressibilité et l'impénétrabilité dites matérielles.

Ses organismes sont composés, en continuelles modifications, sensibles à toutes les influences ; ils se désorganisent et peuvent être reproduits artificiellement de façon illusoire et momentanée.

14. — L'organisme, les besoins, l'intelligence, la sensibilité, la licence, la liberté, **l'état psycho-physiologique** d'un Etre sont toujours en rapport d'équivalences entre eux ; avec le degré de perfectionnement de cet Etre ; avec la possibilité et l'intensité de ses plaisirs et de ses peines ; avec le bien et le NON-BIEN qu'il peut accomplir.

Le bien est tout acte de Solidarité ; il a pour but le développement vital et le perfectionnement incessant de l'Etre par la satisfaction de ses besoins **réels** ; ses effets sont avantageux et illimités.

Tous les NON-BIEN viennent de l'individualisme ou amour de soi ; ils ont leur origine dans le vouloir momentané d'Etres se formant des mobiles illusoires ; leurs conséquences sont fâcheuses, mais restreintes.

La Solidarité associe les Etres dans le progrès, elle est harmonique ; l'individualisme isole l'individu dans l'anarchie, il est pertubateur.

Les affirmations et les négations intolérantes sont **au moins** erreurs d'individus superficiels qui donnent un arrêt de développement à un de leurs attributs intimes d'Etre : La **Généralisation**.

Tout acte ou, même, tout propos égoïste contre la Solidarité est une faute sérieuse.

15. — Les aspirations et les besoins **réels** d'un Etre lui sont lois incitatrices à conquérir tous les avantages **vrais** dans et sur les milieux où il se meut.

16. — Un des biens qu'un Etre peut accomplir, de plus en plus, est d'employer énergiquement sa volonté à soulager ses semblables dans leur organisme ; s'il prend dans le sien une partie des maux dont il veut les débarrasser, c'est qu'il s'acquitte envers eux de NON-BIEN antérieurs ; ce qu'il peut faire de plus utile et de plus méritant, après avoir acquis la bonté nécessaire, est de se consacrer au plus grand bien de tous et de chacun.

17. — La Bonté est nécessaire au plus grand bien de tous les Etres ; toute évolution ascentionnelle de l'un deux en nécessite une quantité qui résulte de toutes les autres qualités vraies qu'il a acquises.

La Bonté est indulgente et ferme, sans faiblesse ni exagération ; elle est Amour, Justice et Solidarité.

Cette Bonté est le levier le plus puissamment efficace du vouloir ; le vouloir — appuyé sur elle — est le moyen et la cause *de* tout ce qui est indestructible dans la Nature, *des* plus puissantes actions évolutives de chaque individu, *de* sa possibilité de conquérir la connaissance de la vérité qui lui est actuellement accessible.

Connaissance de la vérité et science réelle sont synonymes.

18. — Les efforts d'un Etre pour devenir bon lui servent, efficacement, à acquérir les qualités qui lui sont utiles pour s'élever dans son existence ascensionnelle.

19. — Tout le bien qu'accomplit un Etre lui donne un profit égal ; les NON-BIEN qu'il fait, et ceux qu'il tolère sans s'y opposer de toutes ses forces, lui amènent une responsabilité inéluctable.

20. — Le profit d'un Etre consiste dans ses acquisitions, et sa responsabilité dans la réparation imprescriptible envers les autres des torts qu'il leur a occasionnés même par indifférence.

21. — L'Etre qui commet un NON-BIEN contracte une obligation réparatrice dont il souffrira autant et aussi longtemps que les conséquences de ce NON-BIEN seront préjudiciables à autrui ; s'il se fait par orgueil le verbe de l'erreur, il se crée une terrible responsabilité pouvant se prolonger pendant des éternités.

22. — Aucun Etre ne peut prendre utilement une des formes organiques plus élevées que celle qu'actuellement il meut, s'il n'a fait toutes les acquisitions que cette forme plus élevée exige et réparé les NON-BIEN qu'elle ne comporte pas.

Autant qu'il mésuse d'un de ses organismes, il

est astreint à en prendre d'équivalents ; n'ayant point d'incitation naturelle à en chercher de plus élevés, s'il en choisit, par orgueil, un pour la conduite des évolutions duquel sa situation est insuffisante, il en supporte une responsabilité pénible.

Cette responsabilité se traduira, au moins pour lui, par un état psycho-physiologique déséquilibré : Il luttera entre les tendances opposées de sa vie organique actuelle et celles des influences psychiques inférieures dont il ne sera pas débarrassé ; d'où, souvent, ses manifestations maladives d'actes régressifs, tout opposés à sa manière d'agir habituelle.

Dans le Temps et l'Espace, aucune forme organique n'est isolée et circonscrite ; toutes tiennent les unes aux autres et se transforment par une infinité de possibilités.

23. — Les organismes que peuvent se créer les Etres sont à l'infini dans leur nombre et leurs variétés : A chacune de ces incarnations, chaque Etre se doit de choisir exactement l'organisme qui sera l'instrument de réparation de ses NON-BIEN antérieurs et des manifestations et acquisitions qui lui sont actuellement possibles.

En se formant cet organisme, il n'en peut constituer les éléments que d'Etres non incarnés moins développés que lui ; mais ayant ses tendances, se mouvant dans les atmosphères ambiantes et voulant actuellement s'incarner.

Ces éléments correspondent à ses actuelles responsabilités, tant intimes qu'organiques, ainsi qu'à ses acquisitions possibles dans et par son association momentanée avec eux.

Les dits éléments sont organiquement le point

de départ des possibilités perturbatrices que cet Etre, comme individu, présentera dans les manifestations de l'instrument qu'il se crée.

Dans cette création, s'il se guide par le désir de réparer ses torts antérieurs ou par le souvenir de ses affections et de ses inimitiés anciennes, il choisit le milieu le plus rapproché et l'organisme le plus pareil au milieu et à l'organisme où il avait contracté ces torts, ces affections, ces inimitiés :

Son organisation et ses manifestations extérieures seront caractérisées par toutes sortes d'apparences d'hérédités pathologiques et régressives, d'habitudes et de ressemblances ancestrales voulues par lui.

24. — Seuls existent éternellement : L'Infini ou Cause-Première ; ses lois ; la vie universelle ; les Etres qui sont des indéfinis relativement à la durée et à la quantité possibles de leurs individualités et de leurs manifestations tant intimes qu'organiques.

Les Individualités et leurs manifestations organiques sont d'éphémères et superficiels phénomènes vitaux limités, strictement, dans leur durée et leurs possibilités.

Tous les phénomènes vitaux résultent du vouloir des Etres agissant sur les possibles de la Vie universelle ; les effets et résultats de ces phénomènes sont déterminés et circonscrits par la loi universelle, la Solidarité, et sa sanction inéluctable : L'imprescriptible responsabilité individuelle.

25. — Les attributs ou rayonnements de la **Cause-première** sont le principe des lois naturelles.

Dans leur **immuabilité** et l'infini de leur puissance, de leur sagesse, de leur justice, de leur **bonté**, ils rendent tous les Etres solidaires les uns des autres ; ils permettent à chaque Etre d'obtenir dans ses recherches, alors qu'elles sont sincères, non de la certitude, mais des lumières efficaces venues d'Etres plus avancés que lui ; ils donnent une sanction inéluctable à chacun des actes de son vouloir ; ils amènent la désagrégation de tout organisme qui ne peut plus être utile au perfectionnement de l'Etre qui s'y est uni :

Il en a tiré tout le parti possible ou il l'a rendu impuissant à lui servir pour réparer ses torts antérieurs et faire les acquisitions qui lui sont nécessaires.

Enfin, ils excluent la possibilité de tout ce qui leur est contraire.

26. — *Cette proposition tend à prouver la concordance parfaite de tous les phénomènes du Temps et de l'Espace avec l'hypothèse dont les grandes lignes sont esquissées dans les vingt-cinq propositions précédentes ; elle s'occupe de définir exactement, et les expressions du langage humain les plus diversement et mystiquement interprétées, et les divers détails que comportent les phénomènes les plus complexes que chacune d'elles indique.*

Elle a pour but : De donner à tout penseur sérieux et sincère la plus grande variété possible de moyens pour apprécier ce que, scientifiquement et socialement, peut valoir la philosophie intégrale ; de formuler sur les principales énigmes que les faits posent à l'Humanité de brèves appréciations, obtenues scientifiquement ; d'établir que des expressions humaines plus que toutes autres impossibles à définir, logiquement, au moyen de n'importe quel système adopté jusqu'à ce jour par l'Humanité pour obtenir que chacune d'elle s'accorde, comme définition, avec tous les phénomènes qu'elle représente et avec l'ensemble de ceux de la Nature donnent, parfaitement, ce résultat alors qu'elles sont expliquées d'après les données philosophiques du Collectivisme-Intégral.

Les définitions données dans cette proposition sont toutes dans les conditions énoncés aux deux paragraphes précédents; seulement, comme le PROBLÈME SOCIAL est surtout l'objectif du présent travail, à quelques-unes de ces propositions sont jointes des réflexions sur leur rapport avec ce problème et elles terminent la 26ᵉ proposition.

Pour représenter une série de phénomènes, l'usage permet qu'on se serve indifféremment de plusieurs mots qui, dans ce cas, sont des espèces de synonymes. J'ai dû, plusieurs fois, suivre cet usage pour les définitions réunies, un peu pêle-mêle, dans cette proposition ; mais je reconnais qu'il serait préférable, pour éviter toute équivoque, que chaque mot ait une signification qui lui soit propre : Aussi, chacune de mes explications se rapporte surtout au substantif le plus proche d'elle, alors qu'il est séparé de ses synonymes par la conjonction **ou**.

Je termine ces indications préliminaires en appelant l'attention du lecteur : 1° Sur ce principe que, scientifiquement, la possibilité naturelle d'un phénomène ne doit pas être niée parce qu'il peut être reproduit artificiellement, ou qu'il se trouve en désaccord avec telle ou telle théorie, dite scientifique ; 2° sur ce fait que beaucoup de personnes, ayant du savoir, interrogées sur un phénomène qu'elles ne peuvent expliquer, s'en tirent par des mots : Coïncidence, hasard, hallucination, influence, etc. etc., dont la signification ne peut indiquer, ni la ou les causes, ni le

Comment et le Pourquoi de ce qui est en question ; 3° sur cette vérité que toute comparaison est d'autant plus source d'erreurs qu'elle est faite sur des objets de nature plus différente, celle faite entre ce qui est fini et l'Infini est absurde ; 4° sur l'objectif de la présente proposition qui est d'appuyer celles qui la précèdent et la conclusion qui suit ; 5° sur la nécessité de combattre l'erreur et la duplicité de certaines affirmations intéressées, *servant de bases à des hypothèses données comme vérités ou scientifiques ou religieuses ; enfin et spécialement, sur le but de toute cette étude qui n'est pas d'obtenir des assentiments crédules mais des discussions sérieuses et approfondies.*

Dieu ou Cause-Première. — Explication indispensable, suffisante, seule possible au COMMENT ET AU POURQUOI de tout ce qui est dans le Temps et l'Espace ; la seule que n'infirme aucun fait, ni le raisonnement par l'absurde :

Nul Être cependant ne pourra jamais la concevoir qu'imparfaitement et incomplètement, quoique toujours suffisamment et de mieux en mieux en raison de son développement.

Surtout, elle est la seule qui s'accorde bien avec les parcelles de vérité acquises expérimentalement par l'Humanité :

« *Il n'y a pas d'effet sans cause. Aucun effet ne contient ce que sa cause n'a pas, au moins en puissance. Tout composé a pour base le un, le simple, l'indécomposable, etc., etc.* »

Ce COMMENT ET CE POURQUOI concluent pour l'homme qui les interroge sincèrement :

A une *Cause* originelle unique ; une Cause-Première ; une *Action*-absolue, immuable, éternelle et universelle.

Que nécessairement cette *Cause*, cette *Action*, est indépendante du Temps et de l'Espace ; qu'*Elle* est l'Infini tout attributs absolus, actifs, inséparables : Bonté-Justice-Liberté-Puissance-Sagesse-Devoir, etc., etc.

Qu'*Elle* est un tout indécomposable, sans limites, sans formes, ni autres propriétés externes.

L'homme, par l'étude attentive des phénomènes, principalement des phénomènes dits chimiques, physiques, mécaniques, arrive à concevoir l'Infini non comme immensité, mais comme perfection toute puissante ; il apprend dans cette étude que les effets sont d'autant plus énergiques et considérables qu'ils proviennent d'atômes plus minuscules, que la puissance expansive de ces atômes ne dépend ni de leur étendue, ni de leur pesanteur, ni de leur forme, ni d'aucune autre propriété externe, mais d'une plus intime concentration de leurs qualités intimes ou attributs ; que plus les attributs d'une essence sont inséparables, plus ils ont une action puissante créatrice de résultats nombreux et divers.

Que c'est *par* et *dans* les influences des attributs formant l'essence de la Cause originelle que sont, vivent et se développent tous les Êtres.

Ces Êtres à l'origine ont eu à l'état multiple et infiniment petit, avec la possibilité de développements indéfinis, les attributs qui chez la Cause primordiale ne font qu'un dans l'immuabilité de leur perfection.

Que cette Cause intégralement une ne peut être inique, arbitraire, contradictoire à Elle-même dans ses effets ; d'où résulte, nécessairement, que l'inégalité, la lutte, la souffrance ne sont pas des lois naturelles, mais seulement des résultats inéluctables d'une de ces lois : L'imprescriptible responsabilité individuelle.

Ces résultats perturbateurs, fruits de l'égoïsme, sont détruits par l'exercice de la Solidarité.

Ce qu'on vient de lire sur la CAUSE-PREMIÈRE *n'est pas et ne veut pas être une définition de cette* CAUSE, *il n'en est pas de possible ; c'est seulement ce qui relativement à Elle doit être absolument énoncé pour que la raison humaine puisse, d'abord, en concevoir et contrôler l'existence par l'observation exacte des faits et, ensuite, enlever scientifiquement aux religions leur plus puissant moyen de corruption en démasquant leur faux déisme.*

Création :

1. — C'est de la **Cause-Première** un acte de vouloir permanent, immuable, ayant toujours été ; ce qui est éternel dans la Nature existe par ce vouloir et dans les attributs de cette *Cause*.

Créer, c'est tirer de forces quelconques de nouveaux éléments organisateurs qu'elles avaient en puissance et non produire quoi que ce soit de rien, ce qui serait contradictoire aux enseignements de la Nature qui est la révélation éternellement universelle, permanente, seule possible de la **Cause-Première.**

2. — C'est par les Êtres : 1° toute transformation vivifiante des milieux dans et par lesquels ils se meuvent ; 2° toute organisation d'un tout vital dont l'état évolutif est plus élevé que celui de tous les individus qui concourrent à cet état et en profitent de façon plus ou moins consciente et volontaire.

Toutes les créations organiques sont du domaine des Êtres ; aucune n'est imposée à leur vouloir.

Les possibilités créatrices des Êtres sont inépuisa-

bles ; chacun d'eux doit s'en créer de plus en plus parfaites par son vouloir et ses actes ; aucun ne peut se choisir ni se créer un organisme dans lequel il puisse rétrograder.

Plus un être est parfait : *Plus ses influences s'étendent et agissent au loin en pénétrant et vivifiant profondément les autres Etres, plus il a pouvoir et devoir de réagir contre toute action perturbatrice, d'aider, d'éclairer, de protéger, de créer, de concevoir et de faire concevoir la* Cause-Première.

Chaque Etre doit apprendre et comprendre du cognissible de la Cause-Première ce qui lui est nécessaire pour conquérir un développement supérieur à celui qu'il possède actuellement.

Il ne peut connaître la Nature, se connaître lui-même et vraiment se développer qu'en raison de ce qu'il sait de la Cause dont tout résulte :

Les possibilités perturbatrices des Etres n'ont de limites que celles qui sont voulues par la bonté infinie de la **Cause-Première** ; *ces limites ne permettent pas à un Etre de rendre victime de ses* NON-BIEN *un autre Etre qui n'aurait envers lui aucune responsabilité antérieure.*

Nature. — Cette expression désigne :

Tout ce qui est éternel dans le Temps et l'Espace : Les Êtres, la vie universelle, les lois qui régissent toutes les possibilités ; ces lois font devenir causes et influences perpétuelles les acquisitions réelles des Etres, elles ne sont pas les conditions liant les effets à leurs causes, elles sont les principes de ces conditions.

« *Ce qui est éternel dans la nature est essentiel et le meilleur possible, parce qu'il est œuvre de Sagesse Infinie* ».

Elle désigne aussi l'ensemble des phénomènes de la vie qui s'affirme, successivement, par les organismes et leurs manifestations. Ces organismes et manifestations sont des influences et des causes artificielles se modifiant, se développant et se détruisant sans cesse par transformations.

« *Ce qui disparaît dans la Nature est superficiel et le moins bon possible, parce qu'il est le résultat momentané d'égoïstes vouloirs limités dans leur liberté* ».

Dans la Nature :

La vie dans son développement indéfini est une et universelle ;

Les manières de vivre sont innombrables, chacune d'elles est limitée dans sa durée et ses possibilités ;

Tout se relie intimement ; il n'est pas d'espèces, de systèmes, de nomenclatures, de divisions, de races, de types, etc. ; ces mots représentent seulement des conventions humaines variables et artificielles.

Enfin, le mot Nature ne doit jamais être pris comme représentant une entité ou personnification quelconque, mais seulement comme la désignation générale de TOUT ce qui est dans le Temps et l'Espace.

C'est seulement dans l'étude attentive de ce TOUT que les Etres peuvent acquérir les révélations scientifiques correspondantes à leurs possibilités actuelles de développement.

Ce TOUT *n'est pas l'Infini, puisqu'un seul infini peut exister ; mais il se compose d'une infinité d'indéfinis et de leurs innombrables possibilités.*

Temps, Espace. — Deux des aspects du Présent-Infini et de la Vie universelle laquelle se développe indéfiniment par le développement à l'infini des Êtres.

Ces mots sont aussi des termes de comparaison pour les individus ; pour ceux-ci, la valeur extrinsèque de ces expressions n'offre à leur aptitude généralisatrice que de la possibilité de comparaisons variant du moins au plus en s'approchant indéfiniment d'un attribut parfait : Le **Présent-infini**.

Pour la **Cause Première** *rien ne varie et tout est dans le* **Présent-Infini** *; sa volonté soutient éternellement l'immuabilité des lois naturelles et de leurs effets ; ces effets sont circonscrits par ces lois inéluctables ; chaque Être en bénéficie et en fait bénéficier les autres en raison de son développement ; cette Cause n'agit par aucune prescience sur le vouloir des Êtres.*

Dans leur développement à l'infini, les Êtres alors qu'ils n'ont pas l'égoïsme de l'orgueil ont, toujours, la possibilité de concevoir clairement les réalités du Temps et de l'Espace correspondant aux acquisitions de leur attribut intime de généralisation.

Les désincarnés n'ont plus même mesure, même vision des moments actuels de temps et d'espace qu'alors qu'ils étaient incarnés : De là, une source de malentendus entre incarnés et désincarnés quand ceux-ci répondent à ceux-là sur des questions d'actualité.

Substance ou **matière**. — Agglomérations plus ou moins étendues d'infinités d'individus à organisations encore très rudimentaires, dont l'homme ne voit pas la vie ou ne l'entrevoit que confusément.

Ce terme devrait signifier, seulement, les réunions quelconques d'individus qui ne présentent pas les caractères d'un tout vital individuel, c'est-à-dire d'un tout se composant d'un organisme et de son moteur.

La Matière *inerte et plastique que développeraient des forces mécaniques et aveugles n'existe pas ; donc, l'affirmation du* devenir *de cette Matière repose sur une chimère.*

Le devenir réel n'existe que pour les manifestations des Êtres qui sont, eux, la seule substance de la Nature ; et la Nature n'est que l'ensemble de tout ce qui existe dans le Temps et l'Espace.

Un atôme ; une molécule de gaz, d'air, de fumée ; une goutte d'eau, d'huile, de sang ; un sel ; un cheveu ; une cellule infiniment petite ; un soleil infiniment grand ; etc., etc., sont des touts vitaux.

Un atôme si imperceptible soit-il n'est pas un véritable infiniment petit ; il est un des individus primitifs et élémentaires.

Aucun tout vital n'est identique à ses semblables par ses manifestations et sa durée ; celle-ci varie, pour la comparaison humaine, de l'infiniment courte à l'indéfiniment prolongée.

Les protoplasmes, les nuages, les comètes, entre autres, ne sont pas des touts vitaux, mais des amas dits matériels présentant, aux recherches sérieuses de l'homme, les caractères généraux de la vie dans les unités qui les composent.

Minuscule ou colossal, l'ensemble qui ne peut se mouvoir de lui-même et ne présente les phénomènes de la vie que dans les molécules qui le constituent n'est pas un tout vital ; il est un amas d'activités agglomérées qui, n'étant mu par aucune direction, ne peut donner à ces activités aucun mouvement général, aucune manifestation une et coordonnée.

Tout amas formé de matière dite inerte — solide,

liquide, gazeuse, radiante, cosmique, fluidique — qui n'a pas les caractères d'un tout vital individuel est : Ou une agglomération d'individus à organismes rudimentaires ; ou un organisme embryonnaire n'ayant pas encore son moteur ; ou un organisme se désagrégeant n'ayant plus son moteur ; ou une réunion d'individus momentanément sans organisme.

Les amas et les touts vitaux dont le savoir humain peut, surtout, conquérir la connaissance sont composés d'individus vivant des vitalités organiques rayonnantes de la Planète Terre.

Un tout vital est l'habitacle, le microcosme d'une multitude d'individus ; toujours il a — du moins au plus — une connaissance ou conscience de son existence personnelle, ainsi que de posséder une certaine somme de liberté et de puissance : Il se meut par lui-même.

Un amas quelconque n'est qu'un entassement d'individus divers ; il n'a aucune conscience, aucune liberté, bien qu'il soit composé de consciences libres et autonomes ; il n'est par lui-même générateur d'aucune force, bien qu'il soit un amas de principes de force : Il ne peut se mouvoir par lui-même.

Lois naturelles. — Rayonnements de l'immuable vouloir de la Cause-Première qui règlent les possibles de la Vie universelle, établissent la constance des rapports entre toute cause ou acte et ses effets, imposent à tous une incessante et inéluctable responsabilité.

Ces lois paraissent innombrables parce qu'elles s'appliquent aux cas innombrables des développements individuels ; en fait, elles ne sont que des nuances et des degrés de la loi unique régissant toute la Nature : La Solidarité.

Les lois naturelles n'émanent pas de la Nature ; au contraire, elles régissent tout ce qui la constitue.

Les lois naturelles sont éternellement immuables ; la Nature est continuellement muable par ses détails et ses limites qui s'accroissent perpétuellement.

Miracle. — Faits naturels que l'homme amplifie, et dont il ignore encore la loi et les causes.

Dans le Temps et l'Espace, il n'y a pas de faits surnaturels ; il n'y a que des effets plus ou moins rares sur les causes et les processus desquels l'ignorance humaine est encore presque complète.

Mystère. — Ce qui est encore inconnu.

Une autre signification donnée à ce mot sert la duplicité d'affirmations intéressées et sans preuves de l'existence, absolument intangible, de causes et d'effets dont la possibilité serait contradictoire aux enseignements de la Nature et, par suite, à la Cause dont elle résulte. Exemple :

L'union des influences du vouloir de désincarnés avec le concours plus ou moins conscient d'incarnés amène aux milieux où elles exercent pour la première fois, des causes nouvelles et, conséquemment, des phénomènes s'affirmant dans des conditions qui ne sont pas celles où ils se produisent habituellement ; ces conditions ne dérogent pas à l'ordre naturel, elles ne sont que des combinaisons nouvelles de forces et de propriétés s'exerçant dans la dépendance éternelle du fait à sa ou ses causes.

Existence. — Continuité éternelle et sans intermittence de tout ce qui est réellement un et indécomposable dans le Temps et l'Espace : l'Etre.

Essence. — C'est pour toute existence la résultante de l'état de ses attributs et l'excitant de son vouloir.

Cette essence est la perfection chez la Cause-Première, elle est toujours en état de perfectibilité chez chaque Etre.

Atmosphères. — Extensions extérieures de tous les Etres produites par les rayonnements et les influences de leurs attributs.

Chaque atmosphère varie sans cesse dans sa composition, ses aspects et son activité qui reflètent, toujours, l'état intime de l'individualité à laquelle elle appartient ; elle sert à chaque désincarné pour s'y mouvoir, y chercher et choisir les possibilités d'une nouvelle incarnation, quand il doit vivre ou revivre organiquement de la Vitalité de l'individu dont cet atmosphère est l'extension ; elle est le lien par lequel tout corporel ou incorporel s'y mouvant : 1° rayonne ses influences et reçoit celles extérieures ; 2° est mis en communication tant externe qu'interne avec les autres corporels et incorporels.

C'est par leur atmosphère que des désincarnés et, dans chaque espèce, des incarnés saturés d'harmoniques et puissantes influences magnétiques, possédant les acquisitions nécessaires et la collaboration de désincarnés avec lesquels ils sont en affinités, peuvent reproduire artificiellement et momentanément l'apparence de tout ou partie de leur image pour qu'elle puisse être perçue, en certains cas, par des individus ayant acquis les conditions de possibilité de cette perception.

Mouvement, Action, ou force. — Résultante actuelle des influences organiques, des manifestations extérieures, des efforts et des résistances d'un Etre ou d'une réunion d'Etres.

Les effets fâcheux d'une force quelconque ne sont ressentis par un Etre qu'au moyen de son organisme et en raison de ses actes antérieurs ; son devoir, son avantage, est de chercher à modifier ces effets fâcheux pour les faire servir à la Solidarité.

Toutes les forces se manifestent par des mouvements vibratoires correspondant aux vouloirs qui les déterminent :

Les forces dites mécaniques, aveugles, fatales n'existent, ni n'agissent par elles-mêmes ; elles sont ou des touts vitaux ou des agglomérats qui doivent leur existence et leurs effets au vouloir d'unités intelligentes, libres et responsables.

Aucune force n'est un droit ; aucune n'est stable, inéluctable, absolue : La force a pour cause l'action et produit le mouvement.

Inorganique, Organique. — Deux des apparences générales des possibilités de vivre pour les Etres.

Ce que l'homme appelle matière et esprit ne sont que des apparences générales, des possibilités pour les Etres de se manifester dans deux états différents de leur existence.

Ces apparences caractérisent la différence d'activité des vies qui s'y meuvent ; celles-ci n'étant que des continuations possibles de celles-là.

Vie universelle : — C'est dans un des rayonnements du Présent-Infini :

L'universalité des manifestations qui, toutes,

sont produites par, pour et avec des Etres, depuis l'agglomérat le plus inerte, en apparence, jusqu'aux organismes les plus actifs, les plus radieux ;

Les possibilités pour les Etres de se choisir les conditions de se développer indéfiniment ; et les manières de vivre ou vies dissemblables qu'ils se créent dans les limites de leur développement acquis.

Être. — Réalité éternellement une et indécomposable possédant en puissance, continuellement et indéfiniment, le pouvoir en conformant son vouloir à l'obligation universelle d'ajouter de la force, de la diversité, de l'étendue à son action sur tout ce qui est dans la Nature.

Cette réalité est simple et indestructible, action et principe de forces, réfractaire si elle le veut à toute influence autre que celle de la Solidarité; elle ne rétrograde jamais et ne peut être imitée artificiellement ; elle reste elle-même en devenant un nouvel individu à chacune de ses incarnations: Seule, dans la nature, elle a l'incompressibilité et l'impénétrabilité extérieures absolues et elle est principe de forces.

Ses organismes sont composés, en continuelles modifications, sensibles à toutes les influences, se désorganisent et peuvent être reproduits artificiellement de façon illusoire et momentanée.

Individu. — Unité complexe et momentanée produite par une réalité qui s'est adjoint un organisme ; Être qui n'est vu que dans un de ses organismes, avec lequel il forme un tout vital momentané qui n'est réellement identique à aucun de ses pareils.

Ce tout, qu'il soit le plus radieux des soleils ou le plus minuscule des atômes dits minéraux, n'a qu'une vie éphémère et une possibilité limitée d'acquisitions intimes et organiques nécessaire au développement actuellement possible de l'Etre qui en est le moteur; ce moteur, lui, a une existence éternelle et conserve à l'infini des possibilités de vies et de développement.

Vies individuelles. — Manifestations organiques des divers états psychiques des Etres dans la Vie universelle;

Possibilités évolutives de manifestations et d'acquisitions transformatrices et créatrices que chaque Etre se donne par son vouloir et ses actes, ces possibilités lui doivent servir constamment pour conquérir sans cesse son développement et concourir à celui général. Les développements individuels et celui universel sont éternellement en état de dépendances réciproques.

Sur tout organisme dont le moteur n'a pas réparé ses NON-BIEN *ou infractions à la Solidarité, les signes essentiels et universels de la vie sont: Un commencement, l'individualisation, un accroissement, une activité interne agissante et réagissante extérieurement, enfin une désorganisation.*

Sur les organismes dont les Etres qui les meuvent et ceux qui s'y meuvent n'ont pas fait d'infractions à la Solidarité, ou ont réparé toutes celles qu'ils avaient faites, les manifestations de la vie pour chacun d'eux sont: L'individualisation, un commencement, des activités bienfaisantes internes et externes se développant sans perturbations, une fin d'individualité par transformation voulue, cherchée et conquise.

Les Êtres ne manifestent pas tous la vie sous les mêmes aspects; pour chacun d'eux, une de ses vies et les nécessités organiques qu'elle comporte ne sont que de ses possibilités vitales et momentanées, résultats passagers de ses choix antérieurs et de ses responsabilités actuelles.

Cet Être est resté à se mouvoir dans un aggloméral minéral, il avait et conserve la possibilité d'être le promoteur d'un macrocosme radieux et vivifiant.

Ces deux situations ne sont pas les extrêmes de ce que momentanément il pourrait rester, ni de ce qu'il pourrait être devenu dans l'infinité de l'Espace et du Temps.

Un Être désincarné pour vivre ses résolutions choisit et aide à former l'organisme auquel il veut librement s'associer comme force motrice et dirigeante: Cette association contractée ne peut se dissoudre que si la force dirigeante y a vécu ses résolutions de désincarné, ou alors qu'ayant mésusé de son organisme, cet Être ne peut plus, par lui, réaliser aucune des résolutions qu'il avait données comme but à sa réincarnation.

L'Être n'est jamais contenu dans l'organisme auquel il s'est associé, mais il lui est lié étroitement; celui-ci ne vit et n'agit que dans et par les influences des attributs de celui-là, et l'Être ne se manifeste, ne vit ses résolutions et n'acquiert ses attributs intimes que par son association avec un organisme.

Développement. — Objectif continuellement obligatoire pour tous les Êtres ; il a, pour moyen, les vies successives ; pour loi, la Solidarité universelle ; pour but, le rapprochement à l'infini des possibilités de chaque Etre de la possibilité parfaite de la **Cause initiale**.

En infligeant des privations, des souffrances, des tortures à son organisme pour conquérir une récompense future, un incarné agit orgueilleusement et ne sert pas son développement d'Etre, au contraire.

Attributs. — Sources des manifestations, rayonnements et influences propres à chaque Etre; ils lui donnent ses propriétés et ses possibilités; ils lui permettent de se connaître, de se manifester aux autres et de s'en faire connaître.

Tout attribut est pouvoir et devoir.

Les attributs sont de même principe essentiel dans la **Cause-Première** *et chez tous les Etres; mais unité immuablement parfaite et infinie dans l'Une, multiplicité de moins en moins imparfaite et bornée chez chacun des autres.*

Tous les états physiques : couleur, forme, volume, etc., sont des propriétés organiques et non des attributs.

Conscience. — Attribut que les Etres développent à chacune de leurs individualités, afin d'y conduire leurs aspirations et leurs sollicitations présentes.

L'Etat ou modalité de cet attribut est toujours conforme chez chaque individu à son développement d'Etre, à la résultante des résolutions que celui-ci a prises en choisissant son organisme actuel, aux modifications que cet organisme subit dans son organisation physico-psychologique par suite des actes de son moteur.

En conséquence, l'état de conscience n'est point identique chez tous les individus d'une même espèce, ni à deux moments différents chez le même individu; de plus, l'affirmation de mouvements inconscients, c'est-à-dire de manifestations se produisant en dehors de tout vouloir ou acte de conscience repose sur des expériences superficielles; elle est antiscientifique.

Esprit. — Ce terme devrait seulement signifier pour l'homme, un Être momentanément sans organisme.

Ame. — Ce terme devrait avoir la seule signification de : Un Être promoteur momentané de tel ou tel organisme.

Corps ou Organisme. — Unité vitale; monde dont un Être est le moteur, ce monde est composé d'individus et de l'atmosphère de chacun d'eux, et chacun de ces individus est lui-même un monde.

Toute unité vitale est l'habitation présente d'individus réunis par des affinités de même et volontaire tendance; chacun d'eux a son activité propre agissant et réagissant sur le tout dont il fait partie et dont il ressent l'influence organique; la dissemblance de ces individus et de leurs relations avec le tout provient de la différence et de la variété de leurs acquisitions dans les possibilités qui leur sont communes.

Une unité vitale, qu'elle soit infiniment grande ou infiniment petite, est un individu, c'est-à-dire une association momentanée d'un organisme et de son moteur.

Chaque Être dans ses évolutions à l'infini est, ou associé à un organisme qu'il s'est créé et dont il est le moteur, ou il se meut dans l'atmosphère de l'organisme qui est son microcosme actuel pour y prendre les résolutions relatives à une réincarnation dont les conditions lui résultent de ses vies organiques antérieures.

Il existe toujours un rapport exact entre l'Etat psychique d'un Etre, les phénomènes vitaux que manifeste l'organisme que cet Etre meut et dont il est le créateur, les formes organiques que revêtent les individus vivant de, et participant à la vitalité de cet organisme qui est leur monde actuel.

Entre les Êtres et la Cause qui est leur principe, il n'y a pas de commune mesure : Elle est sans forme, parfaite, immuable, infinie ; eux, dans leur développement indéfini, restent finis en se perfectionnant perpétuellement sur et par des organismes de moins en moins imparfaits.

Chaque organisme a toujours ses détails, même les plus infimes, en concordance exacte avec la mesure de puissance actuelle de l'Etre qui le meut.

Instinct, Intelligence. — Un même attribut moins ou plus développé ; plus ses limites s'élargissent, plus il acquiert de souvenir du passé, de prévision de l'avenir, de puissance génératrice et généralisatrice, d'énergique Solidarité.

L'instinct chez n'importe quel individu n'est jamais un don gratuit ; il est une facilité que son vouloir d'Etre a conquis dans ses précédents organismes et conquiert, de plus en plus, pour augmenter ses avantages momentanés en élargissant les limites de puissance et de liberté de ses manifestations.

Toute manifestation dite instinctive est complexe : Si simple qu'elle paraisse chez un individu quelconque, il a dû, comme Etre, faire un acte réfléchi, diffi-

cile et compliqué pour lui quand, organiquement, il a produit une première fois cette manifestation.

Un Etre répétant fréquemment dans une de ses formes organiques un acte ou manifestation vitale arrive à le reproduire d'une manière de plus en plus facile, spontanée, automatique, inconsciente; alors que cet acte est utile à ses acquisitions superficielles, aussi bien pour son organisme actuel que pour ceux de même espèce qu'il pourra choisir postérieurement.

Faculté sensitive. — Une des acquisitions organiques des Etres; elle est servie de mieux en mieux par des organites qui sont d'autant plus nombreux et perfectionnés que l'Etre est plus développé, psychiquement, dans un de ses attributs intimes : Le pouvoir organisateur.

Ces organites facilitent les acquisitions, la division du travail, les communications internes et externes de chaque individu avec ce qui n'est pas son moi ; ils précisent ses sensations, ses perceptions et sa liberté actuelles.

C'est avec toutes les acquisitions de sa faculté sensitive et par son pouvoir organisateur intime qu'un Etre dégagé en tout ou partie des entraves organiques peut, psychiquement, dans le Temps et l'Espace ; 1° y manifester et s'y manifester en organisant des forces, des propriétés, des formes organiques momentanées et illusoires; 2° percevoir tout ce qui, organiquement, est utile à ses acquisitions possibles et ne dépasse pas son plus complet développement actuel.

Sensation. — Toute impression reçue par les Etres au moyen de leur faculté sensitive ; cette impression leur est donnée, avec toutes sortes de modifications, par et suivant les influences ambiantes auxquelles cette faculté est sensible.

Cette impression ne peut présenter à chaque individu que des apparences plus ou moins superficielles et illusoires de formes, de propriétés et de forces qu'il doit, toujours, au moyen de ses acquisitions précédentes vérifier, rectifier, approfondir pour s'en faire une idée exacte.

Idée. — Représentation psychologique qu'au moyen de ses acquisitions antérieures et par sa faculté sensitive chaque Etre se fait plus ou moins exactement de ce qui existe et de ce qu'il ressent.

L'idée n'est pas dépendante de la sensation ; suivant les cas, elle éveille celle-ci ou en est éveillée, avertie, impressionnée, perturbée.

Une idée est surtout une vibration qu'un Etre se produit psychiquement ; une sensation est une manifestation psycho-physique qu'un Etre ressent de mouvements externes d'individus évoluant dans son organisme et qui sont sensibles aux influences dont cette manifestation résulte.

Imagination. — Attribut psycho-physiologique ayant pour base la mémoire et permettant à tous les individus d'être influencés dans leur faculté sensitive, afin qu'elle leur manifeste les images formant l'ensemble et le détail de leurs responsabilités encore existantes, de leurs préoccupations et de leur vouloir actuels ; cette imagination est troublée, soutenue, éclairée par les influences des corporels et des incorporels avec lesquels elle se trouve en rapports ; elle peut recevoir par ces influences dans des cas spéciaux et enregistrer, sans qu'aucune suggestion magnétique y ait part, l'impression de certains faits exacts se passant dans un éloignement plus ou moins

4.

grand de temps et d'espace ; cette impression est un avertissement à l'individu possesseur de cette imagination et il a le bénéfice de cet avertissement parce que, comme Être, en se réincarnant, il a doté sa faculté sensitive de la possibilité de vibrer au contact psychique de la pensée d'Êtres avec lesquels il est en rapport de mutuelle et profonde sympathie.

Moins un corporel impose son vouloir à son imagination et la laisse à ses préoccupations, plus elle est déréglée et sensible aux influences extérieures ; plus l'état physique de cet individu est équilibré et développé, mieux son imagination reste sous la dépendance de son vouloir, plus tous deux ont de force et de rectitude constantes.

Mémoire. — Attribut psychologique qui sert à chaque Être pour enregistrer les impressions relatives à ses acquisitions essentielles, et conserver une trace des autres tant qu'elles concordent avec son état organique.

Une acquisition essentielle faite par un Être lui est intégrante à jamais ; plus les Êtres font d'acquisitions essentielles, plus leur mémoire se transforme en savoir.

Plus le savoir d'un Être est développé, moins il distingue l'avenir du présent et plus il voit les événements futurs qui l'intéressent comme déjà arrivés ; cela est une des causes des déceptions qu'éprouvent les corporels qui se mettent en communication avec des incorporels.

Manifestations d'un Être.

Intérieures : ses rayonnements intimes, ceux-ci sont produits par son état psychique et sont perçus par les autres Êtres au moyen du leur ; ils peuvent n'être connus que de lui et d'autres Etres beaucoup plus avancés.

Plus un Etre a de supériorité de développement sur un autre, plus il peut atmosphériquement influencer celui-ci dans son organisme et le connaître, psychiquement, dans les plus fugitives manifestations de son vouloir qui est toujours libre dans ses décisions possibles pour lesquelles n'existe aucune prescience.

Extérieures : les rayonnements de son état psycho-physiologique ; les inférieures sont sans cesse modifiées par les influences ambiantes.

Le degré d'énergie et de rectitude extérieures de tout rayonnement dépend surtout de l'état d'équilibre de l'organisme qui le manifeste.

Toute manifestation est composée de minuscules individus qui en impressionnent d'autres, au moins dans leur extériorité ; elle est produite et perçue par les incarnés au moyen de leur organisme, par les désincarnés au moyen de leur vouloir qui est puissant en raison de son savoir acquis.

Cette manifestation, si infime soit-elle, agit et réagit physico-chimiquement et psycho-atmosphériquement, par vibrations organiques, sur toutes les activités et influences avec lesquelles elle est en rapport dans le Temps et l'Espace.

État psychique d'un individu. — Sa situation psycho-physiologique présente.

Cette situation est la résultante de ses acquisitions, de ses NON-BIEN passés et actuels non réparés ; elle est la cause de toutes les conditions et possibilités de ses influences, de ses manifestations intimes extérieures, ainsi que de celles ambiantes qu'il doit subir.

Les influences et manifestations d'un incorporel sont psychiques et virtuelles; celles d'un corporel sont physico-chimiques et psycho-physiologiques.

Les influences qu'a le plus à redouter un corporel des incorporels sont celles du mensonge : Plus un incorporel est encore victime des NON-BIEN qu'un corporel a commis dans ses vies antérieures, plus il peut essayer d'influencer ce dernier en le trompant, souvent en s'attribuant des noms et des qualités qui ne lui appartiennent pas.

Tout Être, avec ou sans organisme, qui a fait des mensonges et des promesses illusoires à d'autres Êtres ; qui a pris, sans les tenir, des engagements envers eux, ou a commis tout autre NON-BIEN *dont ces derniers restent directement ou indirectement victimes, s'est mis dans la situation, pour une ou plusieurs de ses vies, de subir leurs influences pernicieuses et leurs duperies.*

De plus, les corporels se mettant en relation avec les incorporels, s'induisent souvent en erreur sur les renseignements que ceux-ci leur donnent relativement aux moments du Temps ; les uns et les autres ne peuvent apprécier de la même façon, les premiers les jugent d'après les impressions de leur organisme, les autres les entrevoient plus ou moins confusément suivant leur développement : Les mieux développés voient ce qui sera comme étant déjà.

Donc, tout incarné, même en cherchant sincèrement la vérité pour la servir, qui s'adresse ou croit s'adresser à tel ou tel désincarné pour obtenir des renseignements l'intéressant, risque souvent, très souvent, de s'induire ou d'être induit en erreur pour les motifs ci-dessus.

Hérédité. — Loi qui dans chaque forme organique donne à tous les Etres qui la revêtent le profit ou la responsabilité de leur vouloir et de leurs actes dans les vies qu'ils ont eues précédemment.

Par cette loi, toutes les manifestations intimes des Etres s'affirment extérieurement : Celles stationnaires ou d'égoïsme, par des vices dont la force d'habitude s'affaiblit de plus en plus chez chaque individu à mesure qu'il se développe ; les progressives ou de solidarité, en vertus qui sont de plus en plus spontanées, puissantes et permanentes.

Dans une espèce et à n'importe quel moment, les caractères pathologiques, intellectuels, physiques d'un ancêtre ne sont jamais l'apanage que d'une faible minorité de ses descendants du même degré, même chez ceux qui sont issus du même père et de la même mère.

Donc, les caractères ataviques d'un individu ne lui peuvent provenir d'une prétendue loi matérialiste d'hérédité ancestrale à laquelle échappent les neuf dixièmes des cas qu'elle devrait régir.

En fait, les caractères d'apparence ancestrale pathologique ou autres proviennent pour qui les a des actes de ses Vies passées et de son vouloir d'Etre.

Organiquement, familialement, socialement, chacun récolte ce qu'il a semé.

Altruisme, Atavisme. — Phénomènes semi-organiques : Ceux d'altruisme, plus psychiques et intimes, sont progressifs ; ceux d'atavisme, plus physiques et superficiels, sont rétrogrades sur les manifestations analogues qui forment la caractéristique moyenne d'une espèce organique quelconque.

Les possibilités de manifestations altruistes proviennent pour les individus qui les ont, de leur choix d'un organisme en vue de s'y dépenser en affections et enseignements protecteurs, ou afin de s'acquitter des responsabilités de leurs vies précédentes ; les phénomènes d'atavisme résultent pour les individus qui les manifestent de leur choix organique : Par orgueil, par désir de vengeance, par affinité haineuse ou égoïste, par but de se libérer des suites de la destruction volontairement prématurée qu'ils ont faite d'un de leurs derniers organismes.

Aptitude, Immunité. — Résultats organiques avantageux ou fâcheux pour un individu ; ils lui résultent de ses acquisitions et de ses NON-BIEN antérieurs.

Chance. — Cause de la différence de résultats que les individus obtiennent de leurs efforts, et que chacun d'eux en obtient dans les phases diverses de sa vie ; ces résultats ne sont que relatifs à la vie de l'individu, ils ne troublent pas son existence d'Être et protègent incessamment les conditions de son développement.

Pour chaque individu, cette cause est la résultante : Des responsabilités lui restant de ses vies antérieures ; du but intellectuel, physique et social qu'il a donné à sa vie en formant son organisme ; des modifications incessantes qui se produisent dans ses possibilités, comme conséquence des actes de son vouloir.

Dans un groupement quelconque d'individus, tous, sans exception, ont intérêt à s'associer pour, réciproquement, se garantir et bénéficier, garantir et faire bénéficier chacun d'eux des effets de sa chance et de ceux de la chance des autres; cette association est nécessaire à tous pour la tranquillité de leur vie présente et, surtout, afin de conquérir de meilleures conditions pour leurs vies à venir.

Sélection. — Evolutions organiques que les Etres opèrent non par de l'antagonisme, mais par des acquisitions qu'ils ont cherchées et voulues.

Les sélections organiques sont surtout rendues nombreuses et faciles aux Etres désincarnés par l'observation des actes, plus ou moins conscients, d'Etres incarnés qui leur sont supérieurs de développement.

Comme toute cause ne peut être génératrice que des effets qu'elle contient, que toute acquisition intime ou organique supérieure aux leurs est un enseignement pour les Etres incorporels, ces Etres sont par cet enseignement incités à exercer leurs influences organisatrices sur l'embryon d'organisme le plus pareil possible à celui qu'ils veulent et peuvent prémouvoir, à en écarter tout ce qui n'est pas d'accord avec leur développement intime actuel, et avec celui qu'ils veulent acquérir par et dans cet organisme.

Ces Etres conservent, à leurs risques et périls, la liberté de s'unir ou non à l'embryon d'organisme à la formation et au développement duquel ils coopèrent.

Quand un embryon n'arrive pas à être viable, c'est que son organisateur s'est dérobé.

Adaptation. — Résultats pour des individus d'acquisitions organiques que, personnellement, ils ont voulues et poursuivies pour leur présent organisme, et dont ils avaient préparé la possibilité dans leurs vies antérieures.

Ces résultats leur sont sciemment rendus possibles par des Etres plus développés qu'eux ; inconsciemment, par d'autres d'un développement inférieur.

Influence des milieux. — Cette influence est une des formes des lois d'influence et produit des effets plus ou moins modifiables par les Etres qui les ressentent dans leur organisme actuel.

Les effets de cette influence sont pour ces Etres une résultante :

1º Des suites éternelles de tous leurs actes de bien ; 2º des suites momentanées de tous leurs NON-BIEN, qu'ils n'ont pas encore réparés; 3º des manifestations extérieures d'individualité avec lesquelles les lient, transitoirement, leur responsabilité envers eux.

Il y a pouvoir et devoir pour chaque Etre de poursuivre la modification de l'influence pernicieuse de ses milieux, la part qu'il rayonne et celle qu'il subit en raison de ses actes antérieurs.

Lois d'influence. — Ces lois résultent de la loi universelle, la Solidarité, et de sa sanction inéluctable, l'imprescriptible responsabilité individuelle ; elles donnent des possibilités diverses à des désincarnés d'agir, psychiquement, sur des incarnés pour essayer de les influencer dans leur choix entre les différents mobiles qui les sollicitent, et d'aider à la production ainsi qu'à la direction des faits qui peuvent atteindre ces incarnés dans leur organisme.

Ces possibilités, les désincarnés les ont en raison de leurs acquisitions, des affinités et de la responsabilité qui existent entre des incarnés et eux ; elles protègent les situations organiques individuelles et collectives, pouvant encore se développer, en leur amenant une modification avantageuse à ce but ; elles terminent celles qui ont épuisé leurs moyens de perfectionnement.

Occasion. — L'occasion est un des effets des lois d'influence que toujours peut saisir ou rejeter l'Etre à qui elle se présente.

La décision que cet Etre peut prendre sur cette Occasion est souvent influencée par des circonstances auxquelles coopèrent des sympathies et des antipathies occultes qui s'attachent aux individus que toucherait cette décision.

Coïncidence. — Simultanéité d'effets différents qui produit un fait nouveau.

Cette simultanéité et le résultat qu'elle amène ont des causes antérieures permettant à des désincarnés de se servir des possibilités des lois d'influence ; ces possibilités, les corporels par leurs actes, les facilitent inconsciemment aux incorporels.

Hasard ou fatalité. — Philosophiquement, ces expressions doivent signifier des lois d'influence que l'homme n'entrevoit encore que confusément, et d'où vient l'accomplissement final de faits ayant des causes antérieures.

Cataclysme, Fléau ou Perturbation. — Résultats provenant de l'antagonisme de désincarnés qui, par influence psychique, agissent sur la m bilité d'individus atomiques dont l'organisme est très rudimentaire ; résultats d'actions faites par un ou plusieurs Etres et les troubles que d'autres en ressentent dans l'évolution d'un de leurs organismes, tous les effets produits par les actions des uns et ressentis par les autres résultent de lois immuables et sont circonscrits par elles.

Ces effets sont des avertissements utiles aux uns et aux autres; ils les protègent contre l'excès de leur NON-BIEN; ils les atteignent et leur sont profitables ou pénibles suivant leurs actes antérieurs; ils ne terminent la vie d'aucun individu tant qu'elle peut encore servir son développement d'Etre.

Mobiles des Êtres. — Motifs qui sollicitent leur vouloir; ces motifs n'ont tous qu'un foyer : L'amour à une de ses innombrables nuances; depuis la forme infiniment bornée et négative de l'égoïsme, jusqu'à celle infiniment supérieure et puissante de l'amour universel.

Aucun mobile n'a de force déterminante que le vouloir de l'Etre qui le traduit en acte.

La liberté des Etres n'est que le pouvoir qu'ils ont de choisir entre les différents mobiles que leur fournit le développement auquel ils sont arrivés : Ce pouvoir pour chacun d'eux est continuellement correspondant à ses responsabilités et à ses acquisitions essentielles actuelles.

L'amoindrissement pathologique d'un individu dans sa liberté lui provient de NON-BIEN qu'il voudrait continuer de commettre ; cet amoindrissement organique passager — qui est le plus souvent un effet de son orgueilleux égoïsme — est utile à la sauvegarde de son développement d'Etre pour ses vies ultérieures.

Droit, Devoir. — Les deux faces d'une même obligation : Vouloir énergiquement pour tous ce que l'on veut pour soi; conquérir, pour soi et pour tous, toute la somme possible d'avantages que comporte le milieu où l'on se meut.

Affinité, Attraction, Sympathie. — Degrés d'une même et universelle sollicitation de Solidarité, qui ne permet point aux Etres de vivre en dehors de toute association et les attire d'autant plus, les uns vers les autres, que leurs acquisitions s'égalent, se complètent, s'entr'aident.

Tous les Etres sont en relations dans la Nature par sollicitation et nécessité de Solidarité ; ils agissent et réagissent physiquement et psychiquement constamment les uns sur les autres.

Vérité. — Expression fidèle de la réalité : La véritable science est donc la connaissance de la Vérité ; sans celle-ci, le juste, le bien, le beau n'existent pas.

De cette Vérité, chaque Etre a la possibilité, le **devoir**, la **nécessité** d'en connaître toute la parcelle qui lui est actuellement accessible et qui correspond au sommet de développement que lui permet son organisme actuel.

La Vérité est une, invariable, absolue, féconde dans son ensemble et ses parcelles ; l'erreur est multiple, variable, relative, inféconde partout et toujours.

Chercher toujours la Vérité et n'obéir qu'à ce qu'elle commande est le seul avantage réel, la seule obligation stricte pour un Etre.

Sagesse. — Pour chaque Etre rechercher avec sincérité et persévérance la Science réelle ou connaissance de plus en plus étendue de ce qu'est la Vérité ; conformer ses décisions et ses actes avec ce qu'il sait de cette Vérité qui est immuable, éternelle et universelle.

La Sagesse parfaite existe seulement dans la Vérité absolue qu'est la Cause-Première.

Bien. — Amour de la Solidarité traduit en actes ; et ses effets qui sont toujours avantageux, permanents, illimités.

Bonté. — Levier le plus puissant du vouloir.

Par le vouloir, la Bonté est la cause : De tout ce qui est perpétuel dans le Temps et l'Espace ; des plus puissantes actions évolutives de chaque individu ; de la possibilité efficace pour cet individu de conquérir la connaissance de la Vérité qui lui est actuellement accessible.

La Bonté est essentiellement : Amour, Justice, Solidarité, Energie, Indépendance : Elle est indulgente et ferme, sans faiblesse ni exagération.

Il faut être bon pour vouloir et pouvoir conquérir toute sa liberté possible en aidant à conquérir celle des autres. En fait, pour chacun, la bonté véritable est de remplir le mieux possible le devoir de Solidarité.

Vertu, vice. — Pratique d'actes utiles ou nuisibles à la **Solidarité** ; un acte réellement vicieux est une manifestation d'égoïsme plus ou moins conscient.

Suivant le cas, le même acte peut être vertueux ou vicieux ; exemple :

L'acte générateur opportun et fécond est nécessaire à l'individu et à la collectivité à laquelle il appartient ; il satisfait à la loi de Solidarité qui lie tous les Etres ; il est vertueux.

S'il est cherché ou répété par vanité, il n'est pour l'individu que la satisfaction égoïste et décevante de mobiles personnels ; il devient de plus en plus nuisible à tous ; il est vicieux.

Mieux vaut être dupé que dupeur, surtout en amour qui doit être le don de soi à l'autre.

L'amour sexuel est altruiste et vertueux quand il veut le bonheur de l'autre ; dans le cas contraire, il est égoïste, vicieux, qui le pratique l'expie dans ses vies postérieures aussi longtemps qu'un autre en souffre sous une forme quelconque.

Egoïsme ou Amour du Moi. — Préoccupation dominante de se satisfaire que, par orgueil, se sont choisie et se continuent certains Etres ; cette préoccupation n'est pas inhérente à l'essence de ces Etres et peut toujours disparaître par leur vouloir, cette préoccupation est la cause de tous les NON-BIEN et de leurs conséquences.

L'égoïsme n'a jamais été qu'en apparence source d'émulations utiles ; au contraire, il crée des intérêts privés opposés au bien général et ne peut engendrer que des luttes, des maux, des haines préjudiciables à tous.

L'égoïsme est anarchique et perturbateur.

Antipathie, Répulsion. — Sensations instinctives de résistance à l'universelle sollicitation de Solidarité, ressenties par des individus contre d'autres individus avec lesquels ils ont été en oppositions égoïstes dans des vies antérieures.

Le degré de spontanéité instinctive d'affinité, d'attraction, de sympathie, ou d'antipathie et de répulsion d'un individu pour ou contre un autre individu, lui provient des rapports qu'il a eus avec ce dernier dans des vies passées.

Jalousie. — Inquiétude composée de vanité et de calculs qui n'ont aucun rapport avec l'Amour réel ; despotisme plus ou moins dissimulé qui a pour cause l'orgueil, l'orgueil est une forme très pernicieuse de l'égoïsme.

Plus un individu a été vicieusement trompeur dans sa vie précédente, plus pour sa vie actuelle il s'est saturé de jalousie dont il souffre et fait souffrir les autres.

Le jaloux abuse de ceux qu'il prétend aimer comme si, absolument, il en était le propriétaire.

Mal ou non-bien. — Tous les actes égoïstes et leurs conséquences inéluctables, imprescriptibles.

Ces conséquences sont fâcheuses, mais momentanées et restreintes ; elles sont sages, justes et nécessaires : Elles ne font pas rétrograder l'Etre, elles ne le frappent que dans ses organismes, elles limitent la possibilité de ses NON-BIEN, elles l'incitent à juger ses erreurs, à ne les plus commettre, à les réparer, à les combattre chez les autres.

Le mal comme contraire absolu du bien n'existe pas ; il n'est qu'une abstention plus ou moins grande de celui-ci ; sous quelque forme qu'il atteigne un individu, quelconque, il ne lui est jamais une épreuve ni un châtiment, mais toujours un résultat momentané de responsabilités antérieurement encourues par lui.

Chaque organisme est toujours dans ses particules en correspondance étroite et exacte avec le bien qu'a fait l'Etre qui le meut ; avec les NON-BIEN *qu'il a commis et non réparés ; avec le nombre, la division, la perfection et la spécialisation des manifestations qu'il peut produire présentement.*

Si un organisme est amoindri ou mutilé, les manifestations et l'intégratité de l'individualité actuelle de l'Etre qui le meut sont seules amoindries ou mutilées :, En fait, le bien subsiste en tout, partout et toujours ; d'où, évidence de la nécessité pour tous d'éviter toute infraction en pensées, en paroles, en actions contre l'obligation imposée à chacun pour son bonheur et son plus grand bien.

Médicament et Poison. — Réunions d'individus microscopiques en attraction ou en répulsion avec les organites sur lesquels ils agissent ; les mêmes microbes, ou individus microscopiques, peuvent former soit un médicament, soit un poison, suivant leur état vital actuel et celui de la partie d'organisme sur laquelle ils agissent.

Ces individus en influencent, modifient ou désorganisent d'autres dans les différents protoplasmes qui composent chacune des cellules des organites sur lesquels ils agissent ; la différence de leurs effets sur les touts vitaux provient pour chacun de ceux-ci de ses aptitudes, de ses immunités et de l'action déterminante des lois d'Influence

Monstruosité. — Irrégularités qui se présentent dans des organismes et les font différer du type général auquel ils appartiennent.

Ces irrégularités peuvent être organiquement progressives ou régressives : Si elles sont régressives, elles n'atteignent que superficiellement l'individu qui les présente, sans qu'il en soit modifié dans son présent développement d'Etre.

Les manifestations et manières d'être les plus anormales d'un organisme ou ont été voulues par l'Etre qui le meut quand il en a formé l'embryon, ou elles ont été volontairement acceptées par cet Etre s'il s'est associé à cet organisme alors, seulement, que son créateur se dérobait.

Maladie. — Perturbations et altérations d'équilibre dans l'organisme et l'état physiologique d'un Etre ; leurs degrés, leurs formes et leur curabilité correspondent aux NON-BIEN de l'Etre qui meut cet organisme et à ses possibilités réparatrices actuelles.

L'aptitude ou disposition que présente un organisme à subir des perturbations et des altérations ne persiste dans les éléments vitaux successifs qui contribuent à l'individualité actuelle qu'un Etre s'est choisie, avec ses germes maladifs, qu'autant que cet Etre ne répare pas les NON-BIEN par lui commis dans un de ses précédents organismes ou dans celui qui lui sert actuellement.

La cause paraissant occasionnelle et déterminante d'une maladie résulte, inévitablement, de la loi d'influence à laquelle est spécialement soumis chaque NON-BIEN et sa répétition.

Les phénomènes des lois d'influence sont ceux qui s'imposent le plus vivement à la faculté sensitive des Etres.

Ils sont les premiers qui sollicitent l'attention et la connaissance de tous les individus, qui leur font sentir que l'obligation de la Solidarité universelle et sa sanction, la responsabilité individuelle et collective, sont includables pour tous.

C'est par cette connaissance que chaque individu peut se rendre compte de tout ce qui lui est nécessaire de savoir : C'est par elle qu'il voit que l'égalité et la Solidarité sont les règles de la Nature et s'imposent socialement à tous ; qu'il est indispensable à toute organisation individuelle ou sociale, — pour être bien équilibrée, — que chacune de ses particules ait tout ce qui lui est utile, ce qu'une a de trop l'hypertrophise, fait défaut aux autres qui en sont anémiées, perturbe l'organisation tout entière.

La suggestion magnétique est le seul procédé naturel et réellement efficace que les hommes, s'ils se modifiaient altruistement, emploieraient de plus en plus pour se débarrasser réciproquement de leurs maladies ; au fur et à mesure que les hommes transformeront leur état social anarchique en état social harmonique, ils deviendront altruistes et rejetteront les causes des maladies et autres maux dont ils souffrent.

Rêve, Hallucination, Folie. — Résultats à différents degrés pour un individu de perception d'images imitatives, externes et passagères.

Cet individu a cette perception par l'intermédiaire de ses organites surexcités, psychiquement et momentanément, par l'hyperémie de certaines de leurs cellules et l'anémie de certaines autres ; d'où — acceptée ou voulue — la concentration plus ou moins exclusive de son attention psychophysiologique sur certains faits relatifs à ses diverses vies ; par suite, affaiblissement de cette attention et son manque de coordination à l'égard des faits de sa vie actuelle ; alors, à son imagination se présentent et s'amalgament, comme réalités actuelles, des faits passés et à venir, réels ou seulement possibles.

Dans tous les cas, même ceux de maladie le plus accusée, la perception de ces images n'est possible que pour des individus dont l'état psycho-physiolo-

gique a des causes originelles antérieures à leur vie présente ; en se créant celle-ci, ils lui ont donné l'aptitude organique de cette perception.

Ces images peuvent leur être utiles, agréables ou pénibles ; elles coïncident, le plus souvent, avec les préoccupations et les actions de leurs vies dernières ; elles s'adressent à leur imagination voulues, esquissées, formées par des individualités sans organismes ; elles sont possibles aux uns et résultent pour les autres de leurs acquisitions et de leurs responsabilités actuelles.

Chez un individu les causes premières morbides de folie héréditaire et de folie chronique sont : Ou un amour égoïste, immodéré, persistant du moi ; ou son choix orgueilleux d'organisme ; ou la destruction prématurée et volontaire qu'il a faite de celui qu'il mouvait précédemment.

La folie momentanée a des causes analogues à celles des autres cas pathologiques.

Sommeil, Léthargie. — Accalmie plus ou moins forte des parties constitutives de l'organisme d'un Être ; cette accalmie lui donne un état de liberté psychique voisin de celui où il se séparera de son organisme.

Cet état où il peut davantage, parce qu'il dépend moins de son organisme, il l'a plus complètement dans la léthargie.

Pressentiments, Double-Vue, Lucidité. — Possibilités psychiques qui proviennent pour les individus qui les manifestent de ce que possédant les acquisitions intimes nécessaires avant qu'ils se soient définitivement associés à leur présent organisme, ils ont doté cet organisme de localisations physiologiques, aptes à ressentir certaines influences de désincarnés avec lesquels ils sont en affinité de développement.

Suivant l'usage que font de ces possibilités les individus qui les possèdent elles peuvent se développer ou, momentanément, s'annihiler chez eux.

Magnétisme et vouloir. — Le magnétisme est un des effets de la loi universelle, la Solidarité, donnant des possibilités réparatrices aux infracteurs de cette loi ; ses résultats s'obtiennent par des suggestions altruistes qui, si elles sont acceptées par le magnétisé, le font agir sur son organisme pour y modifier, actuellement, les causes psycho-chimiques et psycho-physiques de ses souffrances, pour se débarrasser de ces souffrances, au moins momentanément et plus ou moins complètement.

Le magnétisme agit par les influences de la volonté et de la sympathie qui se véhiculent en s'extériorisant dans, par et au travers des extensions atmosphériques ambiantes ; cette extériorisation est perçue par toute faculté sensitive, selon la résultante de son développement intuitif et de son plus ou moins grand dégagement organique actuel.

Le Vouloir est une action dont tout l'organisme, plus particulièrement le cerveau, est un conducteur passif jusques et au travers des atmosphères ambiantes.

Dans le magnétisme, le Vouloir d'un magnétiseur n'a pas besoin d'une parole articulée pour se faire accepter par l'Etre dont il a magnétisé l'organisme ; mais, le magnétiseur a nécessité de produire et d'éclai-

rer intimement sa pensée pour que cet Etre puisse la comprendre et la juger psychiquement.

Le Vouloir d'un incarné en se formulant, génère à son cerveau des mouvements qui, de ce cerveau, font s'extérioriser par vibrations, d'imperceptibles forces autonomes formant une résultante conforme au vouloir dont elle est la représentation.

Tous les Etres ont une puissance d'influences et de réceptivités magnétiques en rapport avec leur développement ; seuls leurs organismes en tout ou partie peuvent être influencés magnétiquement, être relativement rendus passifs et alors être débarrassés plus ou moins profondément des effets de leurs perturbations maladives par l'Etre dont l'organisme est magnétiquement influencé.

Cet Etre peut alors, s'il a les acquisitions nécessaires et en ajournant ses responsabilités organiques se délivrer, comme individu et jusqu'à la fin de son association avec son organisme actuel, des souffrances dont la cause doit amener la désagrégation de cet organisme sans que cette désagrégation puisse être changée, si peu que ce soit.

Les états et les phénomènes magnétiques varient chez un magnétisé et d'un magnétisé à l'autre ; ils se présentent quelquefois simultanément avec les efforts qui les provoquent, d'autrefois après un temps plus ou moins long.

Ils ont pour facteurs : Le plus ou moins d'altruisme du magnétiseur et ses affinités avec le magnétisé ; la situation actuelle de celui-ci, ses acquisitions essentielles et relatives, les influences extérieures auxquelles il s'associe.

Dans chaque cas, ces facteurs varient d'importance relative.

Tout magnétisé est mis, plus ou moins, dans son état de liberté psychique possible.

Alors il peut, psycho-physiologiquement et momentanément :

Modifier l'état de son organisme, en neutraliser l'influence, être insensible à ce qui le concerne et s'en isoler afin ou de voyager psychiquement dans le Temps et l'Espace relativement à un but déterminé ou, sur une préoccupation spéciale, de voir psychiquement dans la pensée de son magnétiseur et des individus avec lesquels il est actuellement en rapport psychique par affinité et sympathie ;

Se souvenir de toutes ses acquisitions, même celles de ses vies antérieures les plus reculées, et s'en servir en influençant l'hyperesthésie et l'anesthésie de ses organites pour leur faire produire des actes de ses individualités passés et des manifestations très régressives de manière que son *Moi*, psychologique, alors paraisse faussement multiplié ;

Entrer psychiquement en communication avec d'autres Êtres, reconnaître qu'ils sont encore victimes de ses NON-BIEN antérieurs, en accepter ou rejeter l'ascendant, les servir, en être servi et par cette collaboration ressentir et produire les plus étendues manifestations que comportent les limites actuelles de son développement ; cela, en acquérant, pour le moment, une plus puissante activité de tout ou partie des organites de sa faculté sensitive.

Quand l'organisme d'un incarné a traduit des manifestations de désincarnés, il est fatigué et perturbé, au moins dans ses parties qui ont le plus fonctionné.

Un individu magnétisé peut accepter de présenter

un état organique qui fut le sien ou celui d'un autre ; alors il agit sur celles des molécules de son cerveau qui régissent certaines possibilités de manifestations, afin que ces possibilités lui servent à reproduire des actes habituels à l'état qu'il a momentanément accepté.

Les individus magnétisés acquièrent momentanément des possibilités psychiques amenant des résultats dont le souvenir, le plus souvent, ne peut être enregistré par leur organisme qui ne comporte pas habituellement ces possibilités ; ces individus, n'étant plus dans un état magnétique quelconque, ne se souviennent pas ordinairement avoir été dans cet état, ni de ce qu'ils y ont dit et fait.

Par des lois immuables, les Êtres incorporels possédant les acquisitions nécessaires et un rapport suffisant d'affinités avec d'autres Êtres promoteurs d'un organisme peuvent se rendre tangibles à ces derniers par influences psychiques ; ils peuvent aussi les aider à se manifester magnétiquement entre eux par leur double en agissant sur leur imagination pour qu'elle perçoive des propriétés, des forces, des formes momentanées illusoires et inoffensives qu'ils dirigent comme instruments passifs après les avoir organisées avec des Êtres inférieurs, désincorporés, appartenant à l'atmosphère des milieux où ils évoluent leur désincarnation actuelle.

Des désincarnés possédant toutes les acquisitions nécessaires peuvent s'engager, efficacement, envers l'un d'eux qui va se réincarner pour leur servir d'intermédiaire par son concours d'Être et d'individu, à modifier divers agglomérats, même celui de l'organisme catalepsié de cet Être, afin de ramener provisoirement ces agglomérats à leurs éléments, et faire passer ces éléments d'un endroit à un autre, pour les réorganiser, alors, tels qu'ils étaient précédemment.

Quand dans et sur un organisme ou milieu un Etre a acquis toutes les qualités vraies, qui lui permettent de conquérir ce milieu, il en quitte l'atmosphère et va dans celui d'un autre plus élevé.

Dans et sur un même milieu organique, les Etres — les uns avec, les autres sans organismes — ne peuvent être que très rapprochés de développement; d'où l'obligation pour les corporels de sévèrement analyser et contrôler, avec leur savoir et leur raison, tout ce qui leur vient ou paraît leur venir des incorporels.

Plus les limites de développement de deux Etres se différencient, mieux celui qui se développe peut pénétrer celui qui reste en arrière et moins ce dernier comprend les manifestations du premier.

Les manifestations d'un magnétisé révèlent son état psychique et ses tendances actuelles: S'il est arriéré, il a la tendance de s'abandonner à des volontés extérieures se persuadant qu'elles lui sont irrésistibles; s'il est orgueilleux, hypocrite, égoïste, il a celle de lutter, de ruser, de tromper, etc.

Aucune suggestion ne peut être imposée irrésistiblement ni à son vouloir, ni à son organisme.

Les rapports entre magnétiseurs et magnétisés sont surtout des rapports d'influences et de communications intimes plus ou moins voulues par les uns et acceptées par les autres.

Plus le magnétisé et le ou les magnétiseurs sympathisent, plus leurs effets sont harmoniques; plus les mobiles des magnétiseurs sont élevés, plus les résultats de leurs efforts sont complets et puissants.

Le magnétisme est un effet de Solidarité se produisant sous des influences d'affinités psychiques et de volontés sympathiques ; si des volontés égoïstes veulent le pratiquer, ce qui arrive alors n'est rien moins que magnétique et n'a que des résultats superficiels et négatifs.

Tout individu qui, momentanément, est dégagé de quelques-unes de ses influences organiques et montre des facultés qu'il n'a pas habituellement, est, plus ou moins, auto-magnétisé par un ou des Etres avec ou sans organisme.

Quand un Etre magnétiseur prend dans son organisme une partie des maux dont il débarrasse un de ses magnétisés, c'est qu'il consent à attirer sur lui des individus microscopiques qui perturbaient l'organisme de ce magnétisé afin de s'acquitter envers lui de NON-BIEN antérieurs.

Ce magnétiseur ne s'acquitte ainsi que par suite d'une détermination prise par lui dans un sommeil automagnétique ; pendant un de ces sommeils postérieurs à de ses efforts de vouloir magnétique, il peut également accepter pour son organisme de certaines souffrances afin que, plus tard, soient diminuées l'acuité et la durée de souffrances analogues chez un de ses magnétisés qui en a le germe organique.

Dans un tout vital, plus l'Etre son moteur est développé et se trouve dégagé magnétiquement, plus l'organisme de ce tout est momentanément à l'état passif d'aggloméral, mieux cet Etre peut se servir de sa faculté sensitive et moins cette faculté est entravée par ce que l'ignorance humaine appelle Matière.

Médiumnité. — Aptitude qu'en état de désincarnation et ayant les acquisitions nécessaires des Etres se sont créée de pouvoir, plus tard organiquement, servir d'instruments de manifestations à des désincarnés avec lequels les lient encore des actes de leurs vies antérieures.

La forme de ces manifestations correspond à leurs possibilités organiques.

Hypnotisme. — La caricature impuissamment négative du magnétisme ; par cette caricature, la volonté de l'hypnotiseur peut obtenir, sans en connaître les causes, des résultats magnétiques correspondants aux efforts altruistes qu'il a dépensés.

Suggestion dite hypnotique. — Apparences de dominations abusives et de soumissions forcées entre des individus dont les premiers influenceraient magnétiquement les seconds.

En réalité, les Etres dont l'organisme actuel est ainsi influencé, ne lui font manifester que ce que leur vouloir a librement consenti ; ce vouloir est momentanément débarrassé d'une partie de ses entraves organiques : De quelque manière, en n'importe quelle situation, veille, sommeil, santé, maladie, etc., etc., qu'un individu reçoit une suggestion quelconque ou se la donne, l'effet de celle-ci est seulement un appel, une invitation au vouloir d'Etre de celui-là.

Pensée. — Attribut caractéristique, essentiel de chaque Etre.

Par sa pensée qui est toujours en parfaite concordance avec son état psychique, l'Etre produit ses manifestations les plus vives et les plus puissantes ; il se perçoit, perçoit les autres Etres et s'en fait percevoir.

La pensée s'extériorise de chaque Etre par des mouvements vibratoires.

La pensée ne peut être une sécrétion de la matière qui n'est qu'une entité sans existence réelle.

C'est par leurs pensées que les désincarnés communiquent entre eux et avec des incarnés magnétisés, souvent, sans que les uns et les autres en aient conscience.

Les désincarnés qui se manifestent à un incarné magnétisé n'agissent en rien sur l'organisme de cet incarné qui, pour un moment, imprègne son cerveau de leur pensée et se sert de la relative liberté que lui concède l'état momentané où il se trouve pour, volontairement et transitoirement, transformer ses possibilités organiques afin de reproduire des actes qui ne sont pas les siens ; son état psycho-physiologique actuel influe sur la forme et le plus ou moins d'exactitude qu'il met à traduire, corporellement, des pensées qui lui sont manifestées par des désincarnés se donnant pour ce qu'ils sont réellement ou qui s'attribuent des noms et des qualités ne leur appartenant pas.

Inertie. — Immobilité apparente d'individus agglomérés dont l'activité échappe plus ou moins à l'homme.

Mort. — Changement d'individualité des Etres ; fin d'une des vies d'un Etre, cette fin lui est toujours avantageuse quand elle n'est pas le résultat d'un suicide ; situation où un Etre vient de quitter un de ses organismes, alors ses actes qui ne se manifestent que psychiquement ne peuvent être perçus directement par la faculté sensitive humaine dans l'état où elle est encore généralement, dans cette situation il peut se croire, pendant des périodes plus ou moins prolongées, dans un état en accord avec la croyance qu'il avait acceptée dans la vie qu'il vient de quitter.

Un Etre suivant la situation présente de son état psychique voit, plus ou moins rapidement, que son organisme n'a plus tous les éléments qui sont indispensables à sa cohérence; s'il est matérialiste et en raison de l'amour égoïste qu'il conserve à son ex-organisme, il peut s'y croire encore attaché un temps plus ou moins long pendant lequel il ressent, psychiquement, les phénomènes de décomposition de cet organisme auquel il se croit toujours lié.

L'Être sans organisme agit et se manifeste virtuellement par son état psychique ; l'Etre avec organisme agit et se manifeste chimico-physiquement par sa faculté sensitive: Chaque organisme possède, non des sens, mais une faculté sensitive.

Suicide. — Un des actes le plus monstrueux de l'amour de soi ; un acte composé principalement d'égoïsme, d'orgueil, de lâcheté.

L'Être qui commet cet acte n'atteint en rien le but qu'il espère : Il veut se débarrasser de maux et d'afflictions qu'il juge mauvais pour lui et qui, en fait, lui sont bons ; sous quelque forme et de quelque intensité que ces afflictions et ces maux le frappent, ils ne sont que des effets réparateurs d'inéluctables responsabilités par lui encourues antérieurement.

Le suicidé, indépendamment des souffrances psychiques d'inquiétudes et de terreurs que, comme Etre, il endurera pendant sa désincarnation, devra dans le nouvel organisme, qu'il prendra en connaissance de cause, subir avec une intensité plus accusée, les ennuis et les maux dont il avait voulu se débarrasser en cherchant à se détruire.

Beaucoup de tentatives de suicide avortent ; quand l'une d'elles réussit, elle n'amène pour l'Être qui l'a voulue qu'une désincarnation n'ayant point été avancée d'un instant : Elle se serait produite sous forme d'accident, de mort subite ou autre ne le surchargeant pas d'une nouvelle et terrible responsabilité.

Vide ou **Néant**. — Philosophiquement, ces expressions signifiant « Le non-Être » sont, comme définitions, contradictoires aux enseignements de la Nature ; elles ne doivent être employées que dans le sens d'étendues immenses dans lesquelles se meuvent des Êtres, momentanément sans organisme, dont l'existence est invisible à l'homme.

Justice. — Un attribut qui est comme tous parfait en la **Cause-Première** et toujours en perfectibilité chez tous les Êtres ; cet attribut est pour chaque Être le principe, la nécessité, le critérium de sa liberté, de son égalité, de ses droits et devoirs, de sa bonté, de son bonheur.
Droit, Devoir, Utilité, Justice, Égalité sont quelques-unes des faces de la Solidarité.
Hélas, jusqu'à présent, la base des lois et des conventions humaines a été l'opposé de la Justice et un attentat contre la Solidarité qui est l'obligation universelle, la loi des lois, l'**Amour** dans sa plus haute acception.
La Solidarité coordonne tous les Êtres et leur demande une respective subordination ; elle fait chacun d'eux cause et effet, moyen et but du développement général.

Science. — Connaissance des réalités sous les apparences dont elles sont revêtues.
La véritable science est l'acquisition de la connais-

sance des *faits* non seulement dans ce qu'ils ont d'apparent, de muable et de momentané, mais dans ce qu'ils ont de réel, de fixe et d'éternel dans le Temps et l'Espace ; elle est basée sur l'observation rigoureuse de tous les phénomènes en remontant et en descendant, méthodiquement et expérimentalement, la chaîne de leurs causes et celles de leurs effets possibles pour en induire leur origine et en déduire leurs conséquences les plus éloignées.

N'importe quelle méthode d'expérimentation et d'explication des phénomènes d'un même ordre n'est pas une science ; c'est une contribution à la science : Confondre cette contribution à la science avec la science est antiscientifique.

Philosophie. — La science par excellence. Le savoir des causes et des effets en même temps que celle des possibilités et des applications tant individuelles que collectives de tout le savoir humain ; de ce savoir, elle coordonne toutes les parties et les vérifie les unes par les autres.

La véritable Philosophie se constituera dans l'Humanité ; elle en sera le lien, la religion, la règle de justice, de bonté, de Solidarité ; elle sera simple, claire, concordante avec tous les faits de la Nature.

Dans toutes les parties de cette science générale, l'homme en est encore aux tâtonnements ; mais il la réalisera promptement quand l'intérêt individuel n'obscurcira plus ses recherches, car elle est pour lui la révélation nécessaire, la seule possible.

Évolutions, Révolution. — Moyens de modifications organiques de formes individuelles et de leurs différents milieux.

Socialement :

Faites évolutivement ces modifications sont progressives et efficaces pour tous, elles s'opèrent par de l'accord et de la solidarité ; obtenues sans transition et par actes de violence, elles sont superficielles et stériles pour le plus grand nombre, désastreuses pour les égoïstes, dangereuses pour le progrès social.

Lutte pour la vie. — Doctrine qui repose sur une Vue superficielle de résultats circonscrits, momentanés et illusoires ; en fait, ces phénomènes n'existent que pour et sur des organismes dont le moteur ainsi que tous les individus qui vivent et revivent de sa vitalité ont préféré, à l'amour général, l'amour étroit du moi et se sont ainsi créé des besoins factices et momentanés.

Tous ces individus peuvent toujours et doivent, continuellement, vouloir faire évoluer l'état pénible et artificiel des responsabilités qu'ils se sont données vers l'état harmonieux et naturel de l'Amour universel.

Le fait appelé, improprement, lutte pour la vie n'est pas général, même sur les organismes où il est le plus répété.

Ainsi, l'homme sur la planète Terre qui n'est qu'un point imperceptible dans le Temps et l'Espace, un des organismes cosmiques où les développements de la vie sont des plus anarchiques et arriérés, voit un peu partout la destruction des individus les uns par les autres ; mais cette destruction atteint seulement les formes organiques qui ne sont que le superficiel, le destructible, le momentané des Etres.

En même temps, il peut constater sur cette planète un fait bien plus général, l'*aide mutuelle et naturelle*, indispensable à l'apparition, à l'évolution, à la persistance, aux transformations ultérieures et supérieures des individus et des espèces.

Il peut constater également que ses meilleures aspirations et ses besoins *réels* ne lui sont que des incitations à conquérir tous les avantages *vrais* dans et sur les milieux où il se meut ; que cette conquête ne s'obtient que par l'accord avec ses semblables et au moyen de leur concours.

La lutte dite pour la vie est une dérogation très limitée à la Solidarité ou aide mutuelle qui est la loi universelle ; cette dérogation n'est commise que par des Etres arriérés qui, momentanément et contre leur véritable intérêt, abusent de ce qu'ils possèdent de liberté.

Sur un organisme, macrocosme immense ou minuscule microcosme, alors que sur un point de son espace et à un moment de son temps des formes organiques disparaissent devant d'autres, qui sont mieux appropriées à ce temps et à cet espace, les unes ne sont pas détruites par les autres par suite d'une PRÉTENDUE *nécessité naturelle de concurrence vitale ; mais parce que les Etres qui mouvaient les premières les délaissent en se choisissant et se créant les autres pour s'y incarner, afin d'accomplir leurs évolutions actuellement possibles.*

Toutes les formes organiques et les phénomènes qui en dépendent ont pour cause le Vouloir des Etres ; chacun d'eux ne peut exercer son Vouloir que dans les limites de sa liberté ; l'étendue de ces limites résulte des acquisitions réelles de cet Etre, les entraves qu'elles subissent proviennent des NON-BIEN *par lui commis et pas encore réparés.*

Socialement :

L'affirmation astucieusement proclamée scientifique que « La lutte pour la vie est une loi naturelle » vient, après des fables proclamées divines n'ayant plus d'influence sur les spoliés sociaux, essayer encore de légitimer l'égoïsme et l'inégalité sociale qui produisent toujours des jouisseurs et des meurt-de-faim ; logiquement, cette affirmation est la négation, consciente ou non, que soient possibles la liberté, l'égalité et la solidarité sociales.

Dissimulation. — Habitude astucieusement mensongère ; manie psychologique que se créent des orgueilleux qui veulent servir leur égoïsme par la ruse, en paraissant sincères.

Ces orgueilleux mentent rarement par affirmation et continuellement par omission ; ils n'obtiennent que d'éphémères résultats, se soldant par des déceptions ; ils peuvent être très astucieux, ils ne sont pas réellement intelligents.

L'intelligent agit pour son plus grand bien et non pour de précaires bénéfices.

Socialement :

Le Chacun pour soi incite à la dissimulation et produit des arrivistes sans vergogne ; le Tous pour chacun stimulera la sincérité et développera chez tous la véritable intelligence.

Liberté, Licence. — Extrêmes d'une même possibilité de choisir et d'agir qui tendent à se détruire l'un l'autre.

Pour chaque individu la possibilité de choisir et d'agir devient de moins en moins limitée en son de son développement et de l'universalité des obligations qu'il contracte ; cette possibilité est influencée et perturbée dans les moyens d'actions organiques de cet individu par l'état présent de ses responsabilités vis-à-vis les désincarnés envers lesquels il a eu des torts non encore réparés.

Ces désincarnés agissent par les lois d'influence sur les individus vivant de l'organisme de ce corporel encore responsable vis-à-vis d'eux.

La liberté, plus exactement les limites de liberté, que chaque Être possède de choisir entre les différents mobiles qui sollicitent son vouloir sont continuellement correspondantes à sa responsabilité et à ses acquisitions essentielles actuelles.

L'amoindrissement organique passager d'un individu dans sa liberté lui provient de NON-BIEN *qu'il voudrait continuer de commettre ; cet amoindrissement, qui est le plus souvent un effet de son orgueilleux égoïsme, est utile à la sauvegarde de son développement d'Être pour ses vies postérieures.*

Socialement :

La liberté n'est et ne peut être que la possibilité pour chacun de chercher, de connaître, de conquérir ce qui est utile au plus rapide et parfait développement réalisable actuellement de son moi ; elle existe là où règnent la Vérité, la Justice, la Solidarité.

Logiquement, ce qui sert la Vérité, c'est l'indulgence ; la Justice, c'est la bonté ; la Solidarité, c'est l'amour.

La liberté de chacun est sauvegardée par l'égalité, l'accord et l'union de tous.

La licence est un vice tout entier composé de despotisme et de servilité consistant à vouloir se satisfaire sans se préoccuper de ses devoirs ni des droits des autres ; elle est toujours un résultat de l'erreur, de l'iniquité, de l'anarchie.

Ce qui, surtout, produit l'erreur, c'est l'intolérance ; l'Iniquité, c'est la suspicion ; l'Anarchie, c'est la haine.

La licence est une conséquence de l'inégalité et de la discipline par obéissance hiérarchique imposée socialement.

Toute manifestation individuelle ou collective perturbant la liberté d'autrui est un acte de licence qui ne doit pas être toléré socialement.

Pour éviter la licence de quelques-uns et un esclavage plus ou moins déguisé au plus grand nombre, les possibilités de liberté doivent être égales pour tous ; ces possibilités doivent n'avoir de limites que celles contractuelles et réciproques qui sont nécessaires pour garantir à chacun les mêmes possibilités.

Enfin, la liberté demande que tous puissent se réunir, se coaliser, exprimer leurs pensées par la parole et par l'écrit ; sous la seule condition que tout acte de violence ou de calomnie, produit individuellement ou collectivement, doit être réparé deux fois par son ou ses auteurs : Une fois au profit de la ou des victimes, une autre fois au profit de la collectivité.

Tout inculpé d'avoir calomnié qui que ce soit, s'il ne peut prouver l'exactitude de ses imputations, est déclaré calomniateur et frappé comme tel, quelle que soit sa fonction sociale ; s'il prouve l'exactitude de ses accusations, ce sont ses récriminateurs qui sont condamnés, à minima, à lui payer et à payer à la collectivité ce qu'ils réclamaient judiciairement contre lui.

Egalité, Semblable, Pareil, Uniformité. — Le mot Egalité, comme le signe mathématique = qui le représente, signifie littéralement se valant, s'équivalant, de même valeur ; c'est établir une confusion trompeuse que de l'employer pour semblable, pareil, uniformité, dont il ne comporte pas les significations.

Un homme instruit qui établit cette confusion dans ses écrits ou ses discours pour combattre le principe de l'Égalité est de mauvaise foi; c'est un égoïste orgueilleux.

L'Egalité, comme principe, régit tout ce qui est dans le Temps et l'Espace : Rien n'y est indifférent et tout y est absolument nécessaire à l'harmonie générale ; tout *nécessairement* s'y enchaîne, se coordonne, est solidaire.

Ce *nécessairement* limite la liberté de tous les Etres et sauvegarde, égalitairement, leurs possibilités de développement.

Socialement :

L'Egalité est la situation respective d'individus très dissemblables de détails, mais qui forment chacun un tout d'une même valeur d'équivalentes utilités sociales.

Cette situation établit pour tous, indistinctement, les mêmes droits et les mêmes devoirs ; elle donne à chacun, sans exception, les mêmes facilités pour s'acquitter et pour bénéficier également, par **équivalence**, des charges et avantages sociaux ; elle est la pratique de la justice naturelle, la possibilité de la Solidarité entre chacun, la garantie de la liberté pour tous ; elle rend impossible tout acte de licence et de despotisme individuel ou collectif; enfin, sous tous les rapports, elle est avantageuse à tous, *sans exception*.

Sans cette situation d'égalité pour tous, une société quelconque est un milieu anarchique créant de plus en plus à quelques-uns des possibilités de licence despotique, imposant un esclavage de plus en plus impérieux à une majorité de miséreux qui s'augmente sans cesse.

Basée sur l'erreur, la haine ou la violence aucune coalition, quelle qu'en soit la discipline, ne peut aider à réaliser cette situation d'égalité nécessaire et bonne pour tous ; le seul moyen de l'établir et de la rendre inattaquable, c'est que les intéressés s'unissent pour chercher et formuler un contrat d'intégrale et réciproque Solidarité.

Ce contrat doit garantir à tous la même liberté ainsi que les meilleurs moyens de vivre et de se développer ; il doit interdire et réprimer tout acte de licence individuelle ou collective : Pouvant amener des collisions entre ses participants, permettant à l'un d'eux de se soustraire à l'une de ses obligations sociales, menaçant de restreindre un des droits sociaux et humains de l'un quelconque d'eux.

Bonheur. — Usage parfait de tout son droit et de tout son **devoir** ; seul, cet usage donne à chaque individu toute sa liberté possible.

Socialement :

Personne ne peut avoir la somme de bonheur véritable, qu'il peut acquérir, si tous n'en possèdent également la condition indispensable qui est la jouissance dans la vie sociale de tout le possible de bien-être, de sécurité, de liberté, de savoir, d'émulation, de DÉVELOPPEMENT *physique et intellectuel.*

27. — CONCLUSION DE LA PREMIÈRE ÉTUDE

Je clos et résume ici l'exposé de mon testament philosophique et social par cette dernière proposition :

Dans le Temps et l'Espace, tous les Êtres évoluent par la Solidarité ; sa pratique est l'obligation, la possibilité et la mesure du développement de chacun.

Cette pratique s'impose d'autant plus strictement à l'Être, qu'il est plus développé : Ainsi, nous, individus humains, pour nos besoins, nos aspirations, notre perfectionnement, l'évolution de notre espèce et pour en garantir l'anéantissement prématuré sur la planète Terre, nous avons la nécessité urgente de chercher et de fonder l'établissement d'une société harmonique dans laquelle — *tous sans exception*, également, par choix et par équivalence — nous contribuerons à, et jouirons de toutes les valeurs qui se consomment et se détruisent par l'usage.

Ces valeurs sont : Les fruits, les forces et les richesses naturelles ; les acquisitions antérieures de l'Humanité faites au moyen des travaux et avantages sociaux.

(Les fruits, forces et richesses naturelles, ainsi que les acquisitions collectives de l'Humanité appartiennent à toutes les générations, indivisiblement et par droit imprescriptible).

Dans cette société, nous serons socialement égaux ; nous aurons nos aptitudes et nos facultés étudiées, harmonisées, utilisées à notre profit et à celui de tous ; nous remplirons dans la division du travail et par la réciprocité des services des fonctions dissemblables, mais équivalentes; nous bénéficierons de toute la somme possible de bien-être, de sécurité, de liberté, de savoir, d'émulation, *de développement*.

Alors, seulement, chacun aura la plus grande individualité possible dans la Solidarité de tous ; le règne de l'homme sur l'homme sera fini, celui de Dieu commencera.

Il n'y aura plus ni spoliateurs, ni spoliés, ni dupeurs, ni dupés, ni exploiteurs, ni exploités ; nous n'aurons plus, entre nous, ni motifs ni prétextes de ruses, de luttes et de haines ; il ne nous sera plus impossible de joindre nos efforts dans une association mutuelle pour chercher, connaître, conquérir tout ce qui est utile au plus grand bien de tous et de chacun ; nous aurons tout avantage, plaisir et facilité à être complètement solidaires les uns des autres,

Finalement, chacun de nous pouvant acquérir la plus grande somme possible de *Bonté* que puisse atteindre l'individu humain, tous nous pourrons accomplir harmonieusement notre ascension présente.

2 décembre 1880.

Les propositions ci-dessus ne sont pas une découverte personnelle, mais l'œuvre condensée du travail collectif de l'Humanité qui doit et devra toujours les vérifier par les faits : Un seul fait, *bien constaté*, qui serait contraire à ces propositions les infirmerait.

Pour qu'elles soient examinées dans des discussions et par des recherches aussi complètes et rigoureuses que possible, je les dédie et les lègue à la Société d'Anthropologie de Paris, parce qu'elles sont surtout du domaine des sciences anthropologiques.

Je lègue à son laboratoire mon organisme actuel, sitôt que je ne l'animerai plus, afin qu'il puisse servir scientifiquement la Vérité qui seule est essentielle et peut nous guider.

Pour terminer, je demande que ce qui ne sera point utilisable de mon organisme soit incinéré, si la loi le permet ; sinon, qu'il soit enterré dans la fosse commune par le convoi des plus déshérités sociaux, mes frères le mieux aimés ; qu'incinéré ou enterré avec une copie du présent testament, il ne soit occasion à *aucune cérémonie*.

Entre la *Cause-Première* et un Etre quelconque, il n'est ni oraison salariée, ni intermédiaire officiel efficaces.

Ecrit et signé en plusieurs expéditions à Paris, rue Rollin, n° 3, dans la plénitude de mes facultés physiques et intellectuelles, de ma liberté d'esprit et d'action, de ma volonté. EDOUARD BOULARD.

2 novembre 1882.

———

Après m'être décidé à faire paraître séparément chacune des études de « Collectivisme-Intégral-Révolutionnaire » espérant, qu'ainsi présentées à tous, elles obtiendraient peut-être des appréciations motivées, bonnes ou mauvaises, qui leur ont manqué jusqu'ici sauf de bien rares exceptions me venant surtout des citoyens Louis Mariano, Ludovic Alex, Alexandre Ducasse et Alexandre Savoulesco à qui j'en suis profondément reconnaissant, j'en reviens à les réunir de nouveau en un seul volume pour la plus complète facilité de mes lecteurs. 1ᵉʳ janvier 1892.

Deuxième Étude

ORGANISATION

PREMIÈRE PARTIE

Lecteur, si tu es un chercheur ami de la vérité, cette courte et sincère étude t'est soumise et dédiée.

Elle est un résumé fidèle des travaux de toutes sortes que ne cessent de poursuivre et de propager les vrais serviteurs de la Justice-Eternelle, cette NÉCESSITÉ sociale de l'Humanité.

Ces amis de l'équité poursuivent leurs travaux par l'observation rigoureusement méthodique, dans leurs causes et dans leurs effets, de toutes les lois naturelles et de touts les faits sociologiques connus.

Ces travaux, ils les propagent à leurs risques et périls, au bénéfice de tous, pour mettre fin et retirer toute possibilité future aux exploitations d'hommes par d'autres hommes.

Les efforts de ces amants véritables de l'Humanité sont dénaturés, calomniés, bafoués par des Etres ayant la face humaine et l'égoïsme bestialement étroit.

L'Humanité, hélas, a encore ses parasites, ses frelons, ses renards, ses loups, ses reptiles ; auteurs ou complices bénéficiaires de toutes les spoliations sociales.

Ces spoliateurs crient impudemment, mais inutilement, à la spoliation contre les revendications légitimes et imprescriptibles des spoliés.

Tous ces spoliateurs, avec un bagage de faux savoir, pontifient des morales conventionnelles, métaphysiques et lucratives tirées : De prétendues révélations surnaturelles ; de philosophies positivistes, mais si peu positives ; de doctrines d'économie politique, échafaudées de négatives éruditions ; de déductions pseudo-scientifiques, basées sur la connaissance incomplète de quelques faits observés, seulement, dans leurs apparences et leur isolement.

Dans leurs élucubrations intéressées, ces orgueilleux docteurs de l'erreur, exploiteurs de l'ignorance qu'ils enseignent et des iniquités dont cette ignorance est la source, accusent les socialistes-révolutionnaires d'être — ce qu'ils sont eux mêmes — Avilissants, ambitieux, fourbes, dupeurs ou fous.

Quelques-un osent même avouer que s'il était à leur pouvoir de distinguer, dès leur naissance, ces révolutionnaires criminels ou fous qui essayeront de détruire l'ordre social et la hiérarchie qui en découle, ils ne reculeraient pas à en débarrasser l'Humanité.

Ces rusés maîtres fourbes dissimulent, dans leurs discours et dans leurs écrits, que c'est l'état anarchique dont nous souffrons tous que les socialistes conséquents veulent détruire, pour le remplacer par une organisation harmonique et une Solidarité effective.

La duplicité et l'aberration des exploiteurs de

l'anarchie sociale actuelle sont des effets, logiquement monstrueux, de l'artificiel intérêt individuel affolé ; elles produisent des maux effroyables qui, depuis des milliers de siècles, se perpétuent et s'aggravent dans l'Humanité parce qu'elles violent la Solidarité.

« *La Solidarité est la loi et l'obligation de tous ; nul ne peut faire ou laisser faire des actes contre elle sans que, à un moment ou à un autre, il n'ait durement à le regretter.* »

Les individus humains, dès leurs premières évolutions sur la planète Terre, pouvaient se donner entre eux des relations harmonieuses en solidarisant leurs efforts.

Tout au contraire, ils se sont faits des milieux sociaux, des mœurs et des lois conventionnelles mettant chacun d'eux en lutte avec lui-même et avec chacun des autres ; lui faisant une nécessité de faire prévaloir son intérêt personnel envers et contre tous : D'où, inévitablement, les égoïsmes, les hypocrisies, les suspicions, les fraudes, les ruses, les luttes, les haines qui divisent tous les hommes et sont les causes de presque toutes leurs maladies, leurs misères et leurs erreurs.

Quand les hommes se rencontrèrent, pour la première fois, ils furent plus étonnés et effrayés les uns des autres qu'ils ne l'avaient été par la vue des animaux qui les entouraient : Ils pouvaient vaincre leur frayeur réciproque et faire alliance entre eux ; ils se combattirent.

Il y eut des vainqueurs et des vaincus ; ceux-là pouvaient s'associer ceux-ci pour vivre égalitairement, ils préférèrent les tuer ou exiger d'eux qu'ils devinssent leurs machines à travail ; en même temps, ils s'adjugèrent tout ce qu'ils purent de richesses naturelles.

De ce point de départ est l'origine : De la propriété individuelle ; de tous les esclavages ; des luttes féroces qui n'ont cessé entre les membres de l'Humanité et entre les divers groupements qui s'y sont succédé.

Les luttes entre les hommes et les différents groupements qu'il avaient formés ont amené la disparition plus ou moins rapide d'un nombre considérable de sociétés humaines arrivées alors au plus haut degré de la puissance et des richesses contemporaines ; en même temps elles étaient les causes de la perte, au moins momentanée, de nombreuses et précieuses acquisitions faites antérieurement par l'Humanité et de l'engendrement de milieux sociaux devenant de plus en plus défavorables au bonheur de l'Homme.

En fait, pour chaque homme, de son milieu social dépendent ses plus importantes conditions de bonheur ; il ne peut que réagir faiblement contre les influences de ce milieu et il les subit beaucoup, beaucoup dans ses mobiles, son vouloir, ses possibilités, sa conduite, son développement.

Quand les influences de son milieu social sont pernicieuses, plus un homme est faible (socialement, physiquement, intellectuellement), plus il en est écrasé ; mieux il est partagé, plus il a de forces nombreuses et puissantes pour lutter contre ces influences et pour être utile ou nuisible autour de lui.

Son réel intérêt est d'être utile à tous, de combattre énergiquement les influences sociales pernicieuses et de stigmatiser les luttes où l'égoïsme et des intérêts personnels sont seuls en jeu.

Il a avantage et obligation à se servir de ses forces pour aider énergiquement à la transformation rapide, et bonne pour tous, du milieu social qui produit de fâcheuses influences dont, quoi qu'il fasse, il supporte les conséquences.

Logiquement, toute transformation altruiste d'organisation sociale sera amenée par quelques volontés éclairées et énergiques pour le bien ; cette transformation précédera nécessairement celles altruistes individuelles du plus grand nombre : C'est toujours quelques volontés éclairées qui font désirer, à la majorité de celles moins heureuses, les tranformations sociales nécessaires.

En ce moment, dans tous les groupements humains, dans toutes les nationalités, les résultats sociaux économiques sont épouvantables ; la suspicion et la haine des citoyens les uns envers les autres sont très graves et vont toujours en augmentant ; les plus imminents, les plus sérieux, les plus terribles dangers extérieurs et intérieurs existent ; une lutte à mort est engagée entre les travailleurs et le capitalisme.

Tous les pays sont à la veille des plus terribles commotions, de boucheries humaines effroyables ; mais je crois pouvoir affirmer d'après les plus sérieux renseignements, que c'est encore en France où le péril est le moins imminent : La vie sociale individuelle et collective y étant moins malheureuse qu'ailleurs, c'est encore dans ce pays que la presque totalité des citoyens ont le plus d'espérance que le problème social peut avoir sa solution sans qu'ils soient acculés à employer la dynamite.

Le capitalisme est le résultat d'accumulations par quelques-uns des produits du travail soustraits à leurs véritables producteurs ; une pieuvre insatiable ; une forme déguisée et perfide de domination de l'homme sur l'homme ; une puissance démoralisatrice et impitoyable, qui va en augmentant de plus en plus entre des mains de moins en moins nombreuses.

Par le capitalisme, les travailleurs sont de plus en plus exploités ; ils sont de moins en moins regardés comme des hommes et, chaque jour, ils sont davantage réduits à être des miséreux dans une abondance qui est leur ouvrage.

Le capitalisme est la forme moderne de la féodalité ; il est une des productions barbares et antihumaines de l'*individualisme*, ce mobile artificiel et despotique du « *Chacun pour soi* ».

Les différentes formes féodales ont, partout et toujours, la précaution de s'entourer d'une hiérarchie d'intermédiaires, afin de se garantir dans le milieu social qu'elles tirannisent et dont elles conquièrent et accaparent tous les avantages.

Quand des formes féodales voient leurs privilèges trop menacés par des revendications environnantes, elles se coalisent, internationalement, pour se débarrasser des revendicateurs ; elles arrivent alors à faire se haïr et s'entre-tuer, sous prétexte de patriotisme, des malheureux qui ne se connaissent pas, des malheureux qu'elles exploitent et spolient, des malheureux qu'elles trompent et aveuglent.

Aujourd'hui, les choses en sont arrivées à une intensité telle qu'exploités et exploiteurs du capitalisme ont une nécessité urgente et absolue à le supprimer en socialisant toutes les forces et richesses naturelles le plus rapidement possible, pacifiquement et évolutivement si faire se peut, si non révolutionnairement.

S'ils ne s'entendent pas, sans délai, pour obtenir ce résultat, ce qui est moins au pouvoir des exploités que des exploiteurs, ils sont entraînés, inévitablement, à se servir les uns contre les autres de tous les moyens possibles de destruction : Les uns pour se débarrasser des autres et de leur égoïsme de brutes ; ceux-ci pour maîtriser ceux-là, s'ils le peuvent???

C'est à cette heure où l'Humanité est menacée par **elle-même** des plus terribles dangers, à la suite desquels ses meilleures acquisitions et son existence *même* peuvent être englouties, que des hommes à l'instinct d'autruche et ne voulant pas voir le péril fulminent, ne pouvant faire plus, contre les citoyens qui veulent faire disparaître les causes de ce péril par des moyens efficaces et qui démasquent le but intéressé et l'inutilité des palliatifs qu'on lui oppose.

L'inutilité de plus en plus constatée de ces palliatifs accumule des malentendus et des fureurs désespérées de destructions et de carnage.

Eh bien, ce sont, et les docteurs sans vergogne dont il est question plus haut, et leurs soutiens plus ou moins conscients, ces impudents et imprudents personnages qui ferment les yeux pour ne pas voir, qui se bouchent les oreilles pour ne point entendre parce que, dans nos agglomérations anarchiquement organisées, ils possèdent ou cherchent à posséder des privilèges et des monopoles qui deviennent les causes secondaires, mais incessantes des misères individuelles et de la mort prématurée, de l'*assassinat anonyme* d'un nombre de plus en plus considérable de citoyens par les meurtrières conditions sociales qu'ils sont contraints de subir sous le despotisme de l'arbitraire organisé par d'iniques et hypocrites légalités.

Hélas, cet assassinat social, ce crime de lèse-Humanité ne trouble pas les ambitieux, les satisfaits, les indifférents et les poltrons ; mais ces égoïstes, paralysés de l'intelligence et du cœur, s'effraient d'avoir leurs illusions menacées, d'avoir leur digestion troublée, d'avoir la peur d'avoir peur !!!

Dans leur infime minorité tapageuse, tous ces obtus égoïstes nient les besoins et la misère du plus grand nombre.

Ils crient, bien haut, pour se donner du courage :

« Que les socialistes révolutionnaires, s'ils ne
» sont pas des ambitieux et des dupeurs voulant
» pêcher en eau trouble, sont au moins des songe-
» creux utopiques et fous poursuivant, et la des-
» truction d'un état social qui fonctionne, et une
» illusion sur laquelle ils se refusent à réfléchir
» pour ne pas voir son impossibilité de fonction-
» nement.»

Les individus qui parlent ainsi mentent sciemment, ou sont des ignorants volontaires.

Depuis longtemps, en toutes sortes d'occasions, les collectivistes-intégralistes-révolutionnaires ont indiqué les grandes lignes de fonctionnement de l'organisation sociale harmonique dont ils poursuivent l'avènement.

C'est sur leurs données, que j'ai condensées, qu'est établi le petit résumé suivant :

DEUXIÈME PARTIE

Toutes les sociétés humaines du temps présent se disent civilisées.

Elles ne sont que méthodiquement anarchiques; non qu'elles manquent de gouvernement, mais parce que leur base et la légalité qui en découle sèment la haine, étouffent l'amour, insultent à la justice, jettent le désordre dans les idées et les faits, les volontés et les mœurs.

Ces résultats resteront inéluctables tant que cette base, qui met les intérêts sociaux de chacun en opposition avec ceux des autres, ne sera pas détruite.

Elle a été établie surtout par la violence; elle est soutenue et prolongée par l'hypocrisie, la fraude et la spoliation.

Elle sera détruite par la fermeté, la persévérance, la sincérité d'amour et de justice des hommes de cœur.

Elle est étayée sur l'égoïsme; il faut qu'elle soit transformée et devienne inébranlable par la SOLIDARITÉ qui est indispensable à l'harmonie générale.

Cette harmonie ne peut exister que par la justice bonne à tous, et cette justice naturelle n'est praticable que là seulement où règne l'égalité sociale, qui est l'équivalence et non le pareil, le semblable, l'uniformité.

Cette base est individualiste ; elle crée socialement à chacun, des besoins superficiels et pour les satisfaire une obligation de luttes contraires à son intérêt véritable, à son bonheur, à la possibilité des développements évolutifs de sa vie humaine et de sa destinée.

Il faut qu'elle devienne COLLECTIVISTE, afin que les satisfactions de chacun soient harmoniques à son réel intérêt et à l'intérêt général, à son bonheur et à son développement, comme au bonheur et au développement de tous.

Pour tous, il devient de plus en plus indispensable que les sociétés actuelles qui toutes, malgré la diversité de leurs gouvernements, sont rongées d'anarchisme. — suite inévitable de leur individualisme ou « *Chacun pour soi* ». — se transforment aussi rapidement que possible et se fédèrent, de mieux en mieux, pour arriver à n'en plus former qu'une inébranlablement harmonique dans son organisation intégralement collectiviste du « *Tous pour chacun* ».

Cette société harmonique, intégralement collectiviste, aura pour base la *Justice* naturelle.

Elle ne pourra être composée que d'associés égaux entre eux (hommes et femmes).

Pour ces associés, les limites de leurs licences dans les actes seront exactement pareilles.

Leur liberté sociale sera illimitée pour se réunir, se coaliser, exprimer oralement et verbalement leurs pensées ; sous la seule condition que tout acte de violence ou de calomnie produit individuellement ou collectivement contre autrui devra être réparé deux fois par son ou ses auteurs ; une fois au profit de la ou des victimes, une autre fois au profit de la collectivité.

Tout inculpé d'avoir calomnié, qui que se soit, s'il ne peut prouver l'exactitude de ses imputations, est déclaré calomniateur et frappé comme tel, quelle que soit sa fonction sociale ; s'il prouve l'exactitude de ses accusations, ce sont ces récriminateurs qui sont condamnés, à minima, à lui payer et à payer également à la collectivité ce qu'ils réclamaient contre lui.

Cette société sera une organisation de réciprocité et de garanties mutuelles ; CHACUN POUR TOUS, TOUS POUR CHACUN.

Tous les efforts et avantages sociaux y seront spécialisés et centralisés dans des services publics.

Tout son travail s'accomplira en fonctions dissemblables par des coopérateurs intelligents et libres.

Tous seront producteurs ÉQUIVALENTS, bénéficiaires égaux, assureurs et assurés unis solidairement contre toutes les éventualités perturbatrices.

Son activité aura pour but de garantir à chacun toute la somme possible de bien-être, de sécurité, de liberté, de savoir, d'émulation, de **développement.**

Elle sera combinée, répartie, divisée, subdivisée autant qu'il sera nécessaire afin que chacun de ses participants ait ses obligations sociales variées, faciles, attrayantes, courtes, efficaces, débarrassées de tout ce qui pourrait les rendre fatigantes, pénibles, malsaines ou dangereuses.

Cette activité ne s'exercera, au moyen des acquisitions de l'Humanité, que pour transformer, dans des services publics, les forces et richesses naturelles en productions servant à l'entretien, à la sauvegarde, au développement de la vie pour tous ; tandis qu'aujourd'hui, presque toute l'activité sociale se dépense en efforts qui ne produisent rien de vraiment utile aux réels besoins de l'homme, ni au bien de l'Humanité.

Dans l'organisation de la **société collectiviste,** pour que la liberté et l'égalité sociales de tous soient aussi parfaites que possible, toutes les parts dans les efforts et les bénéfices sociaux seront, dans leur quotité, égales par **équivalence** ; aucune, en tout ou partie, ne sera attribuée administrativement.

Chaque associé aura la facilité de se pouvoir former la sienne sans que, socialement, il puisse se soustraire à sa part d'obligations, ni empiéter sur les droits d'aucun autre.

Les groupes principaux de services publics de cette société auront pour objet les opérations suivantes :

Entretien de la vie

1° Utiliser et transformer les forces et richesses naturelles en produits de consommations, de protections et de relations.

2° Rechercher les conditions, les divisions et les subdivisions les plus efficaces à employer pour cette utilisation et ces transformations.

3° Rechercher, améliorer, perfectionner les engins, procédés et moyens employés à cette utilisation et à ces transformations.

4° Contrôler, comparer et coordonner les divers travaux ci-dessus et leurs résultats.

5° Rechercher les meilleurs procédés et moyens de circulations, de centralisations et de distributions de tous les produits qui se consomment et de tous ceux qui se détruisent par l'usage afin que chaque associé puisse en choisir sa part.

6º Essayer et mettre en pratique les procédés et moyens de circulations (terrestres, maritimes, aériens) jugés les meilleurs.

7º Essayer et mettre en pratique les procédés et moyens de centralisations jugés les meilleurs.

8º Essayer et mettre en pratique les procédés et moyens de distributions jugés les meilleurs.

9º Contrôler, comparer et coordonner les travaux ci-dessus et leurs résultats.

10º Rechercher et essayer toutes les conditions des signes représentatifs pour les droits individuels aux divers avantages sociaux, pour les relations et les échanges entre les différents services publics.

11º Faire les opérations relatives aux conditions et à la circulation des signes représentatifs des relations et des échanges individuels dans la collectivité et entre les différents services publics.

12º Contrôler, comparer et coordonner les travaux ci-dessus et leurs résultats.

13º Rechercher les procédés et moyens relatifs aux échanges les plus favorables avec les autres sociétés humaines.

14º Rechercher et essayer toutes les conditions de valeurs représentatives d'échanges avec les autres sociétés humaines.

15º Faire les opérations relatives à tous les échanges internationaux (Exportations).

16º Faire les opérations relatives à tous les échanges internationaux (Importations).

17º Contrôler, comparer et coordonner toutes les

opérations relatives aux échanges internationaux et leurs resultats.

Sauvegarde de la vie

1° Rechercher les causes de troubles et de désorganisation provenant de l'organisme humain.
2° Rechercher les procédés et moyens pour combattre et détruire ces causes, en prévenir et réparer les effets.
3° Essayer et mettre en pratique ces procédés et moyens.
4° Contrôler, comparer et coordonner tous les travaux et résultats relatifs à l'organisme humain.

―――

5° Rechercher les causes de troubles et de désorganisations provenant du milieu social national.
6° Rechercher les procédés et moyens pour combattre et détruire ces causes, en prévenir et réparer les effets.
7° Essayer et mettre en pratique ces procédés et moyens.
8° Contrôler, comparer et coordonner tous les travaux et résultats relatifs à l'harmonie du milieu social.

―――

9° Rechercher les causes particulières et générales de troubles et de désorganisation provenant de la flore, de la faune, du climat et du sol.
10° Rechercher les procédés et moyens pour combattre et modifier ces causes, en prévenir et réparer les effets.
11° Essayer et mettre en pratique ces procédés et moyens.

12° Contrôler, comparer et coordonner les divers travaux ci-dessus et leurs résultats.

———

13° Rechercher les causes pouvant amener des difficultés avec chacune des autres sociétés humaines, les moyens de combattre et de détruire ces causes, les applications de ces moyens.

14° Contrôler les efforts et les moyens appliqués à l'harmonie sociale intérieure et extérieure, ainsi que leurs résultats.

———

15° Rechercher les engins, procédés et moyens pour se défendre des agressions éventuelles des autres sociétés humaines.

16° Créer ces engins, les entretenir et les perfectionner.

17° Utiliser ces engins, mettre en pratique les procédés et moyens de défense nationale contre les possibilités d'agressions extérieures.

18° Contrôler, comparer et coordonner tous les travaux et résultats relatifs à la défense nationale.

Quand une première société collectiviste se sera établie, elle sera d'abord en butte à toutes les animosités des dirigeants des sociétés individualistes environnantes, mais bientôt ces dernières se transformeront pour devenir, elles aussi, collectivistes et finir par se fondre dans une grande fédération communiste humaine ; en attendant, et tant qu'il existera des nations à l'état social individualiste, il sera nécessaire, hélas ! que les sociétés les plus altruites prennent des précautions pour se garantir contre toute attaque extérieure possible.

———

19º Centraliser, coordonner et améliorer tous les procédés et moyens pour réparer individuellement et collectivement tous les effets fâcheux provenant de n'importe quelles causes (vieillesse, accidents, maladies, etc., etc.).

Développement de la vie

1º Rechercher les meilleures conditions, les procédés et les moyens pour que les mères, pendant toute la période de leur gestation, soient protégées afin qu'elles puissent transmettre au germe qu'elles portent les impressions les plus favorables.

2º Rechercher et essayer les meilleurs procédés et moyens pour que les enfants, dans leurs premières années, soient excités à l'exercice, à l'observation, au jugement, à la spontanéité, à l'intuition, afin que — physiquement et intellectuellement — ils se développent harmonieusement.

3º Vulgariser et essayer, socialement, de plus en plus, les meilleurs procédés et moyens pour le développement harmonieux de l'enfant à l'état embryonnaire et dans ses premières années.

4º Contrôler, comparer et coordonner les essais, travaux et résultats relatifs au développement harmonieux de l'enfant dans sa vie intra-utérine et ses premières années.

———

5º Rechercher les meilleures méthodes, les procédés et moyens pour que l'enfant, dans son âge deuxième, se familiarise avec la pratique et la théorie de la Solidarité ; qu'il s'approprie graduellement — physiquement et intellectuellement — les premiers éléments d'hygiène, de chant, de gymnastique, de natation, de travail et de science ; qu'il soit, de plus en plus, incité à chercher, à juger, à agir, à se connaître, à se contrôler, à ne jamais mentir. (Études primaires.)

6° Essayer et mettre en pratique les méthodes, procédés et moyens pour le développement harmonique des études primaires.

7° Contrôler, comparer et coordonner les essais, méthodes, travaux et résultats relatifs au développement harmonique des études primaires.

———

8° Rechercher les meilleures méthodes, les procédés et les moyens pour que l'enfant, de son âge deuxième à sa puberté, continue encyclopédiquement son harmonieux développement ; qu'il soit poussé à réfléchir, à analyser, à synthétiser, à généraliser le plus possible ; à fuir la fanfaronnade, la pusillanimité, l'égoïsme ; à suivre les divers détails des travaux sociaux, à en étudier physiquement et intellectuellement la pratique. (Études secondaires.)

9° Essayer et mettre en pratique les méthodes, procédés et moyens reconnus les meilleurs pour le développement encyclopédiquement harmonique des études secondaires.

10° Contrôler, comparer et coordonner les méthodes, essais, travaux et résultats relatifs aux développements harmoniques des études secondaires.

Les études secondaires ne pourront être commencées par aucun enfant avant qu'il ait dix ans ; tout l'enseignement qui les précède devra lui être donné de façon concrète: En provoquant ses questions, en lui donnant toujours des réponses appropriées à son intelligence, ainsi que des leçons de choses de plus en plus compliquées.

11° Rechercher les méthodes, procédés et moyens pour que, de plus en plus, les jeunes gens de la fin de leurs études secondaires à vingt et un ans : Développent leurs études des différents travaux sociaux physiques et intellectuels ; étudient et discutent librement ENTRE EUX les systèmes généraux, les théories et les hypothèses principales des divers groupes de connaissances exactes ; controversent avec des arguments sérieux et non des phrases toutes faites, avec des idées et non des mots ; recherchent et expérimentent les moyens de reconnaître ce que le témoignage des sens a d'illusoire et de réel ; s'habituent aux exercices, exigences et difficultés de l'état présumé de défense nationale contre les agressions extérieures ; s'exercent à de respectives et fraternelles subordinations : Chacun d'eux dans tous ses travaux, remplissant alternativement des fonctions d'exécution et de direction. (Etudes complémentaires.)

12° Essayer et mettre en pratique les méthodes, procédés et moyens relatifs aux études complémentaires.

13° Rechercher les meilleures méthodes, les procédés et les moyens pour que les jeunes hommes et les jeunes femmes, leurs études complémentaires accomplies, aient leurs aptitudes supérieures mises en lumière et développées. (Etudes spéciales.)

14° Essayer et mettre en pratique ces méthodes, procédés et moyens.

15° Rechercher, essayer, mettre en pratique et utiliser au profit de la collectivité toutes les aptitudes individuelles intégralement développées et harmonisées.

Dans une société où toutes les aptitudes individuelles seraient développées et utilisées comme valeurs sociales équivalentes, tous les citoyens seraient de plus en plus stimulés altruistement *à produire tout ce qui leur est possible ; toutes les individualités de non-valeurs et de perturbations sociales disparaîtraient rapidement ; beaucoup de caractères qui sont aujourd'hui des dangers sociaux seraient alors bien utilisés.*

16° Etudier et établir tous les moyens d'encourager, continuellement, les penseurs à chercher — logiquement et scientifiquement — le pourquoi et le comment, les causes et les effets possibles de tout ce qui est dans la Nature.

17° Contrôler, comparer et coordonner tous les essais, travaux et résultats relatifs aux études complémentaires et spéciales, au développement et à l'utilisation de toutes les aptitudes individuelles.

10° Rechercher toutes les possibilités d'incitation et d'émulation aux poursuites et découvertes individuelles et collectives de jouissances sociales hygiéniques et fortifiantes, artistiques et scientifiques, sédentaires et cosmopolites : Afin que chaque citoyen ait toujours, sans nuire à la liberté et au droit des autres, toutes les facilités possibles de choisir et de varier ses plaisirs, de développer et d'utiliser son intelligence et son vouloir.

19° Réaliser toutes ces possibilités.

20° Contrôler, comparer et coordonner les recherches, les essais, la mise en pratique et les résultats relatifs aux incitations, émulations et jouissances sociales.

21° Rechercher de nouveaux et plus étendus avantages sociaux dans les acquisitions humaines antérieures, les forces et richesses naturelles.

22° Essayer et mettre en pratique toutes les récentes acquisitions et découvertes sociales.

23° Rechercher et mettre en pratique toutes les possibilités de rapprochement, de fédération, de fusion avec tous les groupes humains par : La propagande de la Solidarité; des échanges, des conventions, des congrès, des expositions, des traités de toute sorte ; la création, le perfectionnement incessant et la propagation d'un langage (mimé, parlé, écrit) universel, simple et clair, mathématico-caractéristique, onomatopique et conforme aux indications de la Nature, ayant un signe distinctif pour chaque chose différente.

Une des causes qui entretiennent et perpétuent l'individualisme, les erreurs et les plus sérieux dissentiments entre les hommes, c'est la diversité de signification des mots de leurs langages et la pluralité de ceux-ci : Dans la nature organique de l'homme rien ne s'oppose à ce que l'Humanité ait un langage unique ; l'égoïsme, seul, y voit des obstacles.

24° Etablir une exposition générale et des expositions secondaires momentanées de tous les documents de recherches et de découvertes artistiques, littéraires, industrielles, scientifiques qui se sont faites et se font sur la planète alors qu'elles ne sont encore l'objet d'aucun service public national.

25° Contrôler, comparer et coordonner les divers travaux ci-dessus et leurs résultats.

26° Rechercher et mettre en pratique les conditions et les moyens pour que tous les citoyens puissent toujours facilement, librement, pacifiquement connaître, contrôler et discuter tout le fonctionnement de la société dont ils sont les unités intelligentes et libres ; s'y mouvoir, y choisir des fonctions qui y sont nécessaires et qu'ils peuvent utilement accomplir ; y remplir leurs réciproques obligations ; y jouir intégralement de leur part dans tous les avantages collectifs.

27° Etudier, établir, publier continuellement l'histoire et la statistique de chacun des services publics ; ainsi que les moyens sociaux créés pour encourager les libres recherches individuelles et en expérimenter les résultats.

De plus, autant qu'il sera utile, dans l'association collectiviste, — pour faciliter à tous la possibilité d'en contrôler les opérations et de librement se choisir, d'un côté, dans les efforts sociaux nécessaires ceux qui sont le plus en rapport avec leurs aptitudes; de l'autre, dans les bénéfices collectifs ceux qui leur sont le plus avantageux pour les besoins d'entretien, de sauvegarde, de développement de leur individualité humaine ; — il sera constitué des services publics de centralisation de tous les renseignements journaliers relatifs aux nécessités, possibilités et difficultés des tranformations et des productions sociales nécessaires; des moyens de répartition de ces transforma-

tions et productions, des fluctuations de la valeur sociale minimum de chacune d'elles par suite de son plus ou moins de rareté.

Ainsi, chaque associé pourra continuellement et sans luttes, en retour de l'emploi libre de ses aptitudes pour l'avantage de tous, choisir dans les bénéfices sociaux tout ce qui correspondra à ses besoins et à ses possibilités d'acquisitions limitées par la quotité de ses valeurs d'achats de produits sociaux.

Ces valeurs représentant le fruit du travail joueront, dans la société collectiviste, le rôle que jouent les diverses monnaies dans nos sociétés individualistes; par elles l'appropriation individuelle s'étendra à tous les produits sans pouvoir jamais toucher à leurs sources.

Aucun produit, aucun avantage social dans l'association collectiviste ne subira les déchets et les charges — surtaxes et intermédiaires inutiles — qui le frappent toujours dans un milieu individualiste.

Les principales divisions de l'activité sociale ci-dessus indiquées ne seront que des points de repère servant à établir la division du travail dans des indispensables groupes généraux de services publics.

Ces groupes généraux de services publics ne pourront être instaurés d'un seul coup.

Ils seront autant subdivisés qu'il sera utile pour l'efficacité et l'excellence du but à atteindre et des moyens à employer ; ils se pénètreront et se compléteront les uns les autres ; ils seront toujours modifiables et en tendance au mieux possible.

Les services publics seront constitués pour : Prévoir, combattre, détruire ou modifier les causes perturbatrices des intérêts collectifs et individuels;

en réparer les effets fâcheux ; chercher, organiser, améliorer et répartir entre tous également tous les avantages sociaux.

Les avantages sociaux répartis également entre tous conservent, développent, solidarisent tous les réels intérêts individuels.

La Nature, dans l'infinité de l'Espace et du Temps, ne comporte que des Existences éternelles et autonomes ; l'ensemble de leurs manifestations, qui sans cesse se transforment et se détruisent ; les lois immuables qui régissent toutes les possibilités.

Il y a les lois naturelles, elles sont éternelles ; des causes artificielles, elles sont transitoires.

Il faut que les hommes apprennent à connaître les premières, pour s'y conformer ; les secondes, qui résultent pour les Êtres de leur emploi égoïste et inintelligent de ce qu'ils ont de liberté, pour les transformer par le bon usage de ce qu'ils ont de possibilités d'action sur elles.

Les existences éternelles ont eu, simultanément, à l'origine, une même identité ; depuis, dans les limites de leur liberté de moins en moins restreintes, elles évoluent et se perfectionnent de différentes façons ; elles deviennent de plus en plus dissemblables dans leur développement et leurs manifestations ; mais elles restent continuellement solidaires, coopératrices, dans une respective subordination entre elles, ce qui ne leur permet jamais, impunément, des inégalités hiérarchiques. Donc :

La coopération sociale égalitaire est conforme aux lois naturelles, ses effets sont avantageux à tous ;

Une hiérarchie d'inégalités sociales n'est qu'un résultat artificiel et fugitif de mobiles factices, que se donnent des individus qui se dupent eux-mêmes, ses conséquences sont toujours pernicieuses à tous ;

La Justice, l'Egalité, la Liberté, l'Utilité, le Droit, le Devoir, sont de la Solidarité quelques-unes des faces pareilles, inséparables et indispensables : Tout ce qui, socialement, en amoindrit une, amoindrit toutes les autres.

Sans égalité, la Solidarité est impossible ; la liberté et la Sécurité n'existent pour personne ; tous sont soumis au despotisme de l'égoïsme individuel : Chacun est, plus ou moins, victime et bourreau.

L'égalité sociale produit de bons fruits ; l'inégalité, des fruits mauvais.

La réelle égalité sociale ne pourra exister que dans une organisation de Solidarité intégrale ; organisation dans laquelle l'intérêt particulier s'identifiera à l'intérêt général, où chaque individu sera une cellule autonome fonctionnant au profit de tous ses intérêts se confondant avec ceux de chacun des autres.

Cette égalité ne sera pour les citoyens ni le semblable, ni l'uniformité, moins encore le nivellement ; mais l'**équivalence** réellement équitable des avantages que chacun d'eux recevra de la collectivité en retour des utilités que ses efforts lui apporteront.

Le mot égalité, comme le signe mathématique = qui le représente, signifie littéralement s'équivalant, de même valeur.

C'est établir une confusion trompeuse que de l'employer pour semblable, pareil, uniformité dont il ne comporte pas les significations : Un homme nstruit qui établit cette confusion dans ses écrits ou ses discours, pour combattre le principe de l'égalité, est de mauvaise foi : c'est un égoïste orgueilleux.

L'expression « Égalité sociale » indique une situation respective d'individus très dissemblables de détails ; mais dont chacun forme un tout de même valeur, comme producteur d'**équivalentes utilités collectives**.

Cette situation établit pour tous, indistinctement, les mêmes droits et les mêmes devoirs ; elle donne à chacun sans exception les mêmes facilités pour s'acquitter et pour bénéficier, également et par **équivalence,** des charges et des avantages sociaux.

Elle est socialement : La pratique de la justice naturelle ; la possibilité de la Solidarité entre tous ; la garantie de la liberté pour chacun ; enfin elle rend impossible, dans l'organisation dont elle est la base, tout acte de licence et de despotisme individuel ou collectif.

C'est seulement dans cette organisation que les véritables supériorités seront connues, acceptées et employées harmoniquement : Leurs possesseurs, n'ayant point d'intérêt à tromper personne, auront tout avantage à servir l'intérêt de tous.

Au point où en sont l'état cérébral de l'Humanité, les antagonismes, les besoins et les moyens sociaux, cette organisation est urgente ; elle est la seule réalisable ; la seule qui à chaque individu en retour de sa part d'efforts donnés à la Solidarité pourra assurer toute la liberté et tous les avantages possibles pour sa consommation, ses productions, ses actes individuels, l'épanouissement de toutes ses facultés et aptitudes dans ses œuvres (scientifiques, artistiques, etc.), et lui donner les moyens de développer et d'affirmer toutes ses supériorités vraies.

Cette organisation ne peut être composée que de citoyens socialement égaux entre eux : Fonctionnaires libres et intelligents dans ses services publics qui sont les organismes, les organes, les organites de cette association.

Elle ne peut comporter ni hiérarchie, ni privilèges, ni gouvernement.

Dans la société collectiviste, à tous les gouvernements actuels, il ne sera pas substitué de Comités, mais un service public de concentration générale dont les membres auront les mêmes avantages et les mêmes responsabilités sociales que tous leurs concitoyens : Un gouvernement quelconque est toujours la résultante, en même temps que la force des privilégiés de la société individualiste qu'il représente ; les Comités arrivent toujours à produire des coteries d'intérêts individualistes.

Cette indispensable organisation sera car la nécessité oblige, de plus en plus, chaque homme à employer son activité libre et consciente pour créer un milieu harmonique à ses besoins réels, à ses aspirations, à son **développement**.

Aucun individu ne peut jamais, à lui seul, suffire à ses besoins ; plus il est développé, plus — pour conquérir ce qui lui est nécessaire — l'entente avec tous ses semblables lui est indispensable ; s'il est en lutte avec l'un d'eux, il en souffre et son évolution en est momentanément atteinte;

Toute collectivité, de même que toute espèce, n'existe et n'évolue que par les individus ; quelques-uns, d'abord, dans chaque espèce, en cherchent et en acquièrent les **qualités possibles** et supérieures : Ce sont ces qualités qui permettent évolutivement leur passage à d'autres espèces plus développées ; mais, avant, ils servent d'initiateurs à leurs congénères qui devront, eux aussi, conquérir ces mêmes qualités.

Plus une espèce est développée, plus son principal milieu donne de possibilités aux individus qui en font partie et leur impose de Solidarité pour qu'ils puissent réaliser ces possibilités et accomplir leur évolution vitale.

Si les hommes continuaient d'avoir l'intérêt individuel pour base de leurs relations, il est certain que l'espèce humaine, sans avoir accompli son progrès évolutif, disparaîtrait de la terre comme tant d'autres espèces inférieures dont on ne retrouve que des traces paléontologiques : L'ennemi le plus cruel et le plus destructeur de l'homme, c'est l'homme lui-même tant qu'il n'a d'autre but que les satisfactions illusoires de son égoïsme.

Si, au contraire, les hommes qui ne sont en réalité que les animaux, les individus les plus développés sur notre planète, ceux dont les limites de liberté sont les moins restreintes emploient ce qu'ils en possèdent pour agir suivant la loi universelle, la Solidarité, ils se débarrasseront de toutes les afflictions et de toutes les maladies qui les torturent ; ils acquerront des immunités, des aptitudes, des facultés nouvelles et plus étendues ; ils modifieront à leur profit leur organisme et tous les milieux sur et dans lesquels ils se meuvent ; ils transformeront l'espèce à laquelle ils appartiennent.

Il faut donc que la base des relations humaines

conforme aux lois naturelles s'établisse sur un point d'où elle rayonnera dans toute l'Humanité.

.

Les erreurs et les ignorances individuelles qui méconnaissent les lois naturelles ont des conséquences anarchiquement désastreuses, mais momentanées et restreintes disparaissant avec les causes artificielles qui les produisent ; tandis que la vérité, qui constate ces lois, est immuable éternellement et a ses effets harmoniquement avantageux, permanents et illimités.

L'erreur n'est jamais absolue, elle est toujours relative ; elle a ses extrêmes ; elle provient de faux-savoir et de conceptions égoïstes ; ses aspects innombrables sont de plus en plus démasqués par l'altruisme et le savoir réel.

Tout extrême amène l'extrême contraire ; partout et réciproquement, les absurdités des doctrines dites révélées ont eu, comme réaction, des absurdités matérialistes ; les exagérations des doctrines du libre-arbitre et des doctrines anarchiques affirmant la possibilité de la liberté humaine absolue ont amené la négation absolue de cette liberté dans les doctrines d'autoritarisme et dans les exagérations du déterminisme.

La vérité est une ; elle n'a ni relatifs, ni extrêmes ; elle est de mieux en mieux entrevue par les masses et démontrée par la science qui est **la seule révélation nécessaire et possible**.

Il n'y a pas de fatalités ; mais toute cause artificielle et tout moyen mauvais produisent, inévitablement, des effets et des résultats pernicieux.

Il est impossible d'enrayer, d'amoindrir, de faire disparaître, même révolutionnairement, des effets malfaisants sans en connaître, combattre, détruire ou modifier la cause.

Afin que, socialement, les actes révolutionnaires ne soient pas stériles, **nuisibles même**, ils doivent viser non des causes secondaires, mais la cause mauvaise principale, en même temps qu'un but utile et bien défini ; de plus, ils ne sont des moyens indispensables que quand les évolutions nécessaires vers ce but rencontrent des résistances persistantes.

Et, même, quand ces moyens doivent être employés par les travailleurs — comme tous les excès sont préjudiciables à leurs auteurs et à l'efficacité de leurs efforts — il faut que les travailleurs, en agissant révolutionnairement, ne fassent que ce qui, **présentement**, est utile au but qu'ils veulent atteindre ; afin que les conséquences de leurs actes soient avantageuses à tous et ne puissent pas être exploitées, ni contre eux, ni contre le progrès, par leurs adversaires et par de prétendus socialistes.

Les promoteurs des moyens révolutionnaires et de leurs excès sont des individus qui, par leur égoïsme plus ou moins dissimulé, contribuent à perpétuer autour d'eux l'iniquité et la haine.

Il faut que les travailleurs sachent bien que tous les effets nuisibles, dont ils sont victimes, proviennent de l'inégalité sociale résultat forcé de l'appropriation individuelle des forces et richesses naturelles et des acquisitions antérieures de l'Humanité.

Les seules possessions ou propriétés desquelles ont besoin et auxquelles ont droit tous les individus, **sans exception**, sont celles qui leur sont utiles à consommer pour vivre et se développer physiquement et intellectuellement.

Or, quelle que soit la disette ou l'abondance des avantages consommables dans une société humaine, l'appropriation individuelle — même d'une seule partie de leurs sources — est toujours inique, perturbatrice et défavorable pour tous, sans jamais être, **réellement**, avantageuse à personne.

En équité et par définition, la propriété individuelle devrait comporter **seulement** ce qui est nécessaire et appartient légitimement à chacun; d'où il résulte que les principes collectivistes sont les vrais soutiens de cette propriété puisqu'ils la veulent sous toutes ses formes et pour tous : Inaliénable, sans cesse féconde dans ses sources, de plus en plus abondante dans ses résultats.

Ces principes servent également la famille et la patrie puisqu'ils y détruisent les principales causes de désordres et d'iniquités ; qu'en même temps, ils y développent l'Union, la Solidarité et l'Amour.

Il faut que les travailleurs connaissent clairement le but à atteindre ainsi que les vrais et meilleurs moyens pour le conquérir, afin de ne plus se laisser duper par ceux qui les exploitent aujourd'hui, ni par ceux qui voudraient les exploiter demain.

Il faut qu'ils ne se laissent point égarer à de vaines manifestations, ni à la poursuite de modifications stériles et sans lendemain ; elles leur sont inutiles dans le présent et dans l'avenir. Ils doivent concentrer toutes leurs énergies en des efforts dont les résultats immédiats seront indestructibles, efficaces, rapides, pratiques et justes.

Il faut qu'ils fassent ces efforts : Pour l'émancipation humaine ; en poursuivant sans cesse la conquête d'une organisation sociale de plus en plus égalitaire et complète de toutes les forces collectives ; sans violenter personne dans sa liberté ; en punissant, rigoureusement et sans miséricorde, tous leurs mandataires infidèles.

Il faut que chacun d'eux : Accomplisse fidèlement son devoir de Solidarité; veuille énergiquement tout ce qui est possible et sérieux dans les transformations sociales altruistes; défende sans faiblesse sa liberté et celle de ses adversaires, le droit des autres comme le sien : Toute loi, toute mesure exceptionnelle, aujourd'hui dirigée contre le droit ou la liberté d'un de ses adversaires sera, demain, impitoyablement retournée contre lui, contre sa liberté.

Travailleurs, les principes ci-dessus, les besoins sociaux et les moyens généraux de les satisfaire ci-indiqués ont été cherchés, observés, reconnus, dans la nature de l'homme et dans les conditions où il se meut, par des collectivistes intégralistes-révolutionnaires qui emploient la méthode expérimentale la plus rigoureuse pour trouver la solution du problème sociologique que l'individualisme rend de plus en plus compliqué, difficile, urgent à résoudre pour l'Humanité.

Les collectivistes sérieux tenant compte dans l'énoncé du problème social, non seulement des conditions économiques actuelles, qui ne sont que des résultats, mais, surtout, de leur véritable cause et aussi de tous les autres facteurs que ce problème comporte : — Le but à atteindre pour le plus grand avantage de la collectivité et de chacun des individus qui la composent; la situation où nous sommes, tant pour les hommes qui s'y meuvent, que pour les institutions qui en sont la base ; la première étape à parcourir (*elle est indiquée dans la troisième étude, il ne serait pas scientifique de vouloir définir les suivantes, leurs facteurs nous étant inconnus*); les duperies dont nous avons à garantir nos recherches et nos efforts pour établir un état social où toutes les relations humaines seront harmoniques et bonnes également à tous ; — ont reconnu que les socialistes conscients pour aider à la plus prompte et efficace solution de ce problème, doivent :

1° S'en prendre aux causes de parasitisme social qui, toutes, découlent du *Chacun pour soi*, aux institutions et non aux hommes ; servir le mieux possible la transformation du milieu social en détruisant inexorablement ceux de ses rouages dont le rôle factice est nuisible à l'harmonie générale et au bien individuel, mais en restant indulgents à leurs adversaires :

Pour cela, ils doivent poursuivre le juste anéantissement de toutes les possibilités d'appropriations individuelles de richesses collectives en combattant sans relâche le capitalisme, le patronat, l'arbitraire gouvernemental, les monopoles, les privilèges, la hiérarchie et l'inégalité sociales, la domination, l'exploitation et la destruction de l'homme par l'homme, et se garder de disperser leurs efforts en luttes — toujours plus ou moins injustes et stériles — contre les individus bénéficiant peu ou prou de ces rouages d'une société perturbante et superficielle.

Les bassesses de caractère de ces individus sont des fruits du monstrueux état social actuel; rendre ces individus responsables de cet état parce qu'étant ses bénéficiaires ils en deviennent les aveugles soutiens, souvent hélas après en avoir été victimes, serait prendre l'effet pour la cause et compliquer sans profit les difficultés de l'urgente transformation du milieu social.

2° Ne jamais se rallier à des hommes, mais à des principes ; ne point avoir de chefs, mais des programmes efficaces et des mandataires réellement responsables ; se considérer comme citoyens du monde ; être des serviteurs résolus de l'émancipation humaine, et des adversaires énergiques de tout ce qui est cause d'antagonisme entre les hommes.

L'idée chauvine de patrie, entre autres, est une de ces causes et non la moindre.

3° Le plus possible profiter, en aidant à les fédéraliser, des bénéfices que peuvent procurer à l'individu les moyens transitoires individualistes, tels que : Syndicats, caisses de prévoyance, d'assurances, de retraites, de mutualité, associations de toutes sortes, surtout celles de production et de consommation, etc., etc. ; mais en démontrant en toutes occasions que ces moyens ne sont que des palliatifs individualistes absolument inefficaces au point de vue social.

Les socialistes sincères doivent agir ainsi pour : Supprimer le mieux et le plus rapidement possible des intermédiaires parasites et se conquérir de l'indépendance économico-sociale ; s'armer socialement contre les exploiteurs, et se créer contre eux des armes efficaces ; s'instruire des rouages sociaux, et précipiter la révolution sociale nécessaire.

4° Défendre par la parole et par la plume ce principe : « Tout détail se rapportant à des besoins sociaux doit être édifié pour un temps relativement court. »

L'expérience prouve que toutes les œuvres sociales

qui, à un moment donné, sont bien pour un usage collectif quelconque deviennent de plus en plus insuffisantes à cet usage pour plusieurs causes, dont la principale est la difficulté de les pourvoir des meilleurs et plus récents perfectionnements acquis ; cette difficulté prolonge la routine et l'individualisme au détriment de tous, et retarde la transformation du gâchis individualiste actuel, en organisations de plus en plus égalitaires et bonnes à tous.

5° S'abstenir de toutes manifestations individuelles ou collectives perturbant la liberté d'autrui, et s'y opposer énergiquement : Ces manifestations ne peuvent être que des actes de licence préjudiciables aux possibilités d'égalité pour tous.

Tout ce qui est ci-dessus n'a pas la prétention d'indiquer les principes, besoins et moyens sociaux de l'existence individuelle et collective dans l'harmonique société future ; mais seulement les bases de fonctionnement de cette société.

Les collectivistes-intégralistes-révolutionnaires sérieux, scientifiques, altruistes ne disent, n'écrivent que ce dont ils sont certains, et le mettent en pleine lumière.

Pour se garder d'erreurs et de tromperies, ils ne précisent jamais des détails futurs qui résulteront de facteurs qui se modifient sans cesse.

« *L'humanité, par son développement actuel et ses acquisitions antérieures, acquiert de plus en plus facilement de nouveaux avantages qui, contre toute équité, deviennent surtout la proie de quelques-uns ; elle a les facteurs de ses sociologies en variations incessantes et imprévues ; chacune de ces variations y perturbe et y divise davantage les intérêts individuels ; aussi, nul cerveau humain ne peut prévoir ce que les sociétés individualistes d'aujourd'hui seront demain.*

» *Dans l'Organisation collectiviste-intégraliste-révolutionnaire, toutes les modifications seront étudiées et voulues ; elles apporteront du profit à chaque individu et à tous toute la somme possible de liberté.*

» *Cette liberté n'est jamais aussi complète pour qui que ce soit que quand il est associé à tous ceux qui l'entourent et, qu'alors, tous se la limitent volontairement et réciproquement dans le cas où celle de l'un quelconque d'eux, si elle était absolue, pourrait empiéter sur celle d'un autre ou amener des collisions.*

» *Tous les hommes ont également droit à une liberté aussi complète que possible et aux dons de la Nature pour vivre, satisfaire leurs besoins et leurs aspirations au bonheur ; aucun homme ne peut jouir de ce droit pleinement et avantageusement si tous ne sont, contractuellement, égaux et solidaires entre eux.* »

Conclusion de la deuxième étude

Le Collectivisme-Intégral-Révolutionnaire est l'organisation du milieu social conformément aux conditions indispensables à la sécurité et au perfectionnement des individus et de l'espèce ; cette organisation fera logiquement et progressivement disparaître les causes individuelles et collectives d'atavique égoïsme, naître et se développer celles d'altruisme.

Elle aura pour but d'assurer à chaque citoyen, en plus de ce qui est nécessaire à son existence : 1° le développement intégral de toutes ses aptitudes et leur utilisation comme **Equivalences** sociales ; 2° son libre choix d'appropriations **Equivalentes** sur tous les fruits du capital humain ;

3° tout ce qui peut contribuer à sa plus complète liberté,

Elle sera basée sur l'aliénation individuelle, et l'exploitation collective du capital humain de plus en plus productif.

Ce capital se compose : De toutes les forces et richesses naturelles ; de toutes les acquisitions antérieurement et collectivement faites par l'Humanité ; de toutes les sources de production qui peuvent contribuer à l'exercice et au développement de la vie humaine.

Ces sources sont : 1° les instruments collectifs de tous les développements individuels et de toutes les parties du travail social ; 2° le sol, le sous-sol, le sursol, avec leurs matières premières et leurs diverses forces.

Cette organisation sociale ne comportera ni autoritarisme, ni dictature ; elle rendra facile et agréable à tous une Solidarité effective ; elle donnera à chacun toute sa liberté et son développement possibles ; elle acheminera évolutivement et rapidement au Communisme harmonieux et universel nécessaire au bonheur réel des individus et de l'espèce.

Ce Communisme sera un organisme dans lequel tous les avantages sociaux seront en commun ; un organisme dans lequel les rapports sexuels auront pour base les choix par affinités électives, le respect des lois naturelles et des libres conventions entre les intéressés.

Dans ce Communisme, *qui ne pourra se former que là où l'Egalité et la Solidarité seront devenues la pratique sociale*, tous s'aimeront et se respecteront, tous seront bons, libres et heureux.

Troisième Étude

VOIES ET MOYENS

Amis lecteurs, j'essaie ici de vour tenir la promesse que je vous ai faite dans la deuxième étude du présent ouvrage.

J'espère vous y avoir démontré :

1° L'urgente nécessité d'une transformation radicale de toutes nos relations sociales ;

2° Qu'elle ne peut s'opérer que par une révolution complète de la base qui a servi de pivot à ces relations, jusqu'à présent, à toutes les époques de notre Humanité et sur tous les points de notre planète.

La réalisation de cette révolution fait, maintenant, partie d'un problème inéludable dont la solution a toujour été un devoir pour l'Humanité ; dont, pourtant, elle ne s'est encore occupée qu'iniquement et empiriquement.

Ce problème, dont l'importance s'affirme de plus en plus sous le nom de **Question sociale**, s'impose rigoureusement à nous tous pour notre existence.

Chaque homme aujourd'hui, pour sa sécurité et sa conscience, doit se demander sans retard et sérieusement : Qu'est-ce que la **Question sociale ?**

Dois-je, et, si oui. comment puis-je coopérer à la résoudre le plus rapidement possible ?

Chaque homme qui se demande qu'est-ce que la **Question sociale** est obligé de réfléchir et de reconnaître : Qu'il a des besoins impérieux et des aspirations au mieux-être ; que pour satisfaire ces besoins et ces aspirations, il lui est indispensable d'avoir des relations avec les autre hommes et d'obtenir leurs concours en toutes circonstances.

Alors il voit que la **Question sociale** l'oblige à chercher, à connaître, à poursuivre la réalisation de toutes les conditions nécessaires pour que le société, dont il fait partie, lui donne toutes les satisfactions possibles.

Il constate aussi que cette question existe pour tous comme pour lui.

Mais toute question a sa formule, comment exprimera-t-il celle-ci ?

Deux manières générales peuvent lui paraître possibles : L'une, où des mobiles illusoires de son étroit égoïsme l'influencent ; l'autre, que son intérêt bien compris lui fait entrevoir.

S'il persiste à vouloir la première, qui tend à prolonger par des palliatifs l'absurbe anarchie actuelle, c'est qu'il y est ou veut y être exploiteur : C'est un égoïste ambitieux, satisfait, indifférent ou poltron ; c'est un Etre encore dans les bas-fonds humains ; c'est un malfaisant fauteur de révolutions sanglantes.

A notre époque, devant la Justice éternelle et l'Humanité, les ravachols sont bien moins coupables que les bourgeois exploiteurs ; les révoltes et les haines des premiers sont engendrées par l'impitoyable mauvaise foi des autres qui masquent et caressent leurs féroces appétits parasitaires avec des calomnies contre les prolétaires, et des affirmations monstrueuses dans le genre de celles-ci :

On ne meurt pas de faim ! Qui n'a pas de vices a toujours du travail et peut faire des économies, même fortune ! Il faut des pauvres et des riches ! etc., etc.

Aujourd'hui, le titre méprisé de bourgeois n'est pas applicable à tous ceux qu'une position quelconque fait privilégiés dans l'état antisocial actuel ; mais il est l'apanage de tout égoïste qui, ne se préoccupant que de ses appétits et de ses privilèges, ne se préoccupe ni des droits des autres, ni de ses devoirs envers tous.

Il y a, hélas ! des bourgeois parmi les prolétaires.

D'où qu'elles viennent, passives ou actives, les résistances aux transformations nécessaires obligent, pour les vaincre, les exploités les plus pacifiques à employer la violence afin de se soustraire aux abus, monopoles et privilèges dont ils sont victimes.

Comme il est possible, présumable même, hélas ! que des chocs, des destructions, des carnages épouvantables surgiront de l'antagonisme aigu entre les bipèdes arriérés, qui croient avoir bénéfice à soutenir l'état social individualiste, et les hommes qui par nécessité, intelligence, Humanité cherchent à le transformer rapidement et radicalement, je veux dans une autre étude (*le jour et lendemain de la Révolution*) chercher avec vous, citoyens lecteurs, comment les conséquences désastreuses de ces terribles extrémités ne pourront point — comme dans tous les cas analogues du passé — être exploitées par une minorité égoïste et rusée contre une majorité trompée et aux prises avec des besoins urgents et inéluctables :

Ce que — à ce moment et sans retard — il sera indispensable de faire pour mettre définitivement fin à toute possibilité future de luttes, de duplicités, de spoliations entre les membres de la nouvelle association humaine.

Ici, je me joins à tous les intelligents que leur amour d'eux-mêmes ne rend pas fous ;

A ceux qui désirent mettre en lumière et servir la seconde possibilité d'exprimer le problème de la **Question sociale** ;

A tous ceux qui, par altruisme ou par intérêt bien raisonné, veulent vraiment agir en hommes en cherchant sérieusement à résoudre ce problème, qui intéresse chacun de nous et l'Humanité tout entière.

Je leur dis : Mes amis, poursuivons ensemble la solution du problème qui s'impose à notre raison ; et pour que cette solution soit plus facile à trouver, donnons une forme claire à nos recherches.

Pour nous aider, faisons appel à l'expérience générale humaine ; nous en apprendrons :

Que tous les hommes aspirent au mieux-être et au bonheur ;

Que chacun d'eux s'en fait un idéal différent ;

Que les aspirations et les besoins ne paraissent pas les mêmes chez tous, qu'il est nécessaire que chacun puisse apprécier les siens pour en modifier les parties artificielles ;

Que nul homme ne peut réellement se juger et juger les autres, se modifier, connaître et satisfaire ses aspirations et ses besoins naturels, s'il ne possède toute la somme possible de bien-être, de sécurité, de liberté, de savoir, d'émulation, de **développement** que peut donner le milieu spécial où il évolutionne ;

Que dans un milieu social quelconque un seul homme déshérité de l'un des droits ci-dessus est spolié et, qu'alors, il est toujours une menace et un péril pour tous les autres.

Ainsi, interrogeant sincèrement l'expérience universelle de l'Humanité nous en apprenons que la répartition intégrale et égale entre tous de toutes les conditions sociales de bien-être, de sécurité, de liberté, de savoir, d'émulation, de **développement** est indispensable et suffisante aux possibilités collectives et individuelles de Solidarité, de sécurité, de bonheur.

Un des résultats indéniables de nos recherches nous donne donc, pour notre problème, l'énoncé suivant :

Trouver les conditions indispensables à une organisation sociale où tous — **sans exception** — posséderont toute la somme possible de bien-être, de sécurité, de liberté, de savoir, d'émulation, de **développement**.

Il nous faut maintenant :

1° Trouver les moyens équitables, efficaces, pratiques, rapides pour conquérir ces conditions.

2° Faire la preuve que cette organisation est nécessaire, qu'elle est indispensable au bien de chaque individu et à celui de toute la collectivité ; qu'elle est la seule possible, qu'elle est conforme aux lois naturelles ; qu'elle est évolutive.

3° Aider à établir cette organisation et à la rendre indestructible.

En résolvant la deuxième partie de notre problème, nous verrons si vraiment il y a devoir et nécessité pour chaque homme de faire tous ses efforts pour que ce problème soit promptement résolu.

Nous verrons, également, quelles sont pour tous les raisons qui motivent ce devoir et cette nécessité.

Afin de résoudre scientifiquement notre problème, faisons encore appel à l'expérience universelle ; elle nous montrera clairement.

Qu'aucun individu ne peut vivre dans l'isolement ;

Que réunis dans un milieu quelconque, des individus dont les efforts ne s'accordent pas, ne peuvent obtenir ce qui leur est absolument indispensable que par des luttes incessantes, difficiles et meurtrières ;

Qu'unissant leurs efforts, ils obtiennent, pour chacun d'eux, plus et de meilleurs résultats ;

Que plus ils sont en grand nombre dans une association harmonique, plus — par la division du travail — sont nombreux, divers et supérieurs les avantages qu'ils obtiennent avec moins d'efforts ;

Qu'ils ne peuvent réaliser longtemps cette association harmonique si l'un d'eux peut s'y approprier plus d'avantages et de droits que les autres, car pour acquérir cette prééminence il est toujours incité à la rechercher, à la conquérir, à la conserver au détriment de ses associés ;

Que l'égalité sociale n'existe point là où les avantages et les droits sociaux sont inégalement répartis ;

Que plus une société fondée sur l'inégalité sociale possède d'avantages nombreux et divers : Plus chacun de ses membres est incertain de son lendemain et moins il a de conditions de bonheur, plus elle contient d'iniquités, plus elle comporte de causes de révoltes et de désorganisation, plus la production y est anarchiquement faite et monstrueusement répartie, plus les surproductions spéculatives deviennent meurtrières aux réels producteurs, moins en fait il y a de véritable et nécessaire surproduction sociale ;

Que quand pour une cause ou pour une autre l'inégalité sociale s'est établie entre les hommes, tous en souffrent ;

Que cette inégalité s'accentue de plus en plus, tant que la cause dont elle résulte n'est pas détruite ;

Qu'il y a toujours divisions, luttes et haines entre les hommes, sitôt qu'ils sont inégaux socialement ;

Que plus leurs inégalités sociales sont fortes, plus leurs luttes sont nombreuses, diverses, contradictoires et terribles ;

Que tous les groupements humains individualistes sont basés sur une prétendue liberté qui n'est que de la licence pour quelques-uns et de l'esclavage pour le plus grand nombre ;

Pour éviter cette licence d'un côté, et cet esclavage plus ou moins déguisé de l'autre, il faut que les possibilités soient égales pour tous et n'aient d'autres limites que celles contractuelles et réciproques nécessaires pour garantir à chacun, également, toute la liberté possible.

2° Que plus un groupement individualiste acquiert de richesses sociales :

Moins les productions nécessaires y sont le bénéfice de leurs créateurs, parce qu'elles deviennent de plus en plus la proie de parasites de toutes sortes ;

Moins il demande à chacun de ses membres d'exercer une fonction utile, car il a besoin surtout de soldats, de magistrats, d'employés de police, d'administrateurs, de gouvernants hiérarchisés et domestiqués.

Plus les intelligences y sont employées en intermédiaires inutiles ou en producteurs de résultats indifférents et souvent nuisibles au bien-être réel, au développement de tous et de chacun ;

Plus la répartition des avantages sociaux s'y fait de façon arbitraire, inique, cynique, considérablement inégale ;

Plus il devient une monstruosité organique dont les cellules s'atrophient chaque jour davantage, le plus petit nombre d'entre elles par la pléthore et le plus grand par l'anémie ;

Plus il forme un milieu social réfractaire aux aspirations altruistes et incitateur aux manifesfations ataviques, un milieu délétère où les instincts carnassiers sont surexcités chez tous par la gangrène sociale du « Chacun pour soi ».

L'expérience universelle indique également que chaque homme doit pouvoir acquérir par ses travaux toutes les jouissances individuelles qui ne troublent pas l'égalité et l'harmonie sociales.

De toutes les constatations ci-dessus, il ressort qu'une organisation harmonique ne laissant aucune possibilité d'inégalité de conditions sociales entre ses membres est nécessaire.

Mais, pour que dans un groupement humain quelconque il n'y ait aucune possibilité d'inégalité des conditions sociales entre ses membres, il faut :

Qu'il possède toutes les sources directes et indirectes des avantages sociaux, et qu'aucun de ses associés ne puisse jamais s'approprier la moindre parcelle des richesses collectives ;

Qu'il donne à chacun toute la liberté possible et tous les moyens de s'approprier, sur les résultats sociaux, tout ce qui est nécessaire à son existence et à son développement ;

Qu'il y soit produit abondamment avec le minimum d'efforts individuels ;

Qu'il soit organisé sur une coordination de stricte et égale réciprocité ;

Que toutes les fonctions y soient **équivalentes** ;

Que tous ses membres y soient fonctionnaires, plus exactement FONCTIONALISTES.

Le FONCTIONNARISME est une hiérarchie de domestiques plus ou moins privilégiés dans l'anarchie individualiste ; le FONCTIONALISME sera l'utilisation de toutes les activités sociales dans une association où elles seront des coopératrices équivalentes et libres.

D'où, la solution suivante que nous obtenons pour la première partie de notre problème :

L'organisation sociale dont notre devoir est de poursuivre la réalisation devra être une association de solidaire, intégrale et mutuelle assurance dans laquelle seront développées harmoniquement, intégralement, puis utilisées les aptitudes et les facultés de tous ses membres ;

Elle devra exiger de chacun de ses participants, en lui donnant toute possibilité d'être libre dans ses choix de producteur et de consommateur, un minimum indispensable de réciproques, de fraternelles, d'égales ou **équivalentes** activités et subordinations sociales ;

Elle cherchera et réalisera scientifiquement, pour tous, une abondante production physique et intellectuelle répondant à toutes les aspirations et à tous les besoins naturels ;

Elle possédera la propriété collective, inaliénable, indivise, de toutes les sources directes et indirectes de tous les avantages sociaux : Forces et richesses naturelles ; acquisitions de toutes sortes faites par l'Humanité, alors qu'elles produisent des résultats exploitables ou consommables collectivement ; celà, afin de pouvoir assurer à chacun de ses membres — par **l'égalité et la Solidarité** — toute la somme possible de bien-être, de sécurité, de liberté, de savoir, d'émulation, de **Développement**.

(La précédente étude indiquant la nature et les grandes lignes de cette organisation, il n'y a pas lieu d'y revenir ici).

Par le procédé que nous avons employé, nous avons, maintenant, une réponse claire à la première partie de notre problème :

Nous savons où nous voulons aller ;

Nous connaissons le but que nous voulons atteindre.

Pour trouver les autres solutions qui nous sont nécessaires, continuons nos recherches par la méthode expérimentale ; cette méthode est la seule logique, la seule fructueuse.

Par cette méthode, et pour ce que nous cherchons, l'étude rigoureuse des faits nous démontre, entre autre :

1° « Que dans la Nature: Rien ne sort de rien, ni ne s'anéantit ; tout se transforme par des acquisitions réelles et progressives éliminant, successivement, les acquisitions fictives et stationnaires ; pas une acquisition réelle n'est le résultat d'actions brusques et violentes, toutes proviennent d'efforts intelligents et prolongés. »

(Par suite, nous ne pouvons espérer la plus grande perfection possible de notre état social altruiste futur

qu'en poursuivant énergiquement sa réalisation par la transformation persistante, méthodique et coordonnée de tout ce qui existe dans notre état social égoïste actuel.)

2° « Que tous les maux qui accablent l'Humanité proviennent des moyens égoïstes, violents, fourbes, iniques, hypocrites que ses membres ont employés et emploient encore les uns contre les autres. »

(Nous devons donc, pour profiter de ce que l'observation et l'expérience nous enseignent, faire notre révolution sociale par des moyens altruistes : Francs, équitables, clairs et fermes.)

3° « Que dans nos anarchiques sociétés actuelles chacun de leurs membres est incité : A se mettre hypocritement en mesure avec les lois écrites ; à fouler aux pieds les commandements des lois naturelles ; à chercher ses avantages sociaux au détriment de ceux de tous les autres ; qu'on n'y pourrait trouver une seule situation où, sans sacrifier ses intérêts sociaux, un citoyen puisse complètement être honnête vis-à-vis de la Justice-Eternelle. »

(Cette constatation nous commande d'être révolutionnaires impitoyables envers les conventions et les institutions antinaturelles qui nous régissent ; de prendre les mesures les plus rigoureuses contre les égoïstes inintelligents et orgueilleux qui s'en font les soutiens ; de rester indulgents entre nous et tolérants pour tous.)

4° « Que dans nos milieux sociaux de luttes et d'égoïsmes n'importe quelle réforme ou quelle entreprise ne peut réussir, si ceux qui la veulent : Ne voient et ne poursuivent pas le même but ; ne s'entendent pas sur le rôle de chacun d'eux, les difficultés à éviter, la méthode à employer, la sériation des mesures à prendre. »

(*Donc, il faut que tous les travailleurs et les hommes d'honneur se rendent compte que leurs adversaires plus ou moins masqués cherchent toujours : A faire s'égarer les efforts sociaux sur des moyens inutiles ou inefficaces, à stériliser ces efforts en les faisant se dissiper sur de nombreux et contradictoires palliatifs, pour lutter avantageusement contre ces duplicités hypocrites, lâches et cruelles de ceux qui croient avoir intérêt à conserver l'état individualiste, il leur est nécessaire de trouver un premier programme de conciliation et de propagande, sur lequel ils concentreront socialement toute leur activité, leur énergie et leur intelligence.*)

5° « Que l'exploitation et la destruction de l'homme par l'homme se continuent et s'aggravent, de jour en jour, sous la protection de légalités impitoyables aux faibles et aux travailleurs, monstrueusement indulgentes aux puissants et aux exploiteurs, qu'ainsi, les spoliations et les violences sont moins les causes actuelles des iniquités sociales et de leur perpétuation que **les hypocrisies et les duplicités législatives.** »

(*Les plus dangereux criminels dans nos milieux sociaux ne sont pas les assassins, les voleurs, les capitalistes qui, en dernière analyse, ne sont que les produits logiques de nos anarchiques organisations sociales; mais bien les ambitieux qui sollicitent nos mandats, nous promettant de faire nos affaires et qui ne cherchent qu'à faire les leurs.*)

Tous les maux individuels humains (physiques, intellectuels et sociaux) ont, surtout, pour causes les luttes fratricides passées et présentes des hommes entre eux.

La seule mesure préventive et curative efficace que les hommes puissent opposer à leurs maux, qui s'aggravent de plus en plus, c'est l'établissement de la justice dans leur milieu social.

Mais, pour qu'ils puissent arriver à établir cette justice, en partant du point où en sont leurs rapports sociaux aujourd'hui, il est absolument et premièrement nécessaire que les spoliés et les gens d'honneur châtient ferme leurs mandataires infidèles ; qu'ils traitent en victimes ceux de leurs concitoyens qui ont été trompés pour la première fois par ces dupeurs ; en imbéciles ceux qui l'ont été deux ; en idiots ou en complices de ces misérables, tous ceux qui l'ont été davantage.

L'exemple des coquins qui dupent leurs électeurs est le plus redoutable et le plus pernicieux excitant de la mauvaise foi générale.

Ces coquins sont les auteurs réels de ce que les mauvaises conditions sociales se perpétuent et s'aggravent ; que par elles un nombre de plus en plus considérable de citoyens sont tués avant l'époque normale de leur mort, sont assassinés anonymement et légalement ; que le sort du pays, de la République, du suffrage universel et le nôtre sont mis en péril.

La République, par le suffrage universel, est la première étape d'un peuple vers son émancipation sociale.

Dans tous les temps et dans tous les pays, aucune République n'a succombé sous les attaques des monarchistes ; toutes ont été tuées par l'égoïsme, les concussions et les attaques à la liberté individuelle d'une majorité de mandataires du peuple qui, frauduleusement, se couvrent de l'étiquette républicaine.

Un tyran, un dictateur n'est possible que là où de nombreux tyrans, par l'anonymie de leurs actes collectivement égoïstes, ont semé le mépris et le dégoût autour d'eux.

———

Mais, comment les mandataires ont-ils pu jusqu'à présent tromper leurs mandants et échapper à toute responsabilité ?

Comment les mandants sont-ils continuellement dupés, ridiculisés, spoliés par ceux qui, en réalité, ne devraient être que les serviteurs de leur volonté ?

Comment, jusqu'à ce jour, le suffrage universel a-t-il été pour eux une duperie ? comment ce moyen, qui devrait leur être utile, leur est-il préjudiciable ?

Les réponses à ces questions nous donneront celles nécessaires à la deuxième partie de notre problème ; en les cherchant, nous prendrons nos exemples en France ; c'est là, encore, que se présente l'ensemble des conditions les plus favorables pour établir les premiers fondements de l'émancipation humaine.

———

Nos recherches nous ont appris :

Qu'un candidat loyal ne s'engage pas envers ses mandants à faire triompher leurs revendications, mais à faire naître toutes les occasions possibles de les servir sans crainte ni défaillance ;

Qu'il n'a pas à s'abriter derrière les mandats des autres ; mais à affirmer le sien quand même et toujours ;

Que la probité lui commande de résilier ce mandat aux citoyens qui le lui ont donné, sitôt qu'il ne peut en tenir les engagements ;

Que quand il escroque la confiance qui lui a été donnée, c'est un misérable qui mérite la mort ;

Que les mandataires du peuple (conseillers, députés, sénateurs) lui ont toujours présenté et fait accepter des mandats contenant de nombreux articles résonnants, mais creux, souvent en contradiction les uns avec les autres, tous palliatifs et inefficaces.

Ces habiles dupeurs arrivent, ainsi, à ne tenir aucune de leurs promesses ; à prolonger l'incertitude, l'inquiétude et l'ignorance générales.

Ils sont plus ou moins privilégiés du capitalisme et veulent y faire leur part de plus en plus grosse ; aussi, loin de chercher à faire disparaître les privilèges et les monopoles qui écrasent les faibles et les travailleurs, mais dont est fait le plus clair de leurs rentes, ils prolongent les anciens et en créent, sournoisement, de nouveaux.

Ils aliènent de plus en plus le sol national, ce qui est le plus criminel des actes : Cet acte spolie le plus grand nombre au bénéfice monstrueux de quelques-uns et prolonge un salariat déprimant qui produit l'esclavage le plus terrible qu'ait encore enregistré l'Humanité : Celui de la faim.

Les esclaves de n'importe quelle forme despotique du passé n'ont jamais, proportionnellement, été aussi nombreux que ceux du salariat ; n'ont jamais été relativement aussi à plaindre.

La différence des conditions de vivre des esclaves et de leurs maîtres n'a jamais été aussi inhumaine que celle qui existe aujourd'hui entre les salariés et les capitalistes ; les esclaves avaient au moins la vie matérielle assurée, parce qu'ils représentaient pour leurs possesseurs une valeur que ceux-ci avaient intérêt à entretenir.

Aujourd'hui les salariés sont presque continuellement torturés par la misère et l'inquiétude pour leur pain du lendemain ; l'intérêt des capitalistes est de faire produire le plus possible, par le plus petit nombre possible de travailleurs, en ne payant chacun d'eux que le moins possible; cela, sans se préoccuper si les travailleurs peuvent vivre du produit de leur travail ainsi exploité; aussi, l'esclavage moderne, le paupérisme, devient-il de jour en jour plus affreux, universel et menaçant pour tous.

La marche progressive des moyens de production fait, qu'en chaque branche de l'activité humaine, la quantité de salariés qui, pour manger, ont besoin de trouver du travail et n'en trouvent pas, au moins suffisamment, devient de plus en plus formidable.

Cette quantité s'augmente chaque jour de petits laboureurs, de petits industriels, de petits commerçants, de petits rentiers que le capitalisme, sous toutes ses formes, ruine de plus en plus.

Le machinisme qui dans l'avenir aidera au bonheur de l'Humanité fait aujourd'hui ses tortures ; parce que les besoins, par l'évolution même des choses, deviennent chaque jour plus nombreux, plus tyranniques pour chacun, et sont de moins en moins possibles à satisfaire pour un nombre d'hommes chaque jour plus considérable.

Alors ces hommes, dont la situation est d'autant plus terrible qu'ils sont entourés de plus d'abondance et de gaspillage, se prennent de haine, hélas ! moins contre la cause de l'état de choses dont ils souffrent, que contre les hommes qui en bénéficient.

Quelques-uns des mandataires dupeurs, avec

une habileté de ruse indéniable, commencent pompeusement des discours à teinte un peu socialiste ; tout à coup ils s'arrêtent dans cette voie, qui est celle qu'ils avaient promis à leurs électeurs de parcourir, et leurs conclusions ne sont plus du tout en rapport avec leurs prémisses.

Pourquoi ?

C'est que si leurs appétits les incitent à chercher la popularité, leurs rentes et leur situation leur font craindre d'être logiques, et les font dupeurs.

D'autres, dans des journaux à étiquette républicaine, écrivent sur tels et tels monopoles, après les avoir combattus, de nombreux et pompeux articles, avec cette facilité qu'on apprend au collège de dire blanc et noir sur le même sujet.

D'autres, enfin, se contentent de voter pour des monopoles où ils n'ont pas d'intérêt pécuniaire, parce que leurs copains, qui en ont, leur revaudront cette complaisance.

Les uns et les autres peuvent-ils commettre ces mauvaises actions sans qu'elles leur servent à de secrets et inavouables intérêts ?

Non, tous, en fait, s'occupent de leur moi et se moquent de leurs électeurs.

Si ces derniers se récrient et parlent de révolution, ces messieurs n'en ont cure et les laissent crier : Ils savent qu'une révolution ne vient pas parce qu'on la prêche ; mais ils oublient qu'elle ne peut être reculée quand la mesure est comble.

S'ils avaient autant de cervelle que de ventre, ils devraient craindre, en se mettant à table, que les meurt-de-faim viennent les anéantir avant la fin de leur repas.

Tous ces dupeurs, ne voulant que satisfaire leurs appétits au détriment de l'intérêt public, exhaltent ou critiquent ce qu'ils appellent le suffrage universel, en raison de ce qu'il leur rapporte ou de ce qu'il leur refuse.

Ils devraient n'en être que les serviteurs ; mais ils le traitent en maîtres et veulent le façonner au mieux de leurs intérêts privés, en cherchant :

A obscurcir les questions sur lesquelles il est appelé à se prononcer ;

A en restreindre le droit et la portée ;

A le faire fonctionner dans les seules conditions où son verdict peut leur être favorable ;

A allonger, au moyen de subterfuges, le temps de leur mandat, dont la durée, déjà beaucoup trop longue, n'a pas été voulue primitivement par les électeurs, mais leur a été imposée par leurs mandataires après coup et frauduleusement.

Quant à ceux qui n'ont rien à espérer de ce suffrage ou qui redoutent ses décisions au point de vue de leur égoïsme étroit, ils l'accusent de toutes sortes de méfaits dont, en lui-même, il est bien innocent.

———

Quand les travailleurs voient ainsi menacé le moins mauvais moyen dont ils puissent espérer leur affranchissement, ils doivent, pour leurs enfants, leurs camarades et eux-mêmes, faire tous leurs efforts pour le sauvegarder ; allant, s'il le faut, jusqu'à la révolte sans crainte ni merci : **Elle est alors leur droit et leur devoir**, car si le suffrage universel n'est qu'un des moyens pour l'émancipation sociale de tous, il est indispensable.

Ce moyen deviendra de plus en plus nécessaire, complet, permanent, puissant pour établir et garder l'harmonie humaine universelle.

Dans le cas où le suffrage universel est menacé,

comme dans tous les cas où leurs droits primordiaux sont attaqués par de leurs concitoyens égoïstes et cruels ou par des agressions venant d'au-delà des frontières de leur patrie, il faut que tous les travailleurs et les hommes de cœur soient bien pénétrés de ces vérités affirmées par l'expérience des siècles :

1° Que leur avantage, la justice, le bien de l'Humanité leur commandent de frapper aussi haut qu'ils le peuvent :

Supprimer les principaux fauteurs de mesures iniques qui contraignent leurs concitoyens à la guerre civile, le souverain ou le ministre auteur d'une guerre d'agression est un acte méritoire ; vu que la vie sacrifiée d'un de ces coquins en épargne un nombre considérable d'autres honnêtes et utiles.

2° Que la justice Éternelle veut que la vie d'un homme vaille celle d'un autre homme :

C'est faire acte de cette justice que d'anéantir un misérable dont les agissements sont les causes de la boucherie d'un grand nombre d'êtres humains. Pourtant, cette justice ne donne à personne — individu ou collectivité — le droit de punir un individu malfaisant, ni de s'en venger ; mais elle fait un devoir à tous, par Solidarité, de mettre cet individu dans l'impossibilité de nuire en prenant à son égard toutes les mesures efficaces, même celle de sa destruction, s'il est nécessaire.

Maintenant, revenons aux divers mandats actuels, et remarquons que si tous, sans exception, pouvaient être votés et appliqués :

Aucun travailleur n'aurait son lendemain plus certain, sa bouchée de pain plus forte ;

Personne n'aurait sa sécurité mieux assurée.

C'est bien ce que savent ceux qui légifèrent, non pour, mais contre nous ; aussi veulent-ils, par tous les moyens, éloigner le plus possible le mauvais moment pour eux où leurs dupes s'en apercevront.

Alors, ils nous cherchent des trompe-l'œil, des fausses pistes, ils nous crient :

« Le cléricalisme, voilà l'ennemi » et ils rêvent de nous faire accepter un clergé national.

« La dictature, voilà le danger » et ils nous imposent la leur, qui est anonyme ; de plus, ils ne reculeraient pas devant le plus effroyable massacre des socialistes, si ces derniers leur en donnaient l'occasion.

Pour garantir la République, il nous faut, disent-ils, établir des lois :

« De protection pour nos actes de législateurs et
» de répression contre la licence de ceux qui nous
» déconsidèrent publiquement ;
» De renouvellements partiels des assemblées qui
» dépendent du suffrage universel, et dont nous
» sommes membres ;
» De stabilité sociale, en supprimant les élections
» accidentelles, etc., etc. »

Hélas ! les histrions qui parlent ainsi ne se préoccupent que de leurs misérables intérêts; ils cherchent à tromper l'opinion publique, à mutiler sournoisement notre embryon de suffrage universel: Sous prétexte de défendre la République, ils mettent, sciemment, son existence et la nôtre en péril.

Laissons de côté, pour l'instant, toutes les duplicités des dupeurs législatifs ; mais, voyons comment nous en prémunir pour l'avenir.

D'abord, occupons-nous de la conduite que nous devons tenir alors que de leurs palinodies sort telle ou telle situation qui, leur créant des rivaux dans la curée des bénéfices, divise, déroute, affole l'opinion publique.

Nous, socialistes conscients et sincères, qui cherchons sérieusement les moyens que tous trouvent leur place au banquet de la vie, nous devons, plus que jamais, nous sentir les coudes pour redoubler nos efforts de propagande.

Nous ne devons prendre parti ni pour, ni contre les uns ou les autres ; mais, les laissant se disputer entre eux, démontrer le plus possible, qu'au fond, tous, ils ne cherchent qu'à satisfaire leurs appétits ambitieux aux frais des faibles et des travailleurs.

Nous devons, sur un programme simple, clair, concis, efficace, grouper tout ce que nous pouvons rallier d'adhérents aux idées socialistes, nous apprêtant à profiter de toutes les fautes des individualistes, pour apporter, au moment décisif, le poids de nos efforts et de notre courage au bénéfice de la Révolution sociale que nous poursuivons.

Tout ce que nous savons de la vie des sociétés humaines — jusqu'à présent — nous apprend que, dans n'importe laquelle, quand ceux qui vivaient de l'exploitation du plus grand nombre se sont violemment disputés entre eux les bénéfices de cette exploitation, si les exploités ont fait le jeu des uns ou des autres, ils en ont toujours été les victimes ; qu'au contraire, ils n'ont jamais manqué de se débarrasser MOMENTANÉMENT *d'une partie de leurs chaînes, s'ils se sont recueillis pour imposer leurs revendications à leurs tyrans, alors que ceux-ci se sont démasqués et affaiblis les uns par les autres.*

Si, jusqu'à ce jour, il n'y a eu que des exploiteurs et des exploités, c'est que ces derniers n'ont su, ni voulu s'entendre pour détruire la cause primordiale de l'exploitation dont ils sont les esclaves ; aussi l'Humanité, durant son long martyrologe, dont elle est l'auteur et l'acteur, où elle est bourreau et victime, ne nous a montré que des oscillations entre un peu plus ou un peu moins de despotisme et de servilité. A ses conquêtes d'apparence de liberté et de justice a toujours succédé un despotisme civil, anonyme et odieux, suivi d'une dictature soldatesque, violente et religieuse.

Le peuple a brisé ses tyrans la veille, mais il a faim :

Il est dépossédé de la richesse naturelle, d'où sortent toutes les choses qui lui sont nécessaires ; il manque de tout, on lui promet l'abondance ; il s'abandonne, il abandonne ses droits : Le tour est joué.

Alors son exploitation passée se continue sur une nouvelle étiquette : Il n'est plus esclave, il est serf ; il n'est plus serf, il est salarié. En fait, sa situation s'aggrave toujours.

De tout ce qui est ci-dessus, il ressort la connaissance du devoir et de la nécessité que nous avons de mettre tous nos efforts à protéger, élargir, éclairer le suffrage dit universel ; à nous en bien servir, faisant nous-mêmes, entre nous, un programme général de revendications socialistes : Simples, claires, concises, efficaces, comprenant des précautions sérieuses et une sanction inéluctable.

Dans toutes les sociétés individualistes et pourries d'aujourd'hui, tout mandat qui n'a pas de sanction est lettre morte.

Notre tâche est donc, maintenant, d'établir ce programme avec tous les éléments que nous avons rassemblés et qui nous donnent la connaissance :

Du but que nous avons à atteindre ;
De la situation où nous sommes ;
De la première étape que nous avons à parcourir ;
Des duperies dont nous avons à nous garantir.

Ce programme devra pouvoir être accepté de tous les sincères républicains, qui ne peuvent être que de vrais socialistes ; il devra être tel qu'il puisse leur servir de drapeau et leur permettre de se séparer, en les démasquant, de tous les exploiteurs et aspirants exploiteurs qui abritent leur mauvaise foi sous des étiquettes républicaines, socialistes, révolutionnaires, anarchistes, collectivistes, etc.

Ce programme devra être un point de repère sur lequel tous les travailleurs puissent s'entendre.

Les travailleurs ne doivent accepter un programme qu'après l'avoir discuté et contrôlé entre eux ; alors, l'ayant fait leur, afin de le propager et de le faire aboutir, ils doivent se concerter en toutes occasions et prendre, de préférence, comme mandataires des camarades ayant la conscience haute et ferme, du bon sens et un profond sentiment de justice.

Enfin, travailleurs, n'oubliez jamais :

1° Que vous devez vous en prendre aux causes de parasitisme social, qui toutes découlent du Chacun pour soi ; aux institutions individualistes et non aux hommes.

2° Que vous devez, en restant équitablement indulgents avec vos adversaires, servir le mieux possible la transformation du milieu social en détruisant, inexorablement, ceux de ses rouages dont le rôle factice est nuisible à l'harmonie générale et au bien individuel.

Pour cela, vous avez à poursuivre le juste anéantissement de toutes les possibilités d'appropriations individuelles de richesses collectives, en combattant sans relâche le capitalisme, le patronat, l'arbitraire gouvernemental, les monopoles, les privilèges, la hiérarchie et l'inégalité sociales, la domination, l'exploitation et la destruction de l'homme par l'homme :

Gardez-vous bien de disperser vos efforts en luttes, toujours plus ou moins injustes et stériles, contre les individus bénéficiant peu ou prou de ces rouages d'une société perturbante et artificielle : Les bassesses de caractère de ces individus sont des fruits du monstrueux état social actuel ; rendre des individus responsables de cet état parce qu'étant ses bénéficiaires ils en deviennent les aveugles soutiens, souvent après en avoir été victimes, serait prendre l'effet pour la cause et compliquer sans profit les difficultés de votre tâche.

3° Que vos ennemis, les plus terribles, sont les égoïstes qui mettent la ruse et l'hypocrisie de leurs appétits à voler les étiquettes des opinions les plus avancées et, par elles, vous escamotent des mandats dont il font lettres mortes.

Leurs duplicités étant la cause impitoyable de vos souffrances, vous devez être sans pitié pour eux : Rien ne les obligeait à prendre, rien ne les oblige à garder votre mandat, s'ils ne peuvent le remplir avec toute leur conscience et toute leur énergie.

Mais il faut vous rappeler aussi : Que si chaque mandataire social est justiciable de tous les citoyens, il ne l'est que de ses infidélités au programme qu'il a signé et sur lequel il a été élu ; que, pendant et à propos de son mandat, personne n'a le droit de lui demander autre chose que d'être fidèle à ses promesses écrites.

Remarquez bien, travailleurs, que la doctrine du Collectivisme-Intégral-Révolutionnaire vous engage à être toujours indulgents, excepté avec ceux de vos mandataires, qui vous dupent, parce que leur duplicité a POUR TOUS *les plus terribles conséquences.*

Cela, parce que dans notre gangrené milieu social, si tous sont plus ou moins entraînés à être dupeurs par la monstruosité de la domination, de l'exploitation et de la destruction de l'homme par l'homme, — suites inévitables de leur cause primordiale: La possibilité d'appropriations individuelles des richesses naturelles — de cette monstruosité, les plus dangereux coupables, aujourd'hui, ne sont pas les individus qui en profitent par n'importe quels moyens, mais bien les mandataires de la collectivité dont le devoir est de la combattre et qui, au contraire, la soutiennent plus ou moins sournoisement par leurs votes ou leur silence, après avoir obtenu votre confiance par leurs promesses de tout mettre en œuvre pour la supprimer.

Maintenant, amis, si vous ne voulez plus être dupes de mandats illusoires, ni complices de dupeurs ; si vous voulez avoir des mandataires responsables envers vous, il faut que vous vous entendiez ensemble pour leur donner un programme clair, sérieux et efficace : Jugez si celui qui suit a ces qualités et si, par le fond et la forme, il peut éclairer et rallier les suffrages de tous les hommes ayant du cœur et de l'intelligence.

LA
Fédération collectiviste des Travailleurs français
AUX ÉLECTEURS

Pour le Juste, par le Vrai :

« Ont intérêt à la transformation radicale, la plus rapide possible, de l'État social individualiste non seulement qui s'y trouve spolié et victime, mais aussi qui en accapare tous les avantages : Le meurt-de-faim et le milliardaire ; les individus qui s'opposent à cette transformation urgente sont des ignorants, des fous ou des fourbes. »

« Le **Chacun pour soi** est la règle de tous les groupements individualistes, il ne laisse à aucun individu la possibilité de se développer librement et harmoniquement. Le **Tous pour chacun et Chacun pour tous** sera le principe fondamental de l'organisation collectiviste intégrale, il donnera à tous, *sans exception*, la plus grande somme possible d'émulation et de facilités pour leur libre et harmonique développement. »

« La vie actuelle des sociétés humaines a pour base, pour moyen et pour but l'égoïsme, il faut qu'elle soit transformée par la Solidarité ; cette Solidarité indispensable à l'harmonie générale ne peut exister que par la justice égale pour tous, mais cette justice est praticable là seulement où règne l'égalité sociale, qui est l'**équivalence** et non le pareil, le semblable, l'uniformité. »

« Le *Chacun pour soi* est antinaturel, il est, hélas ! la base de l'état social actuel. La base de l'état social nouveau sera le *Tous pour chacun et Chacun pour tous* ; elle sera conforme à la Solidarité qui, sous des noms divers, est la loi générale régissant toute la Nature. »

AUX TRAVAILLEURS :

Si nous ne voulons plus être dupes de mandats illusoires, ni complices de dupeurs ; si nous voulons que notre épouvantable situation d'esclaves de la faim se transforme en celle d'hommes libres ; il faut nous concerter en toutes circonstances pour donner à nos élus un mandat sérieux, clair, bien défini, comportant des moyens et une sanction efficaces.

Celui qui suit a été discuté et adopté par la majorité des nôtres ; il est essentiellement un programme d'union socialiste, il sert non des ambitieux, mais les intérêts du travail et des travailleurs; il contient tout ce qui est essentiel et efficace dans les divers programmes contemporains portant une étiquette socialiste, il rejette tout ce qu'ils comportent de décevant et de stérile ; comme premier moyen de transformation sociale, il ne peut être repoussé au moment actuel que par des individus à tempérament d'exploiteurs, quelle que soit l'étiquette dont ils masquent leurs appétits : Conservatrice, Républicaine, Socialiste, Révolutionnaire, Anarchiste, Collectiviste, etc., etc.

Amis, pour nous, nos enfants et l'Humanité, acceptons ce programme, au moins provisoirement ; pour le présenter, le défendre et le faire aboutir, choisissons de préférence des camarades ayant la conscience haute, du bon sens et un profond sentiment de justice.

PROGRAMME
COLLECTIVISTE-INTÉGRAL-RÉVOLUTIONNAIRE
et ses considérations générales

Ce programme, imposé par les électeurs aux candidats à n'importe quel mandat, n'indique qu'un premier pas à faire dans une route d'évolutions efficaces, rapides et ininterrompues. Il ne peut être regardé par les socialistes sincères que comme un dernier effort pacifique possible, comme un moyen de conciliation, de ralliement et de propagande entre tous les hommes de bonne volonté pour arriver à la transformation sociale nécessaire.

Le candidat, s'il est élu, s'engage :

1° A soutenir par ses votes et ses discours toutes les propositions qui concorderont avec les principes du présent programme ; à profiter de tous les moyens que lui donnera son mandat pour propager ces principes, les expliquer, les défendre et combattre, énergiquement, tout ce qui leur est contraire.

2° A n'être jamais sectaire et à être conciliant avec tous en remplissant son mandat sincèrement, complétement.

La politique sectaire avec ses polémiques de parti pris, d'invectives et de personnalités n'est pas socialiste ; en fait, elle sacrifie l'intérêt général à des intérêts particuliers.

3° A ne pas combattre et à voter, sans les défendre, les mesures palliatives non contraires au présent programme, quand elles seront proposées à l'assemblée élue dont il fait partie.

Il est bon d'expérimenter ces mesures palliatives ; leur application prouvera à tous leur inefficacité et la nécessité de mesures révolutionnaires.

4° A n'accepter pendant la durée de son mandat et les deux ans qui suivront le jour où il aura pris fin, aucune fonction gouvernementale, aucune situation même gratuite dans une Société monopolisante quelconque.

5° A verser deux quinzièmes de sa rétribution de mandataire au comité de concentration de la fédération et un autre quinzième de cette rétribution à son Comité électoral, *lequel sera composé de tous les électeurs qui voudront en faire partie.*

Ce versement a pour but : 1° d'affirmer le principe de l'équivalence des fonctions ; 2° d'aider le comité électoral à faire de la propagande collectiviste locale et à surveiller les votes et les actes du mandataire qu'il a patronné comme candidat ; 3° d'aider la fédération à organiser une propagande collectiviste générale et à soutenir pécuniairement ses candidats.

6° A donner sa démission le jour anniversaire de son élection.

Les périodes électorales souvent renouvelées sont profitables à la propagande des principes socialistes et à la Rénovation sociale nécessaire : Les électeurs ayant toujours le droit de continuer leur confiance à leur mandataire fidèle ont le devoir de chasser et de punir celui qui a été infidèle.

7° A subir l'affichage public de sa mauvaise foi, s'il manque aux engagements stipulés dans son mandat ; à reconnaître — en signant plusieurs fois sur papier timbré ce programme et les sanctions qu'il comporte, le tout devant être affiché partout où besoin sera — que tous les citoyens auraient le droit de lui faire payer de sa vie sa criminelle félonie si, pour échapper à la flétrissure publique votée contre lui par la moitié plus un de tous les membres de son Comité électoral, il voulait profiter de l'hypocrisie frauduleuses d'actes législatifs qui mutilent le suffrage universel.

Personne n'a le droit d'exiger de son mandataire ce

à quoi celui-ci ne s'est pas formellement engagé à l'avance. Dans notre milieu social pourri, tout programme qui n'a pas de sanction efficace est lettre morte: Donc, travailleurs, prenez vos précautions si vous êtes des hommes ne voulant plus être de la viande à *boucherie* pour le capitalisme.

La continuation, pendant bien des années, de la duplicité de vos mandataires, contre laquelle vous continuez de ne prendre aucune précaution sérieuse, a pour résultat qu'un certain nombre d'électeurs dénient au suffrage universel toute puissance transformatrice, et qu'ils affirment que la destruction sans merci est indispensable pour la transformation sociale nécessaire.

Effectivement, si l'embryon de suffrage universel qui existe actuellement ne pouvait être entièrement transformé par les parias de notre prétendue civilisation ; si par l'entente de leurs volontés, ils ne pouvaient le faire devenir le suffrage universel intégral ; si quelques efforts que fassent ces parias cet embryon continuait à être un instrument prolongeant leur esclavage, en le masquant d'une dérisoire souveraineté ; s'il devait toujours servir aux mandataires pour duper leurs mandants, s'octroyer des durées de mandats de plus en plus longues, s'accorder toutes sortes de prérogatives, entre autres celle de ne point tenir compte de leurs engagements de candidats et celle, non moins monstrueuse, de régenter la liberté des citoyens dans leur droit de mandants vis-à-vis de leurs mandataires ; les prolétaires qui sont les parias de notre état social actuel et tous les gens de cœur auraient le devoir de détruire, par n'importe quels moyens, l'anarchique société présente dans laquelle, contre toute équité, les producteurs sont dépossédés au profit d'exploiteurs de toutes sortes.

Mais aux travailleurs et aux gens de cœur il est possible, facile même eu égard à tous les autres moyens, de s'entendre pour établir des mandats efficaces et punir terriblement, au nom de l'Humanité, leurs mandataires infidèles afin de conquérir rapidement le suffrage universel intégral et, par lui, d'avancer sans relâche vers le but à atteindre : Un état social harmonique dans lequel il n'y aura plus de dupeurs et de dupés, d'exploiteurs et d'exploités, de spoliateurs et de spoliés ; où la devise : *Liberté, Égalité, Fraternité* sera une réalité féconde, contrairement à ce qui s'est passé jusqu'à ce jour.

8° A s'opposer énergiquement à l'aliénation de la plus petite parcelle du sol de la patrie.

La possession du sol national par des intérêts individuels est la principale cause de l'insécurité de la défense nationale, en cas d'agressions extérieures ; aussi et surtout des luttes, des inquiétudes, des maux dont tous les citoyens souffrent.

9° A combattre la création et la prolongation de n'importe quel monopole, privilège, ou loi d'exception.

Les monopoles et les privilèges sont toujours payés par les travailleurs. Les lois d'exception ne sont que des expédients de politiqueurs aux abois ; elles ne profitent jamais à l'équité, aux faibles, aux travailleurs, à la sécurité de tous, à l'intérêt général.

10° A démasquer toute tentative tendant à restreindre l'embryon de suffrage universel que nous possédons.

Un mandataire qui commet un des crimes sociaux dénoncés paragraphes 8, 9, 10 en s'y associant par ses votes ou ses abstentions est un fou, ou un coquin qui dupe ses électeurs et fait trafic de son mandat pour des pots-de-vin plus ou moins dissimulés : Il est plus souvent coquin que fou, vénal et corrompu qu'inconscient.

11° A poursuivre la transformation de l'embryonnaire suffrage actuel en suffrage universel réel et complet.

Pendant cette transformation, il y aura de moins en moins d'abstentionnistes et d'exclus des deux sexes dans les manifestations électorales ; après, la femme sera électeur et éligible dans toutes les fonctions relatives aux détails sociaux où son rôle et sa fonction sont équivalents à ceux de l'homme.

12° A réclamer en toutes circonstances que toutes les fonctions nationales: Délégué à l'Exécutif, Ministres, Juges, Préfets, Maires, etc., soient soumises à l'élection dans les conditions qui leur sont spéciales ; ces conditions, tant pour l'électeur que pour l'éligible, doivent être bien déterminées par la loi sur le suffrage universel.

13° A proposer la suppression : Du Sénat, de la peine de mort, des impôts indirects, des fonds secrets, des cumuls, des sinécures, des compensations politiques, des allocations et gratifications en plus des appointements, des subventions et garanties d'intérêts, des budgets des cultes, de la présidence de la République.

La suppression du Sénat prime les autres : Ce pus atavique social, soutient de la corruption capitaliste, entrave les plus urgentes réformes.

14° A exiger l'exécution stricte du cahier des charges de toutes les entreprises monopolisantes ; que leurs exploitants à chaque infraction qu'ils font à leurs engagements paient des dommages et intérêts sérieux, moitié au profit de la Nation, moitié au profit de la commune où s'est commise l'infraction.

Les capitalistes qui se font adjuger un monopole par les pouvoirs publics veulent, par lui, opérer des bénéfices qui sont toujours pris sur l'ensemble du travail national ; ces spéculateurs ne doivent, en aucun cas, échapper aux obligations qu'ils ont contractées.

Il arrive très souvent que les gouvernants se font les complices de spéculations individualistes en accordant à celles-ci des garanties d'intérêts qu'en fait les travailleurs paient seuls : Ces garanties sont prises sur les budgets nationaux, lesquels ne sont alimentés que par une partie des réductions prélevées par des intermédiaires inutiles sur les salaires de tous ceux qui travaillent utilement.

15° A présenter ou à appuyer des projets de loi sur les sujets suivants : Reconstitution du domaine national collectif, Principes et fonctionnement général des services publics, Solidarité sociale, Enseignement général, Défense nationale, Héritage, Associations, Suffrage universel.

Chaque projet établissant les différents détails qu'il comporte, et qui ne sont qu'indiqués ci-dessous, se terminera ainsi : Sont abrogées toutes les conditions contraires à celles de la présente loi.

Reconstitution du domaine national collectif

Interdiction aux communes, aux départements, à l'Etat d'aliéner même en location, si courte soit-elle, quoi que ce soit de ce qu'ils possèdent ; est excepté de cette interdiction tout ce qui appartient au service public de l'habitation, toutes les locations y sont faites pour habitations personnelles et familiales.

Sous prétexte d'utilité publique, mettre en vente ou en location pour spéculations individualistes ce qui appartient à la collectivité, c'est voler les travailleurs au bénéfice des capitalistes.

Obligation pour les communes, les départements et l'Etat :

1° De créer toutes les facilités pour qu'ils puissent reprendre, au mieux de l'intérêt collectif, toutes les exploitations individuelles s'appuyant sur le sol ou sur des monopoles et des privilèges : Chemins de fer, Canaux, Mines, Banques, Assurances, Propriétés particulières, etc., etc.

Une de ces facilités pourra être de garantir aux cessionnaires individuels une rente viagère stipulée reversible en partie, au décès des bénéficiaires, sur leur conjoint, leurs enfants, petits-enfants, père et mère, ou frères et sœurs ; pour que cette facilité ne donne pas lieu à des tripotages, des faveurs ou de l'arbitraire les conditions en seront réglées par une loi de finance revisée tous les deux ans.

2° D'établir, sans perdre de temps, tous les services publics utiles à la collectivité, en commençant par ceux qui répondent aux besoins les plus généraux, les plus actuels, les plus urgents.

Un des plus faciles à établir est le service de l'habitation ; par ses résultats hygiéniques, économiques et sociaux, il sera un immense avantage pour la santé, le bien-être et la commodité du plus grand nombre ; il rapprochera les citoyens les uns des autres ; il permettra aux travailleurs d'échapper aux exigences des propriétaires individuels, leurs tyrans les plus impitoyables ; enfin, il donnera des ressources qui aideront efficacement à supprimer les impôts les plus iniques, tels ceux indirects, qui attaquent hypocritement les travailleurs.

3° D'entreprendre et de gérer, de plus en plus, tout ce qui sur leur territoire peut devenir propriété collective et tout ce qui s'y peut faire collectivement.

4° De transformer aussi rapidement que possible en services publics aux principes collectifs et égalitaires tous les monopoles gouvernementaux actuels : Salubrité, assistance, instruction, armée, ponts et chaussées, postes et télégraphes, etc., etc.

Création, par l'Etat, au bénéfice de la Nation, d'un impôt :

1° Du quarantième du produit des revenus de toutes sortes des titres quelconques au nominatif, et du quarantième de la valeur de ces titres quand ils sont transférés d'un porteur à un autre pour n'importe quelle cause, excepté celle d'héritage.

Les propriétaires de titres au porteur devront dans le trimestre qui suivra la promulgation de la présente loi, demander aux Compagnies qui ont émis ces titres, de les transférer au nominatif ; les Compagnies devront gratuitement faire le transfert de tous leurs titres, pour n'importe quel cas, dans un temps qui ne pourra excéder trois mois ; elles seront responsables vis-à-vis de leurs clients et de la Nation de tout retard à cette obligation.

2° Du cinquième de la valeur des coupons et revenus de toutes sortes : D'un côté, sur les titres laissés au porteur après l'expiration du trimestre accordé pour leur transfert au nominatif, tant que ce transfert n'est pas exécuté ; de l'autre, sur ceux au nominatif présentés par des tiers alors que leur véritable propriétaire est décédé avant l'échéance d'intérêts de ces titres ; cela, sans préjudice des sanctions répressives à appliquer aux individus qui auraient présenté ou fait présenter ces titres.

Les Compagnies financières, foncières, industrielles, commerciales et autres sont rendues responsables envers le Trésor public des impôts ci-dessus, et frappées de pénalités pécuniaires sérieuses si elles font ou laissent passer des infractions à la présente loi.

3° Du huitième du total de toute adjudication dans laquelle des particuliers, sauf les héritiers, auront profité de la possibilité, momentanée, laissée aux nationaux de pouvoir se rendre acquéreurs du sol national et des exploitations dont il est le support.

4° De la moitié de la valeur de tout ce que des fraudeurs auraient essayé de soustraire aux obligations énoncées à la loi sur l'héritage. Enfin, comme il est dit à cette loi, en tenant compte des mesures qu'elle indique, la Nation sera héritière des individus.

Fonctionnement général des services publics

Se servir des groupements corporatifs, syndicaux et autres, pour former le noyau des services publics urgents.

Dès lors qu'un service public fonctionne, la collectivité ne doit plus employer aucun de ces groupements comme Unité adjudicataire ou fermière d'une fraction quelconque du travail social qui est l'objet de ce service : La continuation bénévole, si courte soit-elle, de ce moyen individualiste entretient et produit des intérêts antagonistes dangereux et sans profit pour l'association libre, égalitaire, intégrale que sera le collectivisme scientifique dans lequel tous les services publics seront de facile accès à tous les citoyens, pour que chacun d'eux puisse librement y utiliser ses aptitudes et y remplir harmoniquement ses obligations sociales.

Egalité des rétributions et **équivalence** des fonctions dans les services publics, but à atteindre aussi rapidement que possible. A cet effet, les rétributions devront progressivement être : Les plus fortes diminuées, les plus faibles augmentées avec maximum et mininum toujours et transitoirement établis ; le minimum actuel ne pourra être moindre de 150 francs par mois dans les villes ayant 10,000 habitants. Les nationaux, seuls, devront être employés dans les services publics.

Cette mesure n'est pas un acte d'hostilité envers les travailleurs des autres pays ; c'est une nécessité pour activer partout et le plus possible la transformation sociale indispensable.

Toutes les fonctions nationales rétribuées ; n'importe quel fonctionnaire ne pouvant plus échapper à la responsabilité de ses actes.

Délégué à l'Exécutif, Garçons de bureau, Ministres, Cantonniers, Généraux, Soldats, Députés, Juges, Maires, etc., sont fonctionnaires-serviteurs de la collectivité ; la collectivité a le devoir de rétribuer tous ses serviteurs, de les surveiller sans méfiance préconçue, de les rendre responsables vis-à-vis de chacun des membres de l'association.

Transformation rapide du gouvernement actuel en service public de concentration générale.

Ce service ne se composera de plus en plus que de mandataires élus par tous, pour de courtes périodes et des cas bien déterminés ; pendant ces périodes et pour ces différents cas, sans aucun avantage particulier pour ses membres, il représentera l'association de tous les citoyens quels que soient les travaux que chacun exercera et aura librement choisis pour l'utilité, l'agrément, le développement de tous.

La durée maximum actuelle du travail, dans n'importe quel service public, ne pourra dépasser six jours par semaine et huit heures par jour.

Dans les travaux insalubres ou dangereux, la journée de travail devra être d'une durée moindre que celle des journées employées aux travaux ordinaires.

Tous les efforts individuels et collectifs, ainsi que tous les actes législatifs restrictifs de l'exploitation de l'homme sur l'homme — alors qu'ils n'attaquent pas la base individualiste et ne tendent pas à lui substituer la base collectiviste, en même temps qu'à établir une entente et une solidarité sociales de plus en plus complètes et générales — peuvent paraître utiles à l'intérêt des salariés; en fait, ils se retournent toujours contre eux: Ces efforts et ces actes sont des palliatifs et des mirages trompeurs à l'aide desquels on abuse les travailleurs pour obtenir leur confiance; ils ne peuvent servir qu'à prolonger la monstrueuse anarchie individualiste dont les prolétaires sont les victimes les plus fortement frappées.

Un exemple pris entre tous: Les limitations d'heures de travail dans les services publics sont faciles et avantageuses pour tous ; ces mêmes limitations chez les particuliers sont impossibles et tyranniques à faire exécuter, surtout par les salariés: Le pain du lendemain, pour eux et leur famille, les commandant impitoyablement.

Comment ces limitations seraient-elles utiles aux ouvriers manuels et intellectuels des deux sexes travaillant isolément ou en famille? ils sont en plus grand nombre que les salariés occupés en atelier, usines, manufactures, magasins ou bureaux. Comment pourraient-elles être imposées à la masse formidable de malheureux et de malheureuses qui, lorsque le chômage ou la maladie ne les maîtrise pas, travaillent des quinze, seize et dix-sept heures par jour pour arriver à se donner un malsain et strict indispensable, leur permettant à peine de prolonger leur navrante et épouvantable vie de tortures journalières?

De plus, les agitations ayant pour but ou pour prétexte d'obtenir, en régime patronal, des diminutions de durée ou des augmentations de prix du travail, comme toutes celles analogues, ne peuvent être utiles à la révolution sociale nécessaire : Elles ne peuvent servir à grouper les efforts de la majorité des travailleurs, elles ne font que les diviser et détournent l'attention de ceux d'entre eux qui se laissent prendre à ces décevantes illusions des moyens efficaces qu'ils doivent employer pour changer leur triste situation.

Service public de la Solidarité sociale

Service de mutuelles garanties contre tous les maux naturels et sociaux : Vieillesse, maladies, infirmités, accidents, misère, chomage, criminalité, etc.

Ce service substitué à l'Assistance publique actuelle doit avoir pour but l'étude et l'application de tous les moyens préventifs, curatifs, réparateurs et transformateurs applicables à toutes les souffrances individuelles et à tout ce qui est ou peut devenir un danger social.

Le devoir, l'intérêt, la force de toute société est de prémunir et de protéger également tous ses membres contre les possibilités perturbatrices et les éventualités fâcheuses.

Service public de l'enseignement général

L'instruction à tous ses degrés donnée GRATUITEMENT, ainsi que les moyens nécessaires pour que tous en profitent.

L'enseignement du premier degré doit comprendre les éléments de toutes les sciences exactes, il est obligatoire pour tous les enfants jusqu'à ce qu'ils aient conquis le brevet constatant qu'ils ont tout le savoir que ce degré comporte ; à ses autres degrés, jusqu'à celui de l'enseignement des hautes études exclusivement, il doit être donné aux seuls élèves qui, quel que soit leur âge, ont fait preuve du savoir nécessaire dans des concours et sur des programmes déterminés au nom de la collectivité.

L'instruction dans l'enseignement des hautes études doit être ouverte à tous, aux étrangers comme aux nationaux ; cet enseignement, entre autres travaux, aura sur l'individualisme et le collectivisme dans la Nature et l'Humanité aux chaires d'anthropologie, de biologie, de physiologie, de psychologie, de philosophie, d'études sur les civilisations comparées des cours, des conférences, des recherches libres et contradictoires entre professeurs attachés ou non à l'enseignement officiel.

Tous les citoyens doivent pouvoir librement instruire et professer ; mais seul l'Etat, au nom de la collectivité, établit et surveille les programmes et concours publics correspondant aux divers degrés de l'instruction sociale ; à la suite de ces concours, il confère les certificats, brevets et diplômes du savoir que chacun d'eux comporte.

La liberté des professeurs, officiels ou non, est absolue dans leur enseignement écrit et parlé, afin que toutes les opinions puissent être produites pour tous ; cette liberté est protégée par des sanctions répressives contre ceux qui y porteraient atteinte.

Service public de la Défense nationale.

L'armée permanente transformée en service public de défense contre les attaques extérieures.

Dans ce service, tous les citoyens valides *sans exception* passeront une période d'instruction et d'entraînement de même durée, et en cas d'attaques extérieures y reprendront leur place de combat ; les exigences y seront égales pour tous et aussi simplifiées que possible ; il n'y aura ni exigences ni faveurs exceptionnelles pour personne ; aucun citoyen n'y sera employé :

1° Dans les luttes intérieures, pas plus dans celles politiques que dans celles du travail contre le capital ;

2° Dans des corvées, parades, services d'ordre ne se rattachant pas, strictement, à le préparer à la Défense de la Nation contre toute possibilité d'attaques extérieures.

La collectivité n'a pas le droit et il lui est désavantageux de contraindre un seul de ses membres à servir des intérêts particuliers ou à agir contre l'Humanité : Légiférer qu'elle a le droit est aujourd'hui une infamie ; c'est hypocritement servir des intérêts de caste et non ceux de sa patrie. Travailleurs, méfiez-vous des fantoches qui se font un tremplin de leur farouche patriotisme ; rendez-vous compte que les patriotards qui par leurs déclamations furibondes poussent leur pays à des aventures, dans lesquelles c'est la vie des autres et non la leur qui serait en jeu, sont loin d'être des patriotes ; comme outrage, l'épithète de sans-patrie leur est bien plus applicable qu'aux hommes qui veulent, sincèrement, que l'Humanité devienne une seule famille.

Héritage

Le privilège de l'héritage supprimé aussi rapidement que possible excepté pour tous les objets de consommation, d'utilité et d'agréments personnels, quelle qu'en soit l'importance, alors qu'ils ne font pas partie du capital collectif ; ce capital se compose de toutes les sources de productions nécessaires à l'exercice et au développement de la vie humaine.

Pour arriver progressivement, généreusement, définitivement à détruire l'antique, mais inique privilège pour quelques-uns de se transmettre ce qui, par Justice-Éternelle, devrait être le bien de tous :

Le bénéfice de pouvoir hériter de ce qui est ou représente du capital collectif ne sera conservé que jusqu'au... (date à déterminer), avec les maxima et pour les degrés de parenté suivants : 1° époux, 3,000,000 ; 2° enfants ou petits-enfants,

1,000,000 ; 3° parents, grands-parents, frères et sœurs, 600,000 ; 4° neveux et nièces, ou petits-neveux et petites-nièces, 300,000. (Le premier degré existant exclut ceux qui viennent après).

A partir de la date ci-dessus, le 4° degré de parenté n'héritera plus ; le quantum des trois autres sera réduit de moitié. Enfin, le... (date à déterminer), le bénéfice de l'héritage sera entièrement et pour toujours supprimé, remplacé qu'il sera alors par les garanties effectives pour tous de la Solidarité sociale.

La Nation sera héritière de toute personne qui n'aura pas les proches parents désignés plus haut, et de tout ce qui dans une succession dépassera le maximum accordé à chacun des bénéficiaires sus-énoncés.

Pendant les périodes où le bénéfice de pouvoir hériter sera conservé, les héritiers n'auront à supporter aucune charge de transmission.

Pendant ces périodes, tous les titres émis dans le but de donner des intérêts ou des lots et toutes les parcelles nues ou meublées du sol national, *faisant partie d'une succession*, seront mis en vente publique faite par la Commune, le Département ou l'Etat, lesquels pourront s'en rendre adjudicataires au nom et au mieux du bénéfice de la Collectivité.

Tant qu'une seule parcelle du sol national pourra être acquise, dans les conditions ci-dessus indiquées, si elle reste adjugée à des personnes non héritières, ces personnes auront à payer un huitième en plus au profit de la Nation ; les nationaux seuls pouvant devenir acquéreurs.

Pour éviter les fraudes, la possession des titres émis pour donner des intérêts ou des lots et toutes les parcelles qui sont ou représentent une partie du capital collectif ne pourront plus passer, dans aucun cas, d'un ou de plusieurs individus à un ou à d'autres individus autrement que par suite de l'adjudication en vente publique qui en aura été faite par la Commune, le Département ou l'Etat.

La mesure suivante sera prise contre toute infraction à l'obligation ci-dessus : L'unité collective la plus directement intéressée, Commune, Département ou Etat, fera mettre d'office en adjudication publique la possession que des fraudeurs voulaient soustraire à cette obligation ; il sera prélevé sur ceux-ci un impôt de répression de 50 o/o du prix de cette adjudication, dont moitié pour la Nation et moitié au profit de l'unité collective qui aura poursuivi et surveillé la vente publique ordonnée par la loi.

Tous les impôts, même ceux sur le capital et le revenu, ne sont en fait que des palliatifs absolument inefficaces pour la solution de la question sociale ; tandis que les ressources fournies par la suppression graduelle de l'héritage, telle qu'elle est indiquée dans le présent projet de loi, donneront le meilleur moyen pour établir rapidement l'harmonie sociale, sans secousse ni iniquité d'aucune sorte, tout en permettant de supprimer progressivement tous les impôts et de créer les détails nécessaires à un véritable service public de Solidarité générale.

Association

La liberté de créer et de faire partie de n'importe quelle association, est le droit de tous et de toutes.

Reconnaissance pour tous les membres d'associations, quelles qu'elles soient, du droit à la liberté absolue de se réunir — sauf sur la voie publique — de parler, d'écrire, de se coaliser ; interdiction à tous, avec sanction répressive déterminée, d'actes collectifs ou individuels qui tendraient à empiéter sur la liberté et les droits de n'importe quel citoyen.

Interdiction à toutes les Sociétés ou associations, quelle que soit leur nature, de monopoliser ou d'accaparer rien de ce qui est matière première et objets de première nécessité ; de détenir aucune partie du sol national ; celles qui détiennent de ce sol au moyen de lois antérieures établissant une date fixe de son retour à la Nation, aux départements ou aux communes pourront le conserver jusqu'à l'expiration de cette date ; obligation aux autres de le mettre en vente publique dans l'espace maximum de trois ans et dans les conditions indiquées au projet de loi sur l'héritage.

Suffrage universel

Aucun mandat ; Exécutif, législatif, municipal, judiciaire, corporatif, etc., etc., ne dépassera la durée d'une année sans être renouvelé par une nouvelle élection.

Les mandats qui ont une durée prolongée sont imposés au peuple par la fraude et ne servent qu'à le duper : Les mandataires infidèles arrivent toujours, vers la fin de leur mandat, à donner un semblant de satisfaction à leurs mandants.

Aucun mandat ne peut être cumulé avec un autre, quel qu'il soit ; avec une fonction gouvernementale quelconque ; avec un emploi, même gratuit, dans n'importe quelle Société financière.

Tous les mandats s'obtiennent par la majorité des suffrages des citoyens et des citoyennes électeurs du milieu pour lequel ces mandats existent.

Les qualités nécessaires pour être électeur et éligible, à n'importe quel mandat, sont établies par des actes législatifs soumis au *referendun* du peuple; ces actes, après le vote populaire approbatif, sont annexés à la loi sur le suffrage universel.

Chaque candidat, à n'importe quel mandat, envoie son programme à l'administration centrale du département où se fait l'élection ; cette administration réunit *obligatoirement* en un seul document les programmes de tous les candidats, et fait parvenir ce document huit jours au moins avant l'élection à tous les citoyens qui ont le droit d'y prendre part.

La collectivité dans tout ce qui touche aux délégations qu'elle est appelée à donner à des particuliers, ne peut prendre trop de précautions et, dans l'intérêt général, doit créer pour chacun des possibilités égales de faire connaître à tous ses idées et ses moyens relativement au mandat pour lequel il veut être candidat.

A chaque élection, le gouvernement par les soins de ses représentants administratifs fait établir la statistique de chacun des points contenus dans les programmes des élus ; cette statistique doit être insérée dans tous les journaux officiels des localités intéressées, et remise à chaque mandataire dans la quinzaine précédant la première réunion du corps dont il est membre.

Les élus à n'importe quel mandat doivent, dans la période de ce mandat, discuter et voter successivement sur tous les points de l'ensemble de leurs programmes en commençant par le point qui a eu le plus de voix.

Après chaque session, les décisions prises par les élus, quel que soit leur mandat, sont soumises au *referendum* de tous les électeurs.

Les assemblées élues ne peuvent voter aucun budget, si à ce budget ne sont annexés tous les documents pouvant efficacement servir à le contrôler; ces documents doivent indiquer pour chaque budget : La quantité et la nature de chacune de ses recettes et de ses dépenses, chaque catégorie de fonctionnaires qui y émargent, le nombre de fonctionnaires qu'il y a dans chacune de ces catégories, la rétribution de chaque fonction.

Jamais un mandataire fidèle ne doit consentir à payer avec l'argent de ses mandants une dépense faite en dehors de budgets régulièrement établis, à moins pourtant que cette dépense n'ait été imposée par un cas de force majeure bien difficile à prévoir.

Toutes les séances des assemblées élues sont publiques ; le compte rendu complet de chaque séance, l'absence, l'abstention et les votes de chaque mandataire sont reproduits dans les journaux officiels des localités auxquelles ces assemblées appartiennent.

Tout acte de mandataire du peuple doit être fait au grand jour ; en quelque occasion que ce soit, toute action de sa part qui a besoin du secret ne peut être complètement avouable et utile à la collectivité.

Édiction d'une sanction répressive infamante contre tout mandataire qui trahit son mandat ; ce mandataire commet le crime le plus nuisible à tous, et son exemple est le plus pernicieux des dangers sociaux.

Quelques socialistes sincères affirment, en toutes circonstances, que les travailleurs doivent se désintéresser du suffrage universel, que leur misère les poussera à la révolution sociale nécessaire ; l'observation rigoureuse des hommes et des faits prouve l'inexactitude de ces opinions, elle démontre surabondamment : 1° que le suffrage universel est une première étape nécessaire aux travailleurs vers leur affranchissement social ; 2° que la misère n'a pu et ne pourra que démoraliser la presque totalité de ses victimes, les inciter à se rassembler pour des violences terribles désastreuses pour elles et pour l'Humanité, sans les instruire des conditions indispensables pour l'émancipation sérieuse de leur lendemain, sans les disposer à s'unir pour conquérir et défendre ces conditions.

Le suffrage universel n'est qu'un des moyens que les exploités peuvent employer pour secouer le joug qui les étreint, mais ce moyen est efficace et leur est indispensable; il est le levier qui ébranlera l'édifice capitaliste et permettra au Peuple de s'émanciper intellectuellement et matériellement, déjà il procure aux travailleurs les meilleures possibilités : De s'instruire de leurs droits sociaux et humains, de se réunir et de s'accorder pour conquérir ces droits, de connaître les ruses de leurs exploiteurs actuels ainsi que celles des dupeurs qui aspirent à les exploiter demain, de se garantir contre l'hypocrisie des uns et des autres.

Les travailleurs qui ne votent pas désertent leur devoir et la cause de leurs camarades; ils gaspillent le meilleur moyen que possèdent les salariés de se grouper, de se compter, de se concerter, de conquérir leur affranchissement; ils abandonnent leur droit social le plus pratique et le plus important à leurs exploiteurs; ils donnent à ces exploiteurs des armes contre eux et contre leurs camarades.

Dans n'importe quelle élection, les travailleurs doivent voter non pour un homme, mais sur un programme contenant, et des moyens de marcher résolument à la transformation sociale, et de sérieuses précautions contre la duplicité possible de l'élu ; à défaut de ce programme, comme les possibilités de la transformation sociale sont en fait plus amoindries par les palinodies de pseudo-socialistes que par les attaques de ses adversaires, les socialistes sincères doivent voter blanc pour se compter.

RÉSUMÉ DU PROGRAMME

Les détails du programme collectiviste-intégral-révolutionnaire se complètent, les uns les autres, pour former un ensemble efficace en vue du changement radical de l'état social actuel qui produit, de plus en plus, des meurt-de-faim, des suspicions, des haines, du danger pour tous.

Ces Détails :

1° Composent un programme d'action, de propagande et d'union sincèrement socialistes ; un programme qui ne contient ni trompe-l'œil, ni promesses vaines et mensongères ; un programme servant réellement l'intérêt de tous.

2° Ne donnent à aucun mandataire les pouvoirs de ses électeurs, mais le chargent d'affirmer en toutes occasions la volonté de ceux-ci et de la faire prévaloir socialement.

3° Transforment l'embryon de suffrage actuel en véritable suffrage universel.

4° Contiennent une sanction sérieuse et inéluctable contre tout mandataire infidèle.

5° Attaquent la base capitaliste dans toutes les institutions et les fourberies administratives qui la soutiennent : le Sénat, l'héritage, l'aliénation des richesses collectives, les monopoles, les lois d'exception, les impôts indirects, les fonds secrets, les cumuls, les sinécures, les compensations, les allocations et gratifications politiques, les subventions et garanties d'intérêts, les budgets des cultes, l'irresponsabilité du fonctionnarisme, la domination, l'exploitation et la destruction de l'homme par l'homme, etc., etc.

6° Etablissent des bases inébranlables au futur état social égalitaire par : La reconstruction du domaine collectif national, une possibilité égale aux citoyens des deux sexes d'user de tous les droits sociaux en remplissant les devoirs qui en découlent, la création et le fonctionnement des Services publics en commençant par les plus urgents tels que ceux de la solidarité sociale, de l'habitat, de l'enseignement général, etc., etc.

7° Donnent aux travailleurs dans les misères et les iniquités de toutes sortes qui les frappent, si cruellement, des moyens de soulagement immédiat en constituant, contre tous les maux naturels et sociaux, le service public de la Solidarité sociale.

8° Détruisent l'omnipotence de l'argent sur le sort des élections par les dispositions de la loi sur le suffrage universel ; ces dispositions permettent à chaque citoyen, quelle que soit la modicité de sa situation pécuniaire et sociale, de faire apprécier par tous les électeurs ses idées et ses moyens relativement au mandat pour lequel il veut être candidat.

9° Instituent un premier effort sérieux et pacifique, autant que prudent et résolu, pour marcher sans secousses ni iniquités d'aucune sorte vers un nouvel état social urgent pour tous ; cet état social nouveau donnera à chacun, *sans exception*, toute la somme possible de bien-être, de sécurité, de liberté, de savoir, d'émulation, de développement intellectuel et physique : Dans l'état actuel nul ne possède réellement une seule de ces indispensables conditions de bonheur et ne se trouve assuré de son lendemain.

ELECTEURS,

La Fédération française des travailleurs collectivistes en vous présentant le présent programme, qui est un concis exposé du but, des moyens et des raisons principales du socialisme scientifique, a fait son devoir envers vous ; à vous, maintenant, de faire le vôtre pour vous-mêmes, vos enfants et l'Humanité.

POUR LA FÉDÉRATION,
Le Secrétaire Général.

Amis lecteurs, citoyens altruistes, qui êtes vraiment républicains-socialistes, maintenant qu'ensemble en nous servant des éléments que nous ont fournis l'observation et l'expérience générales, interrogées sincèrement, nous avons élaboré un programme de premières revendications en vue d'une marche en avant de la révolution sociale de l'Humanité, marche en avant succédant aux piétinements sur place, aux oscillations et aux mouvements circulaires qu'elle n'a cessé de pratiquer jusqu'à présent ; n'oublions pas :

Que si superficiels que soient les résultats d'une modification dans les conditions sociales d'un peuple, ceux qui profitent de cette modification cherchent toutes les occasions d'affirmer dans leurs paroles et leur écrits : 1° que leurs sentiments sont tout d'union, de concorde, de fraternité, ce que démentent leurs actes ; 2° qu'une grande révolution, la Révolution sociale, a été faite et bien faite. Ces farceurs sinistres sont les privilégiés de la situation et ne veulent, ni entendre les cris, ni voir la désespérance de la multitude de déshérités qui, autour d'eux, agonisent lentement dans un paupérisme sans cesse grandissant.

Finalement, terminons la tâche que nous nous sommes imposée en contrôlant, avec le programme, Collectiviste-Intégral-Révolutionnaire, la solution des conditions que contient le problème de la **Question sociale** telles que ces conditions ressortent des faits.

Les revendications faites dans notre programme pour la solution du problème social sont-elles équitables ? Oui :

Elles ne réclament qu'une partie de ce qui doit

être transformé pour le plus grand avantage de tous ; tout ce qui est à transformer n'existe, tel qu'il est aujourd'hui, qu'avec des origines d'iniquités violentes, fourbes et hypocrites.

Ces iniquités toujours usitées deviennent de plus en plus dangereuses à ceux qui les commettent et impitoyables à ceux qui les subissent, par ces conséquences d'une loi naturelle : Toute cause produit, inévitablement, les effets qu'elle contient ; mauvaise, elle ne peut produire que de mauvais effets, restant la même, ses effets s'accentuent toujours davantage.

Aussi, nos revendications s'attaquent-elles aux causes mauvaises, dont nous souffrons tous ; nous n'arriverons à traiter en ennemis et sans pitié ceux qui les exploitent et les soutiennent que si leur égoïsme atavique les rend aveugles et sourds, **cérébralement**, à leurs véritables intérêts et à la voix de la justice.

Alors, malheur à eux ; car, de même que l'ingénieur fait sauter les masses granitiques qui sont des obstacles à l'aplanissement de la route nécessaire qu'il doit tracer, les républicains socialistes feront sauter les obstacles humains qui barrent la route à l'Humanité dans sa marche harmonique vers ses destinés.

La réalisation de ces revendications est indispensable pour que tous puissent arriver, évolutivement, à ce qui sera leur véritable avantage : Posséder toute la somme possible de bien-être, de sécurité, de liberté, de savoir, d'émulation de **développement** ; alors qu'aujourd'hui gouvernés et gouvernants, meurt-de-faim et milliardaires, personne, enfin, ne possède véritablement une seule de ces nécessités sociales.

Avec l'universalité et la barbarie dorée, mais sans merci, de la lutte des intérêts où est arrivée la prétendue civilisation actuelle, qui est assuré de son lendemain ?

Quel est le possesseur d'une situation sociale quelconque, si bien établie soit-elle, qui est certain que lui, ses enfants ou ses petits-enfants ne seront pas réduits à la plus atroce misère ?

Donc, ont intérêt à la transformation radicale la plus rapide possible de l'état social individualiste, non seulement ceux-là qui s'y trouvent spoliés et victimes, mais aussi les quelques autres qui en possèdent et en accaparent tous les avantages : Les individus qui veulent s'opposer à cette transformation nécessaire sont des ignorants, des fous ou des fourbes.

———

Ces revendications sont-elles pratiques ? Oui !

Elles ne sont pas le Tout ou Rien de dupeurs, de sectaires ou d'ignorants : Elles sont une première série scientifique de modifications sociales concordantes, indispensables et possibles.

Elles peuvent être imposées, légalement, par le plus grand nombre à la minorité bestialement égoïste qui ruserait pour les empêcher d'aboutir.

Leur application améliorera, certainement et le plus tôt possible, la situation mauvaise de ce plus grand nombre ; elle sauvegardera l'existence de cette minorité qui serait inévitablement broyée dans le premier mouvement de fureur de ceux à qui elle rend son exploitation de plus en plus épouvantable ; enfin, elles offrent à tous des avantages et un terrain de **solide** entente.

Elles sont, dans l'état cérébral actuel de n'importe quelle nation, les seules sur lesquelles puisse se grouper une minorité intelligente qui, rapidement, deviendra l'immense majorité.

Elles forment un ensemble dont tous les détails se complètent réciproquement ; tandis que ces détails séparés les uns des autres ne sont que des palliatifs inefficaces et trompeurs.

Elles forment un tout dont toutes les parties se soutiennent réciproquement.

Elles n'ont aucun des aléas de l'inconnu d'une situation dont tous les facteurs sont bouleversés.

Elle ne peuvent amener aucune désillusion d'application ; par suite, elle ne permettront point, une fois de plus, un retour en arrière sur les positions conquises par elles.

Finalement, et surtout, elles n'imposent de sacrifices à personne ; aucun travailleur n'a à leur sacrifier sa bouchée de pain et celle de ses enfants ; tandis que :

Les grèves et tous les moyens qui demandent aux travailleurs des sacrifices si minimes soient-ils, sur leurs maigres possibilités de vivre, sont des procédés mauvais : Ils ne sont ni pratiques, ni efficaces, ni évolutionnaires, ni révolutionnaires.

Ils ont pour principaux inconvénients : De retarder l'entente nécessaire des exploités sur les efforts qu'ils doivent faire collectivement pour conquérir, promptement et sûrement, leur émancipation sociale et celle de leurs enfants ; de semer entre les travailleurs des germes de suspicions, de luttes et de haines dont bénéficie, en dernière analyse, l'exploitation capitaliste dans laquelle ces travailleurs sont esclaves et martyrs ; d'exiger des salariés plus de sacrifices immédiats qu'ils ne pourront en obtenir de bénéfices futurs.

Toute l'expérience acquise prouve que les employeurs,

eux-aussi, souffrent de l'état social actuel et font toujours payer aux salariés, rapidement et durement, les succès *très rares* des nécessaires et modiques revendications que ces derniers ont obtenus par la grève.

Les employeurs dans les sociétés individualistes ont pour auxilliaires contre leurs salariés non seulement le capital, la police, l'armée, la magistrature, les législateurs et les gouvernants, mais surtout la concurrence que la misère crée entre leurs outils humains; et la misère, cette terrible despote, force, hélas! toujours ceux qui n'ont d'autre capital que leur travail, leur intelligence, leur génie même, à se courber sous les exigences terribles de la faim.

Remarquons que dans une société individualiste l'équité, la sécurité et l'accord entre ses membres sont impossibles; la concurrence des employeurs entre eux et les nécessités que crée l'anarchie sociale les rendent sans pitié pour leurs concurrents et pour ceux qu'ils exploitent.

Remarquons également que si, aujourd'hui, les travailleurs détruisaient tous les patrons, tous les rentiers tous les capitalistes, ils n'auraient pas pour cela détruit l'organisation individualiste; entre eux, il arriverait, très promptement, que les plus égoïstes et les plus rusés deviendraient de nouveaux patrons, de nouveaux rentiers, de nouveaux capitalistes.

Donc, la seule chose efficace que les travailleurs doivent poursuivre, évolutionnairement si faire se peut, révolutionnairement dans le cas contraire, c'est la transformation absolue de la base de la société dont ils sont les spoliés.

Quelques socialistes sincères affirment, en toutes occasions, que la misère des travailleurs poussera ces derniers à la révolution sociale efficace. L'observation rigoureuse des hommes et des faits prouve que cette opinion n'est pas exacte :

La misère, hélas, démoralise les quatre-vingt-dix-neuf centièmes de ses victimes; elle peut les inciter à se rassembler pour des violences terribles, stériles pour l'Humanité et fâcheuses pour elles, mais elle ne les dispose en rien à s'unir pour édifier les conditions nécessaires à l'émancipation sérieuse de leur lendemain.

———

Sont-elles efficaces ? Oui :

Elles sont claires et précises.

Elles s'attaquent aux principaux détails qui soutiennent la base de l'organisation actuelle, qu'il s'agit de remplacer par une autre qui lui sera absolument opposée.

Elles ne s'égarent ni en des points secondaires inefficaces, ni en des palliatifs trompeurs et mensongers.

Leur importance peut être facilement comprise de tous.

Elles sont un drapeau sous lequel peuvent se rencontrer tous les hommes sincèrement républicains-socialistes.

Elles posent des principes dont l'accord avec la justice naturelle est facilement contrôlable.

Elles sont des indications, une lumière nécessaire, dans les ténèbres où nous sommes aujourd'hui ; elles seraient cette même lumière, demain, dans le bouleversement d'une révolution sanglante et triomphante.

Elles mettent en demeure de les combattre, contradictoirement, tous les partisans sincères de moyens différents.

Enfin, elles entrent résolument dans le chemin

le plus court et le plus sûr pour arriver à l'état social le plus altruiste : Le Communisme ; et, toujours, le chemin le plus court est le meilleur.

―――

Offrent-elles des moyens rapides ? oui :

Par ces moyens, elles vont droit au but qu'il faut atteindre ; en tenant compte de toutes les conditions que comporte la situation actuelle, tant pour les institutions qui la soutiennent que pour les hommes qui s'y meuvent.

―――

Établissent-elles la possibilité de l'organisation de l'avenir et l'impossibilité d'un retour en arrière ? Oui :

Elles attaquent les forteresses de l'individualisme et du capitalisme dans leur base fondamentale ; en même temps elles indiquent, clairement, l'organisation à établir et en jettent profondément les assises.

Elles font la lumière sur les agissements qui ont fondé et qui perpétuent les anarchies sociales contemporaines.

Elles crient, haut et ferme, que ce sont ces agissements qu'il faut combattre, avant tout ; parce qu'ils sont les causes des plus terribles crimes humains et de tous les maux sociaux.

De plus et surtout, elles mettent les mandants en situation de remplacer par un mandat efficace la confiance plus ou moins aveugle qu'ils accordaient à des hommes qui — alors même qu'ils n'auraient point encore failli à leurs promesses — peuvent, pour diverses causes, y faillir demain ; ces hommes, dans tous les cas, n'étant liés par aucun engagement précis et sérieux envers leurs mandants en sont, réellement, plutôt les maîtres que les mandataires.

Maintenant, faisons la preuve que l'organisation que nous poursuivons est nécessaire :

Si cette organisation ne venait pas remplacer celles d'aujourd'hui dans lesquelles les luttes, les ruses, les haines, les maux physiques et intellectuels de toutes sortes s'accusent chaque jour davantage, les hommes finiraient avant peu par se détruire eux-mêmes.

L'observation et l'expérience générales nous prouvent qu'aucune espèce ne se perpétue dans la Nature si elle n'est assez forte, par le nombre et les qualités de ses membres pour vaincre les difficultés des milieux où elle se meut.

L'espèce humaine ne peut que modifier légèrement ses différents milieux secondaires : Climatériques, géologiques et autres ; mais elle a toutes les facilités pour faire harmonique à ses véritables besoins son principal milieu, le milieu social.

Si ce milieu qui est, à lui seul, bien plus important pour elle que tous les autres, elle le continue en anarchie, comme elle l'a formé, les maux du corps et de l'intelligence qui s'aggravent de plus en plus chez ses membres : Fièvres, anémies, paralisies, névroses, folies, etc. ; les empoisonnements de toutes natures qu'ils subissent continuellement par les denrées falsifiées et l'atmosphère viciée ; les crimes sociaux de toutes sortes dont ils sont les auteurs et les victimes ; les luttes individuelles ; les guerres civiles et internationales ; l'état de malaise, d'inquiétude et de surexcitation de chacun d'eux qui lui fait, depuis son premier vagissement jusqu'à sa tombe, une vie d'angoisse, de tourments et de souffrances, etc., etc. ; **tout cela** amènerait pour l'Humanité des conditions semblables à celles qui ont fait disparaître, de la surface du globe, d'autres espèces animales antérieures dont on ne retrouve que des traces paléontologiques.

C'est l'atavique égoïsme des hommes qui est la cause de toutes leurs luttes ; de tous leurs maux physiques et intellectuels ; du lent, très lent développement de l'Humanité, de ses erreurs et de ses retours en arrière ; de la disparition au moins momentanée et souvent réitérée de nombreuses utilités théoriques et pratiques qu'Elle avait acquises antérieurement et péniblement.

Les résultats des efforts faits individuellement par l'homme le mieux doué ne peuvent jamais suffire à satisfaire les nécessités de sa vie ; les résultats des efforts faits collectivement, alors même qu'ils sont produits et consommés anarchiquement, donnent toujours plus qu'il est nécessaire à la satisfaction des besoins qui ont nécessité ces efforts.

Ces surproductions sociales, ainsi acquises par des efforts collectifs, sont indispensables à la vie de l'Humanité ; elles ont permis à celle-ci d'augmenter ses possibilités de jouissances, et de vivre tant bien que mal jusqu'ici.

Mais, hélas ! d'un autre côté, les résultats de l'individualisme lui ont créé de plus en plus des causes terribles et nombreuses de désorganisation ; aussi, aujourd'hui, est-elle arrivée à ce point d'antagonisme entre ses membres que les probabilités de sa destruction paraissent l'emporter sur les conditions nécessaires à sa continuation et à son développement terrestre.

Si donc la Solidarité effective des hommes entre eux ne devient pas la règle de leurs milieux sociaux, la fin de l'espèce humaine est proche.

En conséquence, l'organisation Collectiviste intégrale, qui est la seule forme sociale pouvant supprimer les causes qui ont amené l'état social actuel et les maux qui en découlent, est nécessaire ; plus *même*, elle est indispensable, elle est urgente à réaliser.

Est-ce au bien de chaque individu et à celui de toute la collectivité qu'elle est indispensable ? Oui :

La preuve nous en a été donnée, aussi complète et satisfaisante que possible, par **tout** ce que nous avons trouvé dans les recherches que nous avons faites dans cette étude et les deux précédentes sur le même sujet.

Est-elle la seule possible ? Oui :

Elle est la seule conforme aux indications de la Nature.

Nous avons vu, dans toutes nos recherches, que cette conformité est prouvée, continuellement, par l'étude consciencieuse de tout ce qui nous entoure et nous n'en avons trouvé aucune autre qui soit dans les mêmes conditions.

Est-elle conforme aux lois naturelles ? Oui :

Ses moyens d'action sont tout l'opposé des moyens violents, fourbes, iniques, hypocrites que l'Humanité a employés, socialement, jusqu'à ce jour ; et par l'expérience, nous savons :

Que les lois de la Nature sont les principes qui établissent les rapports immuables entre les causes et leurs effets ;

Que les moyens sont des causes artificielles régies par les lois naturelles ;

Que ces lois font que les moyens bons produisent, toujours, de bons effets ; qu'aucun moyen ne peut produire de bons résultats, s'il est mauvais.

Enfin, est-elle évolutive ? Oui :

Elle est une transition nécessaire entre l'état monstrueusement mauvais des organisations actuelles et celles, de plus en plus harmoniques, de l'avenir.

Amis, bornons là, si vous le voulez bien, les travaux de cette petite étude ; si nous voulions seulement indiquer tout ce que comporte le sujet qu'elle traite, nous serions contraints de faire de gros volumes ; alors nos camarades — pour qui la société actuelle est si marâtre et pour qui nous écrivons — n'auraient pas les moyens de nous lire ; donc, concluons.

Conclusion de la Troisième étude

Tous les hommes, sans exception, ont intérêt à la transformation des sociétés actuelles.

Pour les faibles et les travailleurs, cette transformation est urgente ! ! !

Il faut que, tous, nous y travaillions par des moyens équitables, pratiques, rapides, efficaces.

Il faut nous défier de tous les dupeurs :

De ceux qui veulent conserver la base des sociétés actuelles, nous promettant qu'ils les transformeront par des palliatifs et des moyens inefficaces ; ils cherchent à nous masquer le but à atteindre et les procédés à employer.

De ceux qui nous disent : votre misère est insoutenable, vous n'avez d'autre moyen d'y mettre fin que la violence ; le lendemain du jour où vous serez vainqueurs, nous chercherons ensemble l'organisation où vous serez heureux et libres.

Amis, ces dupeurs différents nous trompent : Les uns pour continuer notre exploitation, dont ils profitent, se masquent frauduleusement des étiquettes républicaines et socialistes ; les autres, se disant révolutionnaires, veulent prendre la place des premiers quand nous en aurons fait justice.

Les premiers sont des arriérés, des coquins plus hypocrites, plus immondes et plus dangereux que les seconds ; ils sont les instigateurs des faits et gestes de ces derniers.

Hélas, les uns et les autres ne cherchent qu'à se servir de nos efforts, de nos misères, de nos désespoirs, de notre sang pour satisfaire leurs appetits haineusement égoïstes et leur vaniteuse bestialité.

La vanité et la haine sont toujours pernicieuses et ne produisent, jamais, rien d'utile à personne ; tandis que la véritable bonté est : Energique pour combattre l'égoïsme ; féconde pour servir l'équité et l'égalité pour tous.

Travailleurs, une des raisons pour laquelle vous êtes souvent dupés par des hommes qui sollicitent votre confiance, c'est que — prétextant que vous êtes simplistes, affirmant que vous êtes incapables de comprendre un fait complexe et les liens qui le rattachent à tout un ensemble — ou ils font de la polémique qu'ils soutiennent au moyen d'invectives et de personnalités, ou ils vous présentent des théories inexactes en établissant une confusion préméditée entre les différents mots dont ils se servent dans leurs écrits et dans leurs discours.

Pour n'en citer qu'un seul, dont ils abusent à tout propos :

Socialement, le mot révolution prend pour signification principales : 1° la succession de modifications sociales qui doivent amener une société d'une organisation donnée à une autre qui lui sera diamétralement opposée ; 2° un changement total de forme sociale, sans considérer par quel moyen ce changement s'opère ; 3° un acte ou une série d'actes de violence, qui réussirait à obtenir un changement de forme sociale ; etc.

Eh bien, travailleurs, pour juger la sincérité des hommes qui sollicitent votre confiance en s'intitulant : Républicains, socialistes, collectivistes, révolutionnaires, anarchistes, exigez de ces hommes qu'il vous définissent clairement les mots dont ils se servent, et comment ils ont droit au titre qu'ils se donnent ; faites également attention si dans leurs paroles, leurs écrits, leurs actes présents, ils sont d'accord avec la définition qu'ils choisissent pour légitimer les qualités qu'ils s'attribuent.

Travailleurs, n'oubliez jamais : Que vos plus mortels ennemis sont les faux républicains, les faux socialistes, les faux révolutionnaires ; qu'une révolution violente ne vient pas parce qu'on la prêche, et qu'elle ne peut être reculée par ce qu'on prend des précautions hypocrites ou violentes contre elle.

Elle vient quand des nécessités intellectuelles et physiques la rendent urgente et inéluctable.

Pas une de celles du passé n'était prévue et voulue au moment où elle a éclaté ; ni par ceux qui l'ont faite, ni par ceux contre qui elle était faite.

Seules, les insurrections stériles sont préparées à l'avance, aussi échouent-t-elles dans le sang de ceux qui y participent ; tandis que, le plus souvent, ceux qui y poussent les autres restent dans leur cave.

Travailleurs, avant que vous ne soyez définitivement acculés à une révolution sanglante, ne vous laissez pas tromper en ce qui concerne les responsabilités de nos souffrances, sans quoi vous arriveriez à faire *inutilement* beaucoup de mal à l'Humanité ainsi qu'à vous-mêmes.

Soyez d'accord sur le minimum de ce que, immédiatement, vous voulez détruire et de ce que vous voulez édifier ; alors cette révolution s'accomplissant et vous y tenant victorieux, le lendemain, vous ne vous battrez pas les uns contre les autres et vous ne vous laisserez plus duper — *comme dans tous les cas analogues du passé* — par des renards humains qui, lorsque vous vous débattrez dans de graves difficultés intérieures et extérieures, que vous serez aux prises avec des besoins urgents et impitoyables, ne demanderont qu'à vous rendre le service d'une dictature.

Dans ces moments difficiles, les dictateurs que vous vous seriez donnés auraient trop aisément les moyens de continuer, à leur profit, les errements du passé dont vous espériez vous être débarrassés.

Donc, travailleurs des villes et des champs, du bureau et de l'atelier, de l'usine et du magasin, des sciences, des lettres et des arts pour vous, pour vos enfants, pour l'Humanité, entendez-vous, groupez-vous, réclamez tous vos droits, faites tous vos devoirs sociaux.

———

Surtout, travailleurs, n'oubliez pas que la révolution violente n'est pas un but : qu'elle est le suprême moyen que prennent les parias sociaux pour essayer de changer leur situation lorsque les autres procédés ne leur ont donné que des déceptions.

Ce moyen que les spoliés sociaux ont continuellement essayé dans tous les temps et dans tous les pays ; par lequel ils ont eu la victoire quelquefois, sans que, jusqu'à ce jour, ils en aient profité longtemps ; quelques socialistes sincères et aussi des pêcheurs en eau trouble le préconisent comme le seul efficace.

Il est nécessaire pour que ce moyen, si vous êtes encore acculés à l'employer, ne se retourne plus contre vous ni contre l'Humanité que les masses prolétariennes connaissent exactement ce qui doit être fait le lendemain de leur victoire révolutionnaire; il faut qu'elles s'accordent sur ce point et sur la série des mesures qu'elles doivent prendre avant, pendant et après cette victoire ; sinon, leur divergence de vues, les besoins urgents et inéluctables qui s'imposeraient à elles les mettraient encore à la merci de dupeurs sans vergogne : Alors la situation serait plus dure, pour ces masses, le lendemain de la révolution qu'elle ne l'était la veille.

Si d'un côté, dans une révolution, pendant les actes qui la précèdent et l'organisation indispensable qui doit la clore, peuvent disparaître avec leurs possesseurs tous les capitaux conventionnels, représentant fictivement les richesses naturelles et leurs produits transformés par le travail, sans que cette disparition amène un arrêt à la marche progressive de l'Humanité ou produise une perturbation et des maux dont puissent souffrir les travailleurs et leurs différentes productions; d'un autre côté, les efforts pénibles et sanglants de cette révolution ne sont que des duperies pour les exploités s'ils ne se sont, tout d'abord, accordés entre eux pour faire continuer pacifiquement les efforts de tous, en les associant et les harmonisant, au profit de la collectivité et de chacun de ses membres.

Sous prétexte d'une impossible liberté individuelle illimitée, si quelques-uns peuvent ne pas apporter leur concours possible à la division du travail social, organisé par tous et pour tous, les hypocrites et les plus rusés, masquant leur égoïsme sous un prétexte quelconque, perturberaient et stériliseraient à leur profit l'œuvre révolutionnaire commune.

Eh bien, pour se garantir des dupeurs de toutes sortes, de ceux actuels et de ceux à venir, le meilleur moyen d'éducation des masses prolétariennes est le suffrage universel; sans lui: Elles n'ont aucune facilité de s'instruire de leurs droits et devoirs humains et sociaux; de se réunir et de s'accorder pour conquérir les uns et s'acquitter des autres; elles sont, toujours et inéluctablement, à la merci des ruses de leurs exploiteurs actuels et de ceux qui aspirent à les exploiter demain.

Donc, les travailleurs qui ne votent pas désertent leur devoir et la cause de leurs camarades; ils gaspillent le meilleur moyen que possèdent les salariés de se grouper, de se compter, de se concerter, de s'organiser pour conquérir leur émancipation et la rendre inattaquable; ils abandonnent leur droit social le plus pratique et le plus efficace; finalement, ils donnent des armes contre eux et contre leurs camarades de misère aux exploiteurs de toutes sortes.

Dans n'importe quelle élection, les travailleurs doi-

vent voter non pour un homme, mais sur un programme contenant et des moyens de marcher résolument à la transformation sociale, et de sérieuses précautions contre la duplicité possible de l'élu ; à défaut de ce programme, comme les possibilités de la transformation sociale sont, en fait, plus amoindries par les palinodies de pseudo-socialistes que par les attaques de ses adversaires, les socialistes sincères doivent voter blanc pour se compter.

L'Humanité dans ses différents groupements sociaux a essayé toutes les formes possibles d'état social basé sur l'individualisme, depuis les plus anarchiquement libertaires, jusqu'aux plus méthodiquement autoritaires.

Toutes ces formes ont comporté, continuellement, d'abominables souffrances individuelles, des dissensions intestines et une insécurité générale inéluctables qui ont toujours été les causes réelles de la désorganisation définitive de tous ces groupements ; mais, ces causes ne sont que des conséquences inévitables de la base sociale individualiste, donc cette base est un principe pernicieux pour tous.

Aujourd'hui, un homme qui n'est point ignorant, fou ou dupeur, qui veut sincèrement toutes les conditions possibles et égales de bonheur pour tous, sans exception : Bien-être, sécurité, liberté, savoir, émulation, développement intégral, ne cherche la base de la société future que dans la RÉELLE ÉGALITÉ SOCIALE sans laquelle la prétendue liberté illimitée est de la licence féroce pour les sans-scrupules et une ironie épouvantable pour le plus grand nombre, surtout pour les meilleurs et les plus utiles.

L'individualisme dans l'espèce humaine est un caractère d'atavisme.

Dans les sociétés en décrepitude, l'individu qui a fortement ce caractère est un égoïste et un despote ; il a plus de haine que d'amour ; il veut moins persuader que s'imposer ; de quelque étiquette qu'il se pare, il n'est, suivant l'intérêt de ses appétits, qu'anarchiquement un destructeur féroce ou un conservateur carnassier.

Quelles que soient les déclarations humanitaires de cet individu, il n'aime pas l'Humanité, il n'aime que lui et le prouve, involontairement, en se déclarant amant de la liberté et en repoussant l'égalité réelle pour tous ; car cette égalité, qui est de justice absolue, est nécessaire pour que tous puissent être libres.

Dans les formes d'état social basé sur l'individualisme, celle qui est encore préférable, c'est celle de la République ; parce que — pour persister — il faut : 1° qu'elle s'appuie sur le suffrage universel, honnêtement pratiqué ; 2° qu'elle demande de l'honnêteté à tous, surtout à ses fonctionnaires, tout particulièrement à ses magistrats et à ses législateurs ; 3° qu'elle élabore et applique, continuellement et de plus en plus, des lois d'équité et d'égalité ; 4° qu'elle s'affirme comme un état de transition à parcourir, rapidement, vers un état de collective Solidarité.

———

Les plus dangereux, les plus coquins, les plus terribles ennemis de la République et de votre émancipation travailleurs, ce sont vos ennemis hypocrites, les égoïstes suivants :

Les législateurs qui — s'étant approprié frauduleusement l'étiquette républicaine, pour masquer leurs appétits — n'ont pas rempli leur mandat et ont, ainsi, escroqué la confiance de leurs électeurs ;

Les détenteurs du pouvoir qui — se disant républicains — commettent des actes arbitraires, attentent à la liberté de leurs concitoyens, provoquent des lois d'exception et entraînent par leur forfaits leurs concitoyens à la guerre civile ou à la guerre étrangère ;

Les aspirants législateurs et dictateurs qui — se déguisant en républicains, en socialistes, en révolutionnaires — essaient de tromper le peuple afin d'en obtenir des mandats ;

Les journalistes et les écrivains — soi-disant républicains — qui trompent le peuple dans les affaires d'intérêt général, disant noir quand c'est blanc, blanc quand c'est noir ;

Les magistrats et les juges qui — complaisants pour les détenteurs du pouvoir ont deux poids et deux mesures dans l'exercice de leurs fonctions — font par leurs actes douter de la possibilité de la justice humaine ;

Les financiers qui soldent des journalistes et des écrivains pour mentir à la vérité et à la justice, c'est-à-dire à l'intérêt de tous, et monopolisent — légalement ou non — des instruments de production, des matières premières et des objets de première nécessité.

Travailleurs, prenez note chaque jour des forfaits commis par les bandits catalogués ci-dessus — *surtout de tous ceux commis par les premiers désignés,* — sans leurs divers crimes sociaux, la raison d'être de tous les autres irait toujours en diminuant.

Lorsque votre jour viendra, si vous avez dû conquérir la possibilité de votre émancipation par la force, la sécurité de cette émancipation, qui sera le point de départ de celle de l'Humanité tout entière, vous fera un devoir d'être, en même temps, juges et juticiers éclairés, équitables et fermes; alors, quelle que soit la rigueur du châtiment dont vous frapperez les coupables, l'*équitable* histoire et leurs enfants *même* proclameront que vous avez eu raison.

Enfin, travailleurs :

Pour arriver à vous entendre, cherchez d'abord ce qui vous rapproche et soyez indulgents les uns envers les autres ; n'oubliez pas que ce sont les puérils désaccords que vous avez entre vous qui font les possibilités de votre exploitation et la sécurité de vos dupeurs.

Pour le mieux possible supprimer des intermédiaires parasites qui vivent de votre travail, et vous conquérir de l'indépendance économico-sociale ;

Pour vous armer socialement contre les exploiteurs, et vous créer contre eux des armes efficaces;

Pour vous instruire des rouages sociaux, et précipiter la révolution sociale nécessaire :

Profitez le plus possible, en aidant à les fédéraliser, des bénéfices que peuvent procurer à l'individu les moyens transitoires individualistes tels que : Syndicats ; caisses de prévoyance et d'assurance, de retraite, de mutualité ; associations de toutes sortes, surtout celles des productions et des consommations ; etc. Mais, démontrez, en toutes occasions, que ces moyens ne sont que des palliatifs individualistes absolument inefficaces au point de vue social.

Pour servir la transformation du gâchis individualiste actuel en organisation de plus en plus égalitaires et bonnes à tous, en toutes occasions, défendez oralement et verbalement ce principe : « Nul détail se rapportant a des besoins sociaux ne doit être édifié que pour un temps relativement court » ; l'expérience prouve que toutes les œuvres sociales qui à un moment donné sont bien pour un usage collectif, quelconque, deviennent de plus en plus insuffisantes à cet usage pour plusieurs causes, dont la principale est la difficulté de les pourvoir des meilleurs et plus récents perfectionnements acquis ; cette difficulté socialemenacceptée prolonge la routine et l'individualisme au détriment de tous.

Tenez compte qu'un de vos intérêts, primordiaux et permanents, est que vous soyez toujours socialistes conscients et sincères; citoyens du monde et serviteurs résolus de l'émancipation humaine, en même temps qu'adversaires énergiques de tout ce qui est cause d'antagonistes entre les hommes : L'idée *étroite* de patrie est une de ces causes et non la moindre ; si votre pays est en hostilités avec d'autres pays, soyez de cœur et d'action avec ce qui est équitable de quelque côté que soit l'équité : L'équité consiste à observer scrupuleusement le principe primordial de l'égalité naturelle, à aimer et respecter surtout l'Humanité, à traiter partout et toujours tous les hommes en frères ; mais, ne faites pas, au détriment de votre pays, du faux cosmopolitisme au profit d'intérêts privés parce que ces intérêts sont préconisés et défendus par de soi-disant socialistes qui, en fait, ne sont que des sans-scrupules cupides ou vaniteux, se moquant de vous faire trouer la peau pourvu que la leur soit indemne.

Surtout ne vous ralliez point à des hommes, mais à des principes ;

N'ayez pas de chefs, mais des programmes efficaces et des mandataires réellement responsables ;

Ne sacrifiez jamais la vérité, base de toute justice et de votre droit, à quelque intérêt et sous quelque prétexte que ce soit ;

Opposez-vous énergiquement à toutes manifestations individuelles ou collectives perturbant la liberté d'autrui : Ces manifestations ne sont que des actes de licence, préjudiciable aux possibilités d'égalité pour tous, et vous en êtes toujours victimes,

Mon désir de contribuer à la recherche de la vérité, autant que me le permet mon insuffisance, me fait affirmer aujourd'hui, à nouveau, — espérant que mon appel sera enfin entendu, non pour moi, mais pour la vérité que l'égoïste universel étouffe le plus qu'il peut, — me fait affirmer, dis-je, que je m'engage toujours à discuter, oralement et verbalement, le bien fondé des présents écrits ainsi que les affirmations générales suivantes qui sont leur conclusion dernière.

Il est certain pour tous les penseurs impartiaux et sagaces :

1° Que le progrès ou développement avantageux des conditions physiques et intellectuelles de la vie humaine est une œuvre collective, créant des besoins nouveaux dont la pleine satisfaction devient de plus en plus indispensable à tous ;

Dans une société individualiste, les privilégiés seulement profitent de cette œuvre collective, bonne et nécessaire; tandis que, par suite des modifications des milieux qu'elle opère le plus grand nombre souffre par manque des satisfactions devenues indispensables à l'exercice harmonique de la vie.

2° Que la charité ne peut avoir de résultats ni préventifs ni curatifs au point de vue social.

3° Que la mesure absurde du partage des biens n'a jamais été proposée ou défendue par les socialistes : C'est une invention de calomnie et de haine imaginée et propagée par des exploiteurs, affolés et retors, contre les exploités et leurs revendications.

4° Que l'objectif : La terre aux paysans, la mine aux mineurs, l'outil aux travailleurs n'est qu'un trompe-l'œil individualiste ;

Ce trompe-l'œil ne peut servir efficacement de moyen et de but à la transformation sociale nécessaire; il ne peut aider ni à faire disparaître les causes de discorde entre les producteurs sociaux, ni à établir entre eux une base de concorde, d'égalité et de Solidarité.

Il en est de même de tous les buts et moyens dont le résultat n'est pas clairement la destruction méthodique de l'état social individualiste et son remplacement par une association libre et contractuelle d'égales réciprocités.

Ces buts et moyens préconisés par des hommes sincères, guidés bien plus par le sentiment que par un raisonnement logique, n'ont point été cherchés et trouvés par la méthode expérimentale afin de résoudre le problème sociologique, en tenant compte de toutes les données qu'il comporte, savoir: Le but à atteindre pour le plus grand avantage de la collectivité et de chacun des individus qui la composent; la situation où nous sommes, tant pour les hommes qui s'y meuvent, que pour les institutions qui en sont la base; la première étape à parcourir (il ne serait pas scientifique de vouloir définir les suivantes, leurs facteurs ne pouvant être identiques à ceux de la situation actuelle); les duperies dont nous avons à garantir nos recherches en vue d'établir un état social où toutes les relations humaines seront harmoniques et bonnes à tous; etc.; etc.

5° Que l'état individualiste en se continuant aggrave chaque jour, pour l'Humanité, un cataclysme imminent et épouvantable;

L'état individualiste crée chez la majorité des hommes des haines sanglantes qui seront sans merci; il entraîne les peuples à une série de destructions intérieures et extérieures de plus en plus raprochées et impitoyables dans lesquelles seront englouties les meilleures acquisitions de l'Humanité, et finalement l'Humanité elle-même ; il génère de plus nombreuses et insurmontables difficultés que n'en peut avoir l'évolution rapide de la transformation absolue de l'état social actuel.

Pendant cette évolution et dans cette transformation, aucun individu ne sera amoindri dans ses réels avantages personnels et sociaux ; au contraire, il pourra plus facilement les développer à son profit comme à celui de tous ; mais, pour le bien de chacun et de tous, les actes anti-sociaux de la haine, de la vanité et de l'égoïsme seront impitoyablement réprimés.

6º Que la nouvelle organisation, dont traitent les trois études de ce travail, est urgente à conquérir pour l'Humanité ;

Cette organisation est indispensable pour pouvoir atteindre d'autres milieux sociaux de plus en plus communistes et libertaires ; l'atavique amour du moi, cause de toutes les exploitations, des haines et des maux qu'elles engendrent, ne peut être transformé que progressivement et par des actes répétés du vouloir humain.

C'est seulement dans et par les influences de milieux sociaux, de plus en plus altruistes, que la plupart des hommes se débarrasseront, progressivement, des appétits, des entraves et des perturbations de leur égoïsme ancestral ; en même temps, par ces influences : 1º Ces hommes auront excitations et possibilités pour s'unir de mieux en mieux selon leurs affinités sociales ; 2º La Justice, la Solidarité, la Bonté deviendront de plus en plus des habitudes et des facilités pour tous.

Si les hommes étroitement égoïstes d'aujourd'hui, sans s'être bonifiés dans et par les influences évolutives de milieux sociaux de plus en plus altruistes, voulaient à la suite d'actes victorieux de révolte vivre dans un état social où chacun agirait à sa fantaisie, où nulle organisation contractuelle n'établirait pour tous d'égales limites aux possibilités abusives des actes sociaux de chacun, il y a dix-neuf probabilités sur vingt que ces hommes, malgré leurs protestations humanitaires, détruiraient, par leur manque d'accord, les avantages de cet état pour lequel ils ne sont pas préparés et qu'ils reconstitueraient celui d'exploiteurs et d'exploités dans lequel l'Humanité se débat depuis qu'elle se l'est créé.

Pour et pendant la conquête de l'organisation dont il s'agit, le combat sera sans relâche contre les causes de parasitisme social qui toutes découlent du Chacun pour soi ; contre les institutions individualistes et non contre les hommes ; contre les rouages de la société actuelle : Capitalisme, patronat, arbitraire gouvernemental, monopoles, privilèges, hiérarchie et inégalité sociales, etc., etc., le rôle de ces rouages est nuisible à l'harmonie générale et au bien individuel, il entretient les possibilités de la domination, de l'exploitation et de la destruction de l'homme par l'homme au moyen de l'appropriation individuelle : Des richesses et des forces naturelles, de celles acquises collectivement, d'une partie du travail d'autrui.

La guerre ne se fera pas contre les individus qui bénéficieront peu ou prou de ces rouages d'une société perturbante et artificielle ; s'en prendre à eux serait substituer l'effet à la cause et compliquer inutilement les difficultés de la transformation sociale.

7° Que l'égoïsme ou préoccupation de se satisfaire crée des intérêts particuliers opposés à l'intérêt général ; qu'il n'est pas un mobile inhérent à la nature humaine ; qu'il est acquis, qu'en changeant les milieux sociaux il disparaîtra, même pour les individus arriérés qui se le développent héréditairement ; que les intérêts particuliers qui en découlent n'engendrent que des luttes, des maux et des haines préjudiciables à tous ; que jamais ces intérêts n'ont été sources d'émulations utiles à l'Humanité.

8° Que l'état social actuel ne donne à personne ni la liberté, ni l'émulation qui lui seraient utiles, ni les possibilités pour que sa vie soit tranquille, heureuse et puisse se développer suivant ses aptitudes et sa destinée ; tandis que l'état social collectiviste intégral donnera tout cela à tous, sans exception.

9° **Que la plus haute obligation, le plus excellent idéal de conduite, le meilleur moyen de développement, la plus parfaite condition de bonheur et de liberté pour l'homme, ce lui est: D'aimer autrui plus que lui-même ; de vouloir énergiquement pour tous, ce qu'il veut pour soi; de ne point trouver bon pour d'autres, ce qu'il ne voudrait pas pour lui.**

APPENDICE

La première édition de ces études remonte à 1881, n'obtenant sur elles, depuis et malgré mes instances réitérées, ni critique ni encouragement d'aucunes sortes ; je me pose continuellement les questions suivantes, que je prie mes lecteurs de se poser à eux-mêmes :

1° L'état social décrit à la deuxième étude serait-il bon et équitable pour tous ?

2° Serait-il le meilleur qui se puisse atteindre le plus prochainement possible ; celui dans lequel tous, sans exception, auraient la plus grande somme possible de liberté et d'émulation ?

3° Est-il impossible, difficile, possible, ou facile relativement à réaliser ?

4° Les moyens préconisés à la troisième étude pour conquérir cet état social sont-ils pratiques, efficaces, équitables ; sont-ils les premiers et les meilleurs possibles à employer ?

5° Quelles affirmations données dans les études du *Collectivisme-Intégral-Révolutionnaire* sont en contradiction avec un seul fait naturel ou social ?

15 juin 1892.

Quatrième Étude

CRITIQUES ET RÉPLIQUES

EXPLICATIONS SUR CETTE ÉTUDE

Depuis 1881 où, pour la première fois, j'ai fait paraître en brochure les trois études qui précèdent celle-ci, je fais dans ces études un appel pressant et réitéré à leurs lecteurs pour qu'ils veuillent bien m'opposer les objections et critiques, me présenter les observations, me demander les éclaircissements et développements que leur suggèrerait la lecture qu'ils viennent de faire ; leur affirmant que je leur répondrai toujours ; de plus, qu'ultérieurement, dans une quatrième étude, je réunirai tout ce qui me parviendra à ce sujet, et les répliques que j'y aurais faites.

J'ai adressé cet appel et affirmé cet engagement à toutes les personnes a qui j'ai pu parler de la théorie collectiviste-intégrale: A des notabilités matérialistes, positivistes, catholiques, protestantes, israélites et autres ; à des philosophes, des professeurs, des économistes, des littérateurs, des journalistes, etc., etc.; les uns et les autres faisant profession d'individualisme ; à de prétendus amis, se disant collectivistes, qui m'ont affirmé, six, huit, dix fois, à plusieurs années de distance, qu'ils n'avaient pas encore eu le temps de lire une brochure de deux cents pages.

Cherchant partout et toujours la controverse sur la théorie qui m'est chère, j'ai bien rencontré, de ci de là, des personnes qui ont adressé oralement des objections à ladite théorie.

Après avoir répliqué de vive voix à ces objections, j'ai demandé aux personnes qui me les avaient faites de me les formuler par écrit, pour que je puisse mieux et plus complètement les réfuter ; aucune d'elles, jusqu'à présent, ne m'ayant fait ce plaisir, je ne me crois pas autorisé à les énoncer moi-même, espérant toujours que des personnes sincères me les présenteront, un jour ou l'autre, formulées à leur convenance et non à la mienne.

Malgré mon désir, mon *besoin* d'espérer être dans la vérité que de fois, dans l'insomnie de mes nuits, ai-je eu l'épouvantable torture de me demander si le silence, dédaigneux et continuel, répondant seul à mes efforts n'était pas leur condamnation et la preuve que le résultat auquel je suis arrivé n'est que le produit d'une idée fixe ?

Seul, le citoyen Mariano, ouvrier typographe et écrivain socialiste convaincu, s'est affirmé, dès le premier jour, partisan des doctrines du Collectivisme intégral ; il a même écrit plusieurs articles sur cette théorie : Aucun journal parisien n'a voulu les insérer.

Le silence voulu, peut-être concerté, dans tous les cas implacable et persistant qui entoure la théorie du Collectivisme intégral est absolument naturel de la part de toutes les personnes qui s'affirment individualistes.

Mais ce silence de la part de personnages qui

parlent et écrivent publiquement, en prenant l'étiquette collectiviste, ne tiendrait-il pas à ce que la théorie intégrale ne sert que les intérêts du travail et des travailleurs, dévoile et combat énergiquement les moyens et procédés qui, en obscurcissant la question sociale et en compliquant les difficultés de sa solution, font obtenir des mandats de la confiance des salariés et à leur détriment? D'aucuns le prétendent.

De 1881 à 1892, je n'avais rien, rien obtenu; bien que la plupart des personnes à qui je m'étais adressé, parce que leurs affirmations publiques écrites et verbales se trouvaient en désaccord avec un certain nombre de celles du Collectivisme-Intégral, m'eussent formellement donné leur parole qu'elles répliqueraient à ces affirmations du Collectivisme-Intégral, que je leur avais particulièrement signalées.

En 1892, quelques journaux en province et à l'étranger annoncèrent l'existence de mes études; en même temps un professeur de mathématiques, quelques ouvriers et employés à Paris, une dizaine de groupes d'études sociales des départements, un du Brésil et un d'Italie me firent connaître leur adhésion à la doctrine intégralement collectiviste.

Puis, par un journal du V° arrondissement de Paris, où j'habitais, je connus une série de critiques que son rédacteur en chef adressait à la théorie que je cherche à servir le mieux que je peux.

Je repondis immédiatement à ces critiques; dès lors, hélas, je n'ai eu connaissance qu'on se soit occupé de cette théorie que par le peu d'objections qui, avec celles que j'ai indiquées plus haut et les répliques que j'ai faites à toutes, m'ont fourni les matériaux de la présente étude, que j'édite pour tenir l'engagement que je prenais dès 1881.

S'il me vient de nouveaux matériaux et autant qu'il m'en viendra, je ferai des additions à cette étude ; je la rééditerai autant de fois qu'il sera nécessaire, afin qu'elle soit toujours aussi complétée que possible par les objections, critiques, observations, demandes d'éclaircissement et de développements qui me seront faites sur la théorie du Collectivisme-Intégral et les réponses que j'aurai données à ces objections, critiques, observations et demandes diverses.

J'AJOUTE ET J'AFFIRME que s'il m'arrivait de ne pouvoir répondre complètement et logiquement à tout ce qui me sera adressé sur la théorie qui m'est chère, je le reconnaîtrais publiquement et déclarerai le doute qui, alors, naîtrait en moi sur la valeur de cette théorie.

Je termine les présentes explications en criant, bien haut, qu'aucun thuriféraire officiel ou officieux de l'individualisme n'a accepté, jusqu'aujourd'hui, de discuter contradictoirement avec moi cette affirmation du Collectivisme-Intégral : « Que la transformation sociale qu'il préconise ne serait, même momentanément, préjudiciable à personne et qu'elle est nécessaire pour tous, sans exception. »

**

OBJECTIONS

M. E. M. (Paris). juillet 1892 :

« Le citoyen Boulard, auteur d'une brochure dont le fond porte, surtout, sur le *Collectivisme-Révolution-*

naire-Intégral, nous permettra de la critiquer, puisqu'il nous fait le plaisir de nous l'adresser.

» Rien n'est absolument fini dans l'œuvre de notre ami. Néanmoins nous reconnaissons qu'elle est la résultante de beaucoup de méditations tant au point de vue sociologique que psychologique. Elle est surtout quintessentielle sur les découvertes, et peut servir de jalons sur la route qu'il nous reste à parcourir. Tous ceux qui se sentent libres devraient lire cette brochure qui, très discutable, nous le répétons, peut être d'un enseignement rationnel.

» Quant à nous, dans notre prochain numéro, nous ferons la critique de cette brochure; mais nous n'en saluons pas moins notre ami Boulard, qui, d'une façon peu documentée, mais très osée et mystique, est allé chercher dans le domaine du raisonnement, les preuves plus ou moins évidentes de sa théorie.

» Dans tous les cas, nous voyons là une préoccupation toute d'affirmation et de solidarité:

» Benoît Malon, Guesde et tous les chefs des différentes sectes socialistes ont dédaigné de s'en occuper, il n'est pas prouvé qu'ils ont eu raison. »

RÉPLIQUES

Le citoyen Edouard Morel, dans le dernier numéro de son vaillant journal l'*Echo du Ve*, m'a fait l'honneur de consacrer un article de critique générale à mon très succinct travail philosophique et socialiste sur le Collectivisme-Intégral-Révolutionnaire.

Tout d'abord, je remercie ce citoyen de sa bienveillante opinion à mon égard et de m'avoir lu attentivement; je le remercie, surtout, de la fermeté claire et précise de sa critique.

Ceci dit, je vais répondre de façon aussi concise et aussi complète, qu'il me sera possible, aux reproches qu'il adresse à mes modeste essais.

Dès le début de son article, le citoyen Morel, si je ne me trompe pas, a voulu indiquer, en le soulignant, qu'il préfère le titre de « *Collectivisme-Révolutionnaire-Intégral* » à celui de « *Collectivisme-Intégral-Révolutionnaire* » que j'ai choisi pour exprimer l'ensemble des idées que je soumets à mes lecteurs.

Si je connaissais le raisonnement qui a décidé la préférence de mon bienveillant critique, peut-être reconnaîtrai-je qu'il a raison ; mais, jusqu'à plus ample informé, je garde la conviction que l'expression composée Collectivisme-Intégral-Révolutionnaire représente bien le système social et scientifique dont nos trois petites études donnent les principaux détails.

La critique, si critique il y a, dont je viens de m'occuper, n'a été, pour ainsi dire, qu'indiquée par le citoyen Morel ; mais, plus loin, il a été tout à fait explicite en accusant nettement mon travail « de n'avoir rien d'absolument fini, d'être peu documenté, osé et mystique, tout de préoccupations affirmatives et de solidarité ».

———

Mon travail n'est en rien absolument fini ?

Cette critique est peut-être fondée ; je n'en sais rien ; je ne puis être bon juge, là où je suis partie.

Ce qui est réel, c'est que j'ai voulu, en écrivant ma brochure, exposer le sujet dont elle s'occupe avec toute la concision qui m'est possible, tout en restant clair et complet.

Si je me suis trompé en jugeant qu'un simple

aperçu ne demande pas de développements, si je suis resté au-dessous de la tâche que je m'étais imposée, la cause en est dans mon insuffisance d'écrivain dont je m'excuse près de mes juges : Les citoyens qui me font l'honneur de me lire sérieusement.

———

Mon opuscule n'est pas documenté ?
C'est vrai ! Mais ce n'est qu'après mûres réflexions que je me suis décidé à l'écrire comme il est, c'est-à-dire SANS CITER LES AUTEURS qui m'ont fourni les matériaux avec lesquels je l'ai rédigé, ni les faits sur lesquels j'appuie mes dires ; voici les raisons qui m'ont déterminé :

Je n'ai cité aucun des auteurs qui m'ont fourni la moelle de mes idées parce que, comme tous les véritables collectivistes, j'ai reconnu depuis longtemps que la part la plus sérieuse des travaux de n'importe quelles sortes produits par un homme, quel qu'il soit, est bien plus l'œuvre collective de tous, que la sienne propre.

Si donc mes modestes essais pouvaient avoir le seul mérite que je leur désire, être sérieux par leur conformité avec la vérité, ce mérite leur viendrait moins de moi que des travaux antérieurs et contemporains de l'Humanité dans lesquels j'ai pu puiser.

Je n'ai relaté aucun fait pour appuyer mes dires parce que, comme j'en avertis mes lecteurs, j'ai la conviction absolue, non la certitude, hélas ! que ces dires s'appuient : ceux de la deuxième et troisième parties, qui sont uniquement socialistes, sur tous les faits historiques ; ceux de la première, écrite seulement au point de vue scientifique et philosophique, sur toutes les probabilités que présente l'ensemble des phénomènes du Temps et de l'Espace, sans qu'aucune de ces probabilités n'infirme une des propositions de cette première étude.

Dès lors, sachant que, même en remplissant un nombre considérable de volumes, je ne pourrais présenter tous les faits et les discuter pour les montrer dans leur réalité et non dans leurs apparences, j'ai jugé utile de confectionner mon travail comme je le présente à tous, y faisant un appel pressant et réitéré aux hommes qui cherchent la vérité sociale et à ceux qui scrutent les énigmes de la Nature, leur demandent qu'ils apportent toute leur attention à se rendre compte si, oui ou non, un seul des faits qui se passent dans toute la Nature, dont l'Humanité n'est qu'une minime fraction, est en opposition avec des affirmations qui ne sont pas le résultat de mes rêveries, mais bien la conclusion de mes sincères et persévérantes recherches dans les travaux des penseurs et des savants dont il m'a été possible de prendre connaissance.

De plus, j'ai supplié, je supplie toujours toute personne connaissant un fait *bien observé* infirmant tout ou partie de la théorie intégrale, de bien vouloir me l'indiquer.

En agissant comme je l'ai fait pour produire ma brochure « Le Collectivisme-Intégral-Révolutionnaire », j'ai été guidé par la conviction que depuis que l'Humanité se forge des hypothèses, plus contradictoires les unes que les autres, toutes ont été appuyées sur des faits incomplètement observés et présentés sous l'aspect qui leur était le plus favorable ; c'est pourquoi, il n'est pas une de ces hypothèses qui n'ait eu ses jours de mode et de domination sans qu'aucune, jusqu'ici, ait pu s'imposer à la conscience humaine comme étant conforme à l'exactitude de l'ensemble des faits qui sont de son domaine.

Cette exactitude est le seul et réel critérium de la valeur de n'importe quelle hypothèse, et donne la seule possibilité qui puisse aider les hommes à remplacer leurs croyances aveugles ou leur doutes torturants par de la certitude reposante et féconde.

L'hypothèse intégrale est osée ?
Est-ce, oui ou non, parce qu'elle contient des propositions en désaccord avec les enseignements de toutes sortes qui nous sont donnés par les doctrines prétendues scientifiques ou religieuses dominantes autour de nous ?
Si oui, ma hardiesse est bonne ; Je m'en félicite, et j'espère que le citoyen Morel est du même avis.

Elle est mystique ?
Oh ! que nenni, car n'est mystique que ce qui prend son caractère en dehors des faits ou leur donne une signification qu'ils ne comportent pas ; tandis que toutes les affirmations de l'hypothèse intégrale, les philosophiques comme celles qui sont strictement socialistes, s'appuient les unes sur tous les faits historiques, les autres sur les phénomènes de la Nature ; de plus, ces affirmations s'accordent logiquement avec les inductions et les déductions nécessaires que comporte l'ensemble connu de tout ce qui est dans le Temps et l'Espace ; ces inductions et déductions se résument principalement dans ces deux propositions rendues indéniables par toute l'expérience de l'Humanité :

1° Il n'y a pas d'effet sans cause ; 2° aucun effet ne contient ce que sa cause n'a pas, au moins en puissance.

En cherchant la vérité dans l'ensemble des faits, j'ai acquis la conviction que l'homme, comme tous les Etres, n'a qu'une obligation stricte : *la Solidarité*; cette conviction, je l'ai mise tout entière dans mon travail, dont les éléments et le résultat sont bien loin d'être mystiques : Ils combattent le mystère et le mysticisme en affirmant, partout, que LA NATURE EST LA SEULE RÉVÉLATION NÉCESSAIRE ET POSSIBLE ; que toutes les autres prétendues révélations ne peuvent être que des duperies ; que l'homme de même que n'importe quel autre Etre ne peut être en rapport avec sa **Cause originelle**.

Pour conclure, je dis qu'être mystique c'est accepter ou produire des hypothèses qui ne s'appuient pas sur les faits naturels, ou qui n'en tiennent pas compte, ou qui dénaturent ces faits pour en tirer des conclusions qu'ils ne comportent pas.

Dans quelle affirmation, à quelle page l'hypothèse Collectiviste-Intégrale montre-t-elle cette crédulité ou cette astuce ???

Elle est toute de préoccupation affirmative ?
Erreur.

Ma seule et constante préoccupation, en cherchant et en groupant ses matériaux, a été de trouver la Vérité et de l'affirmer en formulant les propositions que contient mon petit travail.

J'ajoute que je n'y fais appel à aucune crédulité ; qu'au contraire, j'y sollicite l'examen et la discussion, que j'y réclame l'étude, l'observation et l'expérience ; enfin, que je ne la donne que pour ce qu'elle est : Un exposé d'hypothèse qui doit être vérifiée dans toutes ses parties.

Elle est toute dominée par la préoccupation d'affirmer la Solidarité ?

Oh ! oui :

En s'appuyant sur tous les faits du Temps et de l'Espace, elle ne contient pas un mot qui ne tende à prouver que la Solidarité est la loi universelle et une nécessité inéluctable pour l'Humanité qui doit en faire son lien et sa religion.

Par ce qui précède, je crois avoir répondu à toutes les parties de la critique générale du citoyen Morel. Il ne me reste qu'à le remercier, de nouveau, pour sa courtoisie à mon égard ; pour l'hospitalité qu'il veut bien offrir à mes efforts dans son journal afin que j'y puisse défendre ce que, à tort ou à raison, je crois le vrai, le juste, le bien ; et surtout pour les nouvelles critiques qu'il me promet.

***

OBJECTIONS

Un anonyme (Paris, 5ᵐᵉ arrondissement). Octobre 1892 :

« ... Avec vos théories, vous bercez le peuple d'illusions irréalisables ; vous faites une mauvaise action. Les gouvernements passés ont disparu et ont été perdus pour avoir permis les divagations de vos prédécesseurs, les Victor Hugo, Louis Blanc, Robespierre, Jean-Jacques Rousseau et autres. Un gouvernement fort mettrait les meneurs de votre genre si bien à l'ombre qu'ils n'auraient pas d'imitateurs. Vous lancez les convoitises des fainéants et des noceurs contre les hommes d'ordre comme moi. Moi qui suis fier d'être venu à Paris avec trente sous dans ma poche et d'avoir par mon travail et celui de ma femme, acquis un morceau de pain que des va-nu-pieds (*sic*) qui gagnent dix francs par jour, mettent en péril en ne me payant pas leur loyer. Et c'est pour ces gens-là que vous voulez me ruiner ; Monsieur, avant de plaindre la classe ouvrière, conseillez-lui de faire moins la noce chez le marchand de vins. Avec de l'ordre et de l'économie, elle serait comme moi, qui n'ai jamais fait de dettes et ne dois rien à personne...»

RÉPLIQUES

Bien que je ne sache qui vous êtes, je vous réponds ; je n'espère guère, pourtant, que ma réponse vous parvienne, puisque vous avez oublié de me donner votre adresse.

Peut-être, êtes-vous le monsieur maigre avec sa dame très forte, que, l'autre jour, sur le bateau-omnibus, je mis si fort en colère qu'ils m'appelèrent partageux, et m'aurais fait un mauvais parti, si les rieurs avaient été de leur côté.

Quoi qu'il en soit, vous avez un grand avantage sur moi ; vous me connaissez, puisque vous m'écrivez anonymement.

Monsieur l'Anonyme, si les théories que j'affirme partout, *partout* et *avec tous*, ne sont que d'irréalisables illusions, pourquoi les thuriféraires officiels et officieux de tous ordres, journalistes, professeurs, conférenciers, et autres soutiens et défenseurs salariés d'une *façon* ou d'une *autre* de l'Etat social capitaliste que ces théories combattent, ont-ils fait et continuent-ils de faire le plus complet silence à leur égard : Ils ne les ignorent point, depuis quinze ans que sans relâche j'en fais la propagande, j'ai envoyé la brochure qui les contient à la plupart d'entre eux, plutôt deux fois qu'une.

Aucun gouvernement n'a été et ne peut être perdu que par ses résistances aux changements que réclament les nécessités intellectuelles et matérielles ambiantes.

Mes prédécesseurs, comme vous les appelez, n'auraient pas même été remarqués s'ils n'avaient été les porte-paroles d'intérêts qu'il était urgent de satisfaire.

Alors qu'on les eût mis à l'ombre, et qu'on m'y mettrait, comme vous le désirez, toute l'histoire de l'Humanité, que certainement vous ne connaissez pas, prouve qu'il y aurait seulement plus de sang inutilement répandu, sans que les revendications légitimes des masses pussent être étouffées, si peu que ce soit.

Les hommes que vous désignez sous le nom de meneurs ne créent, ni n'aggravent le mal social en affirmant bien haut son danger et la nécessité de le combattre dans sa cause et non dans ses effets.

Ils ne sont pour rien ni dans l'antagonisme naturel, inéluctable et irréductible qui existe entre les travailleurs et ceux qui exploitent leur travail, ni dans l'acuité de cet antagonisme quand ils se mettent du côté des producteurs pour les aider à conquérir leur droit imprescriptible à une part équitable dans les bienfaits sociaux auxquels leurs efforts contribuent de façon indispensable, prépondérante.

Maintenant, Monsieur, si vous ne savez pas que c'est vous et vos pareils qui formez le plus grand péril social et qui êtes les fauteurs de toutes les révolutions sanglantes, c'est que vous ne connaissez rien en dehors des préoccupations de votre intérêt du moment ; voilà pourquoi, du reste, vous êtes devenu un des privilégiés de la société actuelle dans laquelle on réussit, neuf fois sur dix, si on est sans scrupules avec tous et en toutes occasions.

Personne ne peut actuellement, par l'accumulation des économies faites sur les rémunérations, légitimes, de ses efforts personnels, s'amasser un morceau de pain pour son lendemain.

Pour devenir propriétaire comme vous l'êtes, sans l'avoir été de naissance par vos parents, il vous a fallu par n'importe quels moyens, prélever tous les bénéfices possibles sur vos concitoyens, sans vous préoccuper combien ces bénéfices pouvaient amenener de ruines autour de vous, mais en vous préoccupant toujours de passer au travers des mailles de la légalité, dans lesquelles les naïfs se font pincer.

Les moyens que vous avez employés, mais vous les faites connaître rien que par l'atroce égoïsme avec lequel vous calomniez les vaincus sociaux.

Vos dires et vos agissements prouvent surabondamment que, dans une enveloppe d'homme, vous vous êtes conservé chacal héréditairement et par tempérament.

Vous vous êtes créé un abri-repaire dans notre milieu social ; de ce milieu social, vous êtes férocement conservateur ; vous y auriez échoué dans vos projets, vous en seriez un féroce destructeur: Dans l'un comme dans l'autre cas, vous, homme d'ordre! vous êtes un épouvantable danger social.

Tant qu'aux ouvriers que vous calomniez, parce que chacune de leurs plaintes vous parait une menace à ce que vous avez si *légalement* acquis, rassurez-vous ; n'ayant pas les vices que vous leur prêtez, ils ne chercheront pas à vous dépouiller et à vous anéantir : Ils veulent la justice pour tous dont vous même, si peu digne, bénéficierez.

Quelques derniers mots pour finir: A Paris, où la main-d'œuvre est payée moins dérisoirement que partout ailleurs, les peu nombreux travailleurs qui gagnent dix francs par jour, en déduisant le chômage qu'ils sont contraints de subir, se font un salaire maximum annuel d'environ deux mille six cent quarante francs ; ils sont dans la proportion de *un sur cinq cents* relativement à ceux qui, au bout de l'année, arrivent à un gain moyen de douze à treize cents francs.

Hélas ! beaucoup d'autres salariés manuels et intellectuels gagnent moins encore.

Voyons, doux propriétaire que vous êtes, qui êtes devenu un *homme d'ordre* à force de bien compter, retirez du produit de leur travail *payé* à ces va-nu-pieds, à qui la loi défend de gîter à la belle étoile, le prix que vous exigez d'eux à l'*avance* pour avoir un taudis dans votre ou vos maisons et dites-nous — alors même qu'ils auraient une santé de fer, ne seraient jamais malades, n'auraient ni père, ni mère, ni femme, ni enfants, ni personne à soutenir — combien il leur reste pour vivre de privations, couvrir leur maigre carcasse de vêtements sordides, etc., etc., et... faire la noce! Tou cela après avoir payé leur propriétaire, c'est entendu :

La propriété est l'arche sainte de la société actuelle !!!

Si vous et vos pareils pouvaient se préoccuper d'autres choses que de leur doit et avoir, de leur avoir surtout, nous pourrions faire un peu l'historique de la manière de former les budgets des privilégiés sociaux comme vous, et ceux sur lesquels peuvent compter les travailleurs qui, pour vivre, n'ont que leur loyauté, leur travail et leur intelligence si vive soit-elle, si elle n'est pas roublarde.

Heureusement que le nombre est restreint et va diminuant des énergumènes à qui une excitation délirante d'égoïsme étroit, inintelligent, dangereux à eux et aux autres, fait divaguer des calomnies haineuses comme celles auxquelles je réponds ici.

Pauvres fous, s'ils pouvaient raisonner sainement, ils sauraient :

Que leurs accusations mensongères sèment autour d'eux des ferments de haine dont ils ne peuvent être que victimes ;

Que si, contre toute vraisemblance, leurs accusations étaient exactes, il auraient le plus pressant besoin de se garantir contre les épouvantables dangers qu'ils dénoncent sans conviction :

Que ces dangers, sous la forme qu'ils leur prêtent ou sous celle qu'ils ont réellement, sont des produits naturels et inéluctables du milieu social où nous sommes ;

Que ces dangers menaçant continuellement leur sécurité, leur intérêt urgent est d'aider à les faire disparaître le plus rapidement possible ;

Qu'il est impossible de les faire disparaître, qu'ils persisteront et s'aggraveront tant que le milieu social dont ils résultent ne sera pas entièrement transformé et que sa base du « Chacun pour soi » ne sera pas devenue celle du « Tous pour chacun » ;

Enfin, que cette transformation nécessaire du milieu social actuel offrira d'autant plus de difficultés et de causes de perturbations sanglantes, dans lesquelles ils ont tout à perdre, qu'ils persisteront à la combattre par des arguments de *personnalité*, au lieu de la discuter dans sa légitimité, sa nécessité et sa possibilité.

Conclusion : Si des déments atteints du délire de la persécution, alcoolisés par des liqueurs frelatées ou surexcitées intellectuellement par leur égoïsme étroit et vaniteux, ne peuvent comprendre qu'ils sont malades, que leurs persécuteurs sont imaginaires et n'existent que dans leur cerveau déformé par leurs passions ; que leur bien exige, des uns qu'ils s'abstiennent de boire leur poison favori, des autres qu'ils se débarrassent de leur égoïsme bête et monstrueux ; la collectivité a le devoir de se défendre contre eux par tous les moyens possibles.

Tant qu'ils restent un danger pour cette collectivité, le cabanon est le moyen le plus humain et le plus efficace qu'elle doit employer pour les réduire à l'impuissance.

Enfin, remarquez, Monsieur, que quels que soient le cynisme et la cruauté que vous pourriez avoir en abusant des privilèges bourgeois que vous avez acquis n'importe comment, privilèges de propriétaire ou autres, si, — par des arguments bons ou mauvais, sans calomnier ignominieusement les pauvres salariés victimes de spoliations sociales dont une partie contribue à faire de vous un des privilégiés du milieu individualiste, — vous aviez contesté la légitimité ou la nécessité des revendications des classes ouvrières ; vous aviez combattu les moyens dont les spoliés se servent pour reconquérir leur place au banquet de la vie humaine, dont ils sont les fournisseurs indispensables ; vous aviez préconisé des moyens pour soutenir tout ou partie de l'état insociable dont les spoliés sont les parias ; m'inspirant ici de ce principe du Collectivisme-Intégral :

« *Ne faire aucune personnalité pour résoudre la question sociale, sinon en cas de légitime défense.* »

Je me serais bien gardé d'amoindrir le débat en m'occupant de votre individualité pour chercher comment elle a pu acquérir la situation, pécuniaire et sociale, que vous possédez actuellement et dont vous êtes si fier !

Si donc, Monsieur, j'ai été amené à vous dénoncer à tous comme un danger public, c'est que vos divagations furibondes m'en ont imposé l'impérieux devoir.

***

M. L. de C. (Angers) août 1894 :

1re OBJECTION

« Vous ne verrez pas la réalisation de vos rêves, qui, s'ils peuvent se réaliser, mettront des siècles à obtenir ce résultat. »

RÉPLIQUE

1° La réalisation de ces prétendus rêves est nécessaire à l'Humanité, avantageuse à tous, plus facile que la continuation de l'état social individualiste ;

2° Je suis homme et dois m'intéresser à tout ce qui peut être utile à l'Humanité; je dois, par solidarité, chercher le soulagement des souffrances qui frappent tous les membres de cette Humanité, surtout ses plus obscurs et plus arriérés, alors même que ce soulagement ne pourrait arriver que dans un avenir lointain. De plus, j'ai la conviction de revivre comme individu humain et, alors, de profiter socialement de mes efforts sociaux actuels ;

3° Pour aider à résoudre n'importe quel problème — celui de la question sociale est de beaucoup le plus compliqué et le plus important pour l'homme — le mieux est d'indiquer clairement le résultat à obtenir, le meilleur but à poursuivre, les moyens les plus faciles et les plus efficaces à employer ; la théorie intégrale est-elle dans ces conditions ? Si oui, elle est amplement justifiée à quelque époque éloignée qu'on la suppose réalisable : Si les indécis sincères qui objectent seulement à cette théorie que son triomphe sera lent et difficile secouaient leur apathie, et voulaient la servir, elle prévaudrait rapidement et non lentement, pacifiquement et non violemment;

4° Avec la base actuelle des états sociaux, le nombre des miséreux et leur difficulté de vivre augmentent sans cesse ; vouloir remédier à cet état de choses par des palliatifs, c'est de la folie ou de la duplicité : De ces miséreux que les mauvaises conditions sociales tuent, un peu chaque jour, peut-on espérer qu'ils continueront, longtemps encore, à se courber sous des conventions qui les assassinent lentement ? — Assurément, non ! ! !

Donc, la théorie intégrale est nécessaire pour

indiquer, clairement à tous, un problème que l'égoïsme individuel obscurcit à plaisir ; car si ce problème n'est pas résolu équitablement, avant un temps relativement court, l'Humanité se détruira elle-même dans des massacres épouvantables.

*_**

2ᵉ OBJECTION

« Vos théories pourraient servir utilement les modifications sociales nécessaires, si on suppose exactes la doctrine positiviste et sa base matérialiste niant l'immortalité de l'âme ; mais si, au contraire, on suppose une force supérieure, intelligente, distributrice de toutes choses, récompensant les bons et punissant les mauvais, vos théories sont fausses. Le doute forcé, où les meilleures intelligences sont jetées pour connaître laquelle est la plus exacte de ces hypothèses, et l'impossibilité de connaître l'au-delà, sont des négations de votre système. »

RÉPLIQUE

La théorie que je sers est en désaccord absolu avec celle du positivisme que je juge un système faux, autoritaire, ayant les mêmes tendances, les mêmes erreurs et plus d'hypocrisie que le matérialisme ; je réprouve le matérialisme parce qu'il prétend tout expliquer en ne tenant compte que des apparences, et qu'il s'appuie sur plus d'obscurités que n'importe quelle boutique commerciale s'intitulant religion révélée.

Donc, si la théorie intégrale peut servir l'Humanité, ce n'est pas parce qu'elle est conforme au positivisme ou au matérialisme, mais parce qu'elle leur est opposée.

Cette théorie ne se sert pas du mot *âme*, ce mot a eu trop de significations ; mais elle emploie le mot *Etre*.

Cet Etre est éternel, mais non dans le sens des définitions données au mot âme ; il se développe indéfiniment pour se rapprocher, de plus en plus, de son Principe-But sans l'atteindre jamais : Le fini indéfiniment augmenté reste toujours incommensurable avec l'Infini.

Cet *Infini* ne laisse aucune possibilité d'exister à l'entité monstrueuse dont vous parlez ; cette entité a été créée par des hommes qui l'ont faite à leur image, les hypothèses imaginées sur et d'après elle et les hypothèses dites matérialistes, qui ne sont qu'une réaction outrée des premières, commencent, gratuitement, par supposer un prétendu dualisme absolument inconciliable avec cet Infini *nécessaire comme Cause originelle et déterminante de tout ce qui est*.

Cet *Infini*, qui ne peut être que JUSTICE-SAGESSE-VÉRITÉ-BONTÉ, ne peut être fantasque, arbitraire, inique, tyrannique ; il ne peut se tromper, ni tromper ce qui vient de *Lui* en donnant par son œuvre, qui est pour tous sa révélation permanente, éternelle, immuable, universelle et seule possible, des enseignements pleins de contradictions et qui seraient contradictoires à leur *Auteur*.

Il est vrai que l'étude de cette révélation, comme celle de n'importe quelle autre étude du reste, demande à qui la veut faire des efforts sincères et persévérants pour être comprise comme elle est, non comme on peut désirer qu'elle soit.

En conséquence de ce qui est ci-dessus, sont erronées les hypothèses matérialistes et celles basées sur une entité impossible ; aussi, l'Etre humain ayant seulement à choisir entre ces hypothèses se décidera, surtout, pour celle qui lui paraît servir le mieux ce qu'il croit être son intérêt ; mais il n'y a pas que ces hypothèses :

Des chercheurs sincères, s'appuyant sur les données que l'Humanité a trouvées expérimentalement dans tous les phénomènes du Temps et de l'Espace, en ont entrevu une toute différente ; une qui n'est pas entachée des absurdités que contiennent les autres, qui est conforme à la conception d'un *Infini* absolument *Un-Juste-Sage-Bon*, qui tient compte de tous les faits connus et bien constatés, de ceux dits matériels et de ceux de nature complexe qui se rapportent à ce qu'inexactement on appelle les mystères de l'au-delà.

Je termine cette réplique en reconnaissant, avec tous les penseurs instruits et sérieux, que l'outillage et le développement physique et psychique actuels de l'homme ne lui permettent pas d'avoir de certitude sur la ou les causes, le pourquoi et le comment des phénomènes de la Nature ; mais, que sur ces sujets il doit se former une conviction sérieuse toujours en accord avec ces phénomènes et ne se trouvant en contradiction avec aucun.

**

3ᵉ OBJECTION

« Dans vos théories, comme Platon, vous rapportez tout à l'Etat ; mais comment, sans violence, déciderez-vous ceux qui possèdent à céder à la collectivité ce qu'ils détiennent, légitimement à leur sens, alors que presque tous, même les enfants en bas-âge, tiennent à ce qu'ils ont de propriété individuelle autant qu'à la conservation de la vie ; parce que, pour le matérialiste, elle fait partie de sa bête humaine, pour le spiritualiste, elle est une manifestation de son âme ; et qu'en fait, le sentiment de la propriété est plus puissant chez un grand nombre d'hommes que la crainte de la mort. »

RÉPLIQUE

En observant attentivement les enfants, dès leurs premières manifestations, on constate que sur cent pris au hasard, tandis que quelques-uns veulent tout pour eux, ce qui leur appartient et ce qui appartient aux autres, quatre-vingts sont disposés à partager leurs jouets et leurs friandises avec leurs petits camarades ; mais on constate aussi, hélas, que la plupart des parents de ces enfants bien doués les reprennent de cet élan spontané de leur cœur.

Peut-on conclure des tendances différentes des tout petits enfants que la propriété individuelle est un fait naturel, alors que cet appétit n'existe pas chez le plus grand nombre ? — Poser la question, c'est la résoudre.

La cause de la différence des aptitudes, des besoins et des tendances de sociabilité constatée chez les enfants, dès leurs premières manifestations, est expliquée par les vies successives qu'affirme et démontre la première étude de la théorie du Collectivisme-Intégral.

Cette théorie n'est l'œuvre ni d'un homme, ni d'une école ; elle est la synthèse laborieusement cherchée et trouvée d'affirmations de penseurs de tous les temps, de tous les pays, quelles que soient les opinions qu'ils aient professées ; ces affirmations, presque toujours, sont perdues dans un grand nombre d'autres qui leur sont contradictoires ; si la susdite théorie s'est approprié les unes, c'est qu'elle les a reconnues conformes aux faits naturels ; si elle a rejeté les autres, c'est qu'elle ne cherche que le vrai, quel qu'il soit, d'où qu'il vienne : C'est ainsi que Platon a collaboré à la théorie dont nous nous occupons.

Mais, Platon enseignait que la vie de la cité devrait recevoir son impulsion d'une force-État éclairée et fortement constituée ; cette force que le philosophe grec voulait avec les éléments sociaux de son temps n'est plus possible aujourd'hui : Les éléments avec lesquels il concevait sa république n'existent plus, ils sont remplacés par d'autres qui sont tout différents.

Il est vrai que certaines chapelles politiques, se disant collectivistes, remplacent un programme efficace, qu'elles ne veulent pas avoir, par la préconisation de trompe-l'œil, surtout de celui d'un État pour lequel il faut qu'elles fassent la conquête des pouvoirs publics ; afin, disent-elles, d'y établir transitoirement une concentration d'autorité répartitrice distribuant le bien-être et la liberté à tous.

Cette conception, qui n'a de collectiviste que le nom, illusionne de bons esprits qui ne réfléchissent pas que les hommes placés à la tête de ce nouveau gouvernement, même ceux qui auraient été absolument sincères en travaillant à le former, reculeraient devant les nécessités et les difficultés du moment et continueraient, aussi longtemps qu'ils le pourraient et avec peu de changement dans les détails, l'arbitraire et la hiérarchie dont nos sociétés actuelles se meurent.

Le Collectivisme-Intégral a un autre but et d'autres moyens.

Son but, il le formule d'abord : Il est la possibilité de la solidarité de tous ; solidarité qui ne peut être pratiquée que là où l'égalité sociale existe pour chacun. Cette égalité n'est possible que si, socialement, chacun peut : D'un côté se choisir dans les efforts individuels nécessaires ceux correspondant à ses aptitudes, en même temps qu'au plus grand bien de tous ; de l'autre, se choisir dans les bénéfices collectifs la quote-part des consommations répondant à ses besoins.

Ce but, clairement établi, il tient compte dans les moyens qu'il indique de celui qui peut le mieux, le plus sûrement et le plus rapidement servir à tous pour le poursuivre et l'atteindre.

Ce moyen, c'est l'État ou la représentation nationale à tous ses degrés ; mais en lui imposant des programmes efficaces de transformations successives et ininterrompues ; en l'entourant vis-à-vis des hommes qui peuvent en faire partie, de toutes les garanties possibles ; cela, afin que sans relâche ces hommes soient contraints de travailler à rendre ce que nous appelons l'état un SERVICE PUBLIC dans lequel les fonctions deviendront, strictement et le plus rapidement possible, ÉQUIVALENTES à celles exercées dans n'importe quel autre service social.

Le Collectivisme-Intégral ne préconise pas de palliatifs, mais il préconise des moyens sérieux et pratiques.

Il réprouve tous les actes d'autoritarisme et de violence. Il ne poursuit pas la destruction des individus et des individualités : Patrons, capitalistes, privilégiés de toutes sortes ; mais il poursuit l'anéantissement, sans secousse et graduellement si faire se peut, de l'individualisme et des institutions qui le soutiennent : Patronat, capitalisme, privilèges, monopoles, hiérarchie, inégalités sociales avec leurs conséquences la domination, l'exploitation et la destruction de l'homme par l'homme.

Il ne demande à aucun individu d'abandonner à d'autres individus une part quelconque de ce qu'il possède; il cherche la possibilité d'une entente aussi générale que possible afin d'amener le retour de toutes les forces et richesses naturelles, ainsi que de toutes celles acquises collectivement, à leur véritable destination de sources inaliénables de productions nécessaires à l'entretien, à la sauvegarde et au développement de la vie humaine à toutes les générations et pour tous leurs membres : Les forces et richesses naturelles sont antérieures à la vie humaine, les autres sont l'œuvre collective de l'Humanité; les unes et les autres n'ont pu être appropriées et transmises individuellement, par qui que ce soit, autrement que par violation des lois naturelles.

Il indique que son but ne peut être atteint qu'en des étapes successives et ininterrompues, pendant lesquelles les hommes les plus vaniteusement et sottement égoïstes se modifieront et se débarasseront de la conception fausse, antinaturelle, funeste à tous de la domination de l'homme sur l'homme par l'appropriation individuelle des biens collectifs.

Enfin, il reconnaît que le désir de posséder la source et la représentation conventionnelle de tout ce qui est indispensable et agréable à la vie est légitimé, aujourd'hui, chez chacun, par la base sociale actuelle : Base qui fait à tous de la possession de cette source ou de sa représentation une nécessité et une puissance auxquelles sont soumises toute activité et toute liberté sociales; mais en même temps, il affirme que toutes les richesses naturelles et celles collectivement créées par par la famille humaine n'ont pu être appropriées et ne peuvent continuer à l'être, par quelques-uns au détriment de tous, qu'au moyen d'actions coupables soutenues et encouragées par des légalités iniques : Ces légalités ont été inventées et sont perpétuées par des auteurs et des bénéficiaires de ces mauvaises actions qui se rient des épouvantables conséquences de leur hypocrite égoïsme.

Le but du Collectivisme-Intégral est de transformer de plus en plus la base artificielle des sociétés actuelles; dans cette transformation, les hommes auront de moins en moins besoin d'une appropriation qui, n'étant pas conforme aux lois naturelles, est contraire aux véritables intérêts humains et à l'obligation créée par la justice éternelle : Cette obligation s'étend à tous et n'a pas de prescription possible.

La seule difficulté réelle à vaincre pour réaliser cette transformation, qui est indispensable pour le bien de tous, serait l'obstruction idiote d'une minorité stupide qui, s'appuyant sur des intermédiaires soldés par elle, ne consentirait qu'à des modifications anodines à un état de choses devenant de plus en plus épouvantable.

Si cette difficulté amenait des égorgements humains *seuls en seraient les fauteurs responsables les individus vaniteux*, qui — au nom d'une prétendue loi, ou divine ou naturelle, à laquelle ils feindraient de croire pour conserver ou acquérir une suprématie sociale artificielle — raisonneraient mal leur intérêt, s'enfonceraient dans l'immoralité d'une égoïste indifférence intellectuelle, se perpétueraient bestialement dans leur hérédité malfaisante et chercheraient à y retenir leurs enfants.

De ces bipèdes humains de moins en moins nombreux, qui resteraient d'incorrigibles violateurs des lois naturelles, qui préféreraient la mort à la perte de leurs prétendus droits, tout de vanité et de sottise, la meurtrière résistance au véritable progrès doit être vaincu *quand même* ; afin que, par les suites de leur égoïsme étroit, l'Humanité ne disparaisse pas de notre planète avant d'avoir accompli sa destinée évolutive de développement.

***

4ᵉ OBJECTION

« Malgré qu'il soit épouvantable que la douleur physique et morale est le lot de l'Humanité, comme la perfectibilité que vous supposez est impossible. le meilleur remède aux maux humains est encore de laisser aux femmes, aux enfants et aux malheureux, les croyances religieuses ; parce que toutes les civilisations passées, particulièrement celle de l'Egypte ancienne, nous ont montré qu'elles se terminaient dans un cataclysme final amené par les masses qui se transformaient en un torrent de décadence humaine dans les idées et dans les mœurs, alors qu'elles croyaient se diriger pour et par la perfectibilité. »

RÉPLIQUE

Le souffrance, quelle qu'elle soit, venant frapper qui ne l'aurait attirée sur lui par ses actes antérieurs pourrait être chose possible, si une des nombreuses hypothèses imaginées par les religions, prétendues révélées, et par la pseudo-science matérialiste était l'expression de la vérité.

Mais aucune de ces hypothèses ne peut être vraie parce que ses affirmations ne concordent pas avec l'ensemble des faits du Temps et de l'Espace et que toutes s'appuient, plus ou moins, sur une dualité contradictoire avec ces axiome certains que l'expérience humaine a trouvés et qu'elle ne cesse de confirmer :

Il n'y a pas d'effet sans cause. Aucun effet ne peut avoir ce que sa cause ne possède pas, au moins en puissance. Rien ne sort de rien. Rien ne s'anéantit, tout se développe.

Donc, ne peuvent exister les entités créées par ces hypothèses nécessairement fausses qui représentent les unes comme volontairement, les autres comme fatalement cruelles ; par suite, l'existence indéniable de la souffrance ne peut venir de ces entités qui n'existent pas.

Mais alors est-il supposable, logiquement, que cette souffrance, même momentanée, soit le lot d'aucun individu s'il ne s'est antérieurement mis en contradiction avec les lois naturelles ? Non, parce qu'il est impossible que la Nature, qui n'est que l'ensemble de tout ce qui existe dans le Temps et l'Espace, ne soit pas produite par un *Infini-Parfait* qui, nécessairement, est l'auteur des lois naturelles et des sanctions qu'elles comportent.

S'il en pouvait être autrement, la Cause de cet ensemble serait imparfaite : Elle aurait rendu le tout contradictoire à ses détails qui, vus dans ce qu'ils sont réellement et non dans leurs apparences, affirment qu'il n'y a pas d'effet sans cause, qu'aucun effet n'est contradictoire à sa cause et ne peut échapper à la loi qui le régit.

La perfection d'un INFINI NÉCESSAIRE, qui est

absolument Justice-Sagesse-Vérité-Bonté dans sa toute puissance liberté, exclut toute possibilité qu'une souffrance quelconque puisse exister, à n'importe quel titre, épreuve ou autre, si celui qui la ressent ne s'en est antérieurement créé la cause par le mauvais emploi qu'il a fait des limites de liberté qu'il tient initialement de cet *Infini Nécessaire*.

De cela, il ressort que les souffrances n'existent et ne persistent chez certains individus, humains ou autres, que parce qu'ils sont volontairement et persévéramment méchants.

Qu'ils se modifient dans leur vouloir et deviennent bons, les uns pour les autres, toutes leurs souffrances disparaîtront.

L'existence d'une première cause, infiniment parfaite en soi, est prouvée, logiquement, par l'ensemble des phénomènes de la Nature.

Le fait de l'existence de cette *Perfection*, des imperfections et des évolutions à l'infini de tout ce qui n'est pas *Elle*, établit incontestablement et scientifiquement que dans le Temps et l'Espace existe une loi de perfectibilité éternelle et universelle.

Fonder une théorie d'après cette loi de la perfectibilité est donc agir le plus sagement possible, d'autant que cette perfectibilité n'est et ne peut être un fait de fatalité, comme le prétendent le matérialisme et son succédané le positivisme, mais un fait de responsabilités inéluctables ; agir différemment, en continuant d'enseigner des choses erronées à des individus faibles ne pouvant contrôler l'enseignement imposé à leur conscience, cela consciemment et par des hommes qui en font métier, c'est une méchante, une vilaine action, laquelle ne peut que momentanément et superficiellement être profitable à des sans-scrupules.

Remarquez que, dans la théorie intégrale, il n'est pas question de combattre les croyances individuelles des malheureux à qui l'erreur a été inculquée par la prétendue morale actuelle, alors que le résultat obtenu ne servirait qu'à les désespérer sans profit pour eux ni pour la collectivité.

Du reste, un homme instruit pourrait-il douter du résultat de l'enseignement de croyances erronées, quelles qu'elles soient, quand toute l'histoire de l'Humanité prouve que, sous étiquette ou religieuse ou scientifique, elles n'ont jamais arrêté, à aucun moment et chez aucun peuple, la décadence des individus et des groupes qui les professaient.

Ces croyances ne peuvent jamais empêcher, complètement, la recherche de la vérité nécessaire à tous et conforme aux besoins de chacun; mais elles créent à cette recherche des difficultés telles que le plus grand nombre, dans sa désorientation morale, ne poursuit plus que la satisfaction de ses appétits sensuels, *quand même et par tous les moyens.*

C'est ainsi qu'ont disparu tous les peuples arrivés au sommet de leur prétendue civilisation : Celui de l'Egypte ancienne après et avant beaucoup d'autres; cela, parce que les erreurs et les exploitations des religions prétendues révélées, dites spiritualistes, ainsi que celles des pseudo-sciences matérialistes avec leurs enseignements néfastes et parallèles ont amené partout et toujours : La possession des avantages sociaux en quelques mains ; la misère pour le plus grand nombre ; la haine entre tous ; finalement, des aberrations anarchiques, meurtrières et destructives.

**

M. F. (Paris) août 1894:

OBJECTION

« Il est plus facile de supprimer l'antagonisme entre le capital et le travail, que de réaliser la transformation sociale que vous rêvez. »

RÉPLIQUE

Le capital et le travail sont deux entités, leur existence est fictive ; aucun antagonisme ne peut exister entre ce qui n'a pas d'existence réelle ; mais l'antagonisme est irréductible entre les exploiteurs du capital et les travailleurs, parce que les bénéfices des premiers ne s'opèrent qu'au détriment des seconds.

Pour supprimer cet antagonisme, il faudrait supprimer ou ceux-ci ou ceux-là : Socialement, ceux-ci, les travailleurs, sont indispensables ; les autres ne s'appuient que sur de dangereuses superfétations qu'il est urgent d'anéantir, en les remplaçant par une organisation de solidarité mutuelle.

L'ensemble des exploitations individuelles forme le capitalisme qui, maintenant, est le principal rouage de notre artificiel milieu social, et crée une nouvelle féodalité.

Cette féodalité ne vit que du travail utile soustrait à ses véritables producteurs, envers qui elle est plus despotique que n'importe quelle tyrannie ne l'a été antérieurement vis-à-vis des ses serfs et de ses esclaves.

Le capitalisme n'existe que par l'appropriation individuelle, réelle ou représentative, des capitaux collectifs naturels ou acquis socialement.

Il donne à quelques individus des possibilités de domination, de parasitisme et d'exploitation dont sont victimes une quantité considérable d'autres individus, si bien doués soient-ils ; au fond, il est la cause moderne de la destruction, sous toutes les formes, de l'homme par l'homme.

Aucun noyau de capitalisme ne peut se former autrement que par des spoliations de tout ce qu'il peut s'approprier : 1° sur les résultats de tous les travaux utiles auxquels il ne coopère que fictivement ; 2° sur des sources et des moyens de transformations d'objets non consommables en produits de consommation, alors que ces sources et ces moyens devraient, par origine et destination, appartenir à la collectivité.

Il ne peut jamais être acquis par l'accumulation d'économies faites sur les rémunérations *légitimes* de travaux personnels ; pour se transformer de salarié en capitaliste l'intégrité est nuisible, la supériorité intellectuelle et physique professionnelle ne suffit pas.

Aussi, vouloir concilier les travailleurs et les capitalistes, c'est vouloir l'impossible ; mais supprimer le capitalisme et transformer complètement la base de la société actuelle est possible, facile même en comparaison des difficultés journalières que crée la société individualiste.

Le Collectivisme-Intégral ne cherche pas l'impossible :

Il constate d'abord que l'institution capitaliste est un fruit mauvais, un résultat néfaste d'organisations péchant toutes par leur base, qu'elle est nuisible, qu'elle est cause de l'insécurité de tous, qu'elle n'aurait aucune place dans une société harmonique ; il s'occupe, ensuite, des moyens de la faire disparaître graduellement en la remplaçant continuellement et sans relâche par l'organisation de la Solidarité.

Pour faire cette œuvre, il entend s'appuyer sur des associations nationales, se fédérant de plus en plus, afin d'arriver à n'en former plus qu'une seule dans laquelle la réciprocité et l'égalité sociales seront absolument réelles et complètes ; dans laquelle, sous toutes leurs formes, les efforts individuels de recherches, de directions et d'exécutions utiles à la communauté seront, sans être UNIFORMES, des valeurs ÉQUIVALENTES au profit de tous et de chacun.

Cette organisation peut s'opérer rapidement, sans aucune perturbation pour les intérêts individuels et pour les intérêts collectifs, si les hommes qui ont un peu de savoir et d'intelligence s'en font les propagateurs ; mais si, contrairement à leur véritable intérêt, ils cherchent à entraver sa possibilité pour satisfaire leur égoïsme étroit et leur vanité les conseils intéressés de la violence et de la haine prévaudront petit à petit.

Alors qu'adviendra-t-il ? Rien de bon pour l'humanité et beaucoup, beaucoup de mal pour les obstructionnistes, véritables fauteurs de ce triste résultat.

∗

2ᵉ OBJECTION

« La politique du tout ou rien n'est pas bonne ; celle d'améliorer le sort des travailleurs est meilleure et plus pratique. Nous en avons les éléments dans certains projets de loi que les Chambres peuvent voter. Les principaux sont : Formation de banques de crédits pour favoriser les associations des ouvriers agricoles, du commerce et de l'industrie ; caisses de retraite pour les travailleurs invalides, infirmes et âgés ; association du capital et du travail dans les bénéfices ; etc., etc. »

RÉPLIQUE

Non, la pratique du tout ou rien n'est pas bonne ; elle n'est pas celle du Collectivisme-Intégral :

Il indique un but relativement facile à atteindre ; des moyens qui sont pratiques et efficaces pour se diriger vers ce but, et ne s'appliquant qu'à ce qui est immédiatement possible et réalisable ; des précautions à prendre contre les dupeurs qui chercheraient à stériliser ces moyens.

De plus, malgré qu'il soit certain qu'il faut autant d'efforts, sinon plus, pour faire légiférer et voter un palliatif que pour obtenir un remède efficace, qu'en dernière analyse les palliatifs ne peuvent que prolonger et aggraver la maladie sociale ; quand, pourtant, de ces mesures anodines paraissant pouvoir améliorer, ne fût-ce que momentanément, le sort d'une fraction, si minime soit-elle, de travailleurs, sont proposées, comme remèdes sociaux, il conseille à ses mandataires d'en voter l'application de quelque côté qu'elle soit demandée.

(*Les projets que vous indiquez ne renferment que de ces palliatifs que le Collectivisme-Intégral engage ses partisans à voter sans phrase, afin que leur difficulté et leur inutilité pratiques sautent le plus rapidement possible aux yeux de tous*).

Si le Collectivisme-Intégral conseille aux véritables collectivistes de ne faire aucune obstruction à l'essais de palliatifs anodins, il leur recommande surtout de réserver tous leurs efforts pour réclamer, faire connaître et aboutir les réformes et les créations sérieuses qui sont immédiatement réalisables, et faciliteront la transformation sociale nécessaire au bien de tous.

Le Collectivisme-Intégral, après avoir constaté que depuis que l'Humanité existe, ses membres ont toujours été en lutte, les uns contre les autres, par leur faute (*effectivement, pouvant et devant solidariser leurs efforts et leurs intérêts, ils les ont individualisés ; c'est sur cette erreur égoïste qu'ont été et que sont encore basées toutes leurs relations*); appelle l'attention de tous les hommes qui cherchent leurs véritables intérêts, sans être aveuglés par la vanité et des appétits malsains, et leur demande si, devant les épouvantables dangers où nous accule la persistance de la faute bestiale de l'Humanité, ils peuvent croire plus pratique de continuer l'état social pourri, dont chacun souffre, en lui cherchant des améliorations anodines et superficielles, que de le transformer à l'avantage de tous par des moyens efficaces ?

Cette question posée à tous les hommes intelligents, ayant du cœur et de la bonne foi, ils l'étudieront sérieusement, et leur réponse n'est pas douteuse.

Les hommes de cœur qui, devant la situation anormale et pleine de périls où tous les peuples se trouvent, ne veulent se décider à donner leurs efforts qu'à ce qui est le meilleur pour résoudre la question sociale, dont la solution est imminemment urgente, doivent d'abord résoudre ces questions préliminaires :

Quelle serait l'organisation sociale la plus légitime; par suite, la plus avantageuse à chacun des individus et à la collectivité tout entière?

Quels sont les moyens justes, pratiques, efficaces, urgents et rapides à employer pour poursuivre, établir et rendre inébranlable cette organisation indispensable?

**

3ᵉ OBJECTION

C'est un tort de vouloir donner à la femme les mêmes droits qu'à l'homme et, surtout, pour qu'elle puisse être électeur et éligible comme lui ; son manque d'esprit de suite nuirait à la stabilité de nos institutions. La mission divine pour laquelle elle a été créée de faire des enfants et d'être bonne ménagère, est bien plus haute ; d'ailleurs, les farceuses qui font de la politique, ne font ce métier qu'en désertant leur devoir de femme, dont elles n'ont pas les qualités ou parce qu'elles n'ont pas trouvé le mari de leur choix.

RÉPLIQUE

Toute société humaine dont tous les membres n'ont pas par ÉQUIVALENCE et liberté de choix les mêmes droits et les mêmes devoirs, dont quelques-uns sont infériorisés par la légalité, est une société anarchique et malade ; nous en avons des preuves nombreuses et douloureuses dans toutes les sociétés actuelles : Si nous voulons une société harmonique et saine pour l'avenir, il faut que nous lui préparions une organisation équitable qui manque à celles d'aujourd'hui.

Dans la famille aussi bien que dans le groupement social, la femme et l'homme sont également nécessaires ; ils devaient avoir des droits égaux mais, l'égoïsme étroit et bestial étant la règle de conduite que les individus humains ont adoptée, l'homme abusant de sa force a cherché à inférioriser socialement la femme, espérant par là mieux servir ses intérêts : Il n'a réussi qu'à se donner une adversaire, souvent une ennemie.

C'est contre la continuité de cette iniquité et de ce danger social que proteste le Collectivisme-Intégral, en voulant que la femme reconquière les mêmes droits que l'homme.

L'état social actuel se meurt de ses iniquités, il faut les détruire ; la plus universelle est que la moitié des membres participant à cet état social se trouve forcée de subir des conventions, à la délibération desquelles elle ne peut prendre aucune part : Nous voyons du reste, autour de nous, le résultat de cette iniquité ; c'est pour y mettre fin que le Collectivisme-Intégral veut que les femmes coopèrent comme électrices, et celles qui en ont les qualités comme éligibles, aux conventions sociales appelées lois : Ces conventions s'appliquant autant aux femmes qu'aux hommes.

L'observation sincère des faits amène à reconnaître que l'esprit de suite manque, au moins, autant à l'homme qu'à la femme ; qu'il y a des femmes n'ayant aucune aptitude pour le devoir d'épouse et de mère, plus d'hommes encore n'en ayant pas davantage pour celui d'époux et de père ; mais, elle reconnaît aussi que presque toujours ceux-ci et celles-là en ont d'autres, quelquefois celle de pouvoir utilement s'occuper de l'intérêt général.

De quel droit naturel peut-on défendre l'utilisation de cette aptitude qui est, chez ceux qui la possèdent, une mission au même titre que celles qui sont différentes chez d'autres ?

L'iniquité et la tyrannie sont-elles des droits?

L'observation sincère fait encore reconnaître que, dans le milieu pourri où nous sommes, il y a des dévoyés et des farceurs des *deux sexes* qui font de la politique pour des motifs peu avouables ; et qu'il y a aussi des individus sincères et désintéressés des *deux sexes* s'occupant de politique, parce que cette occupation correspond à un besoin de leur nature généreuse.

Pour ma part, je connais parmi les femmes qui parlent et écrivent sur la chose publique des farceuses et des femmes sincères ; parmi ces dernières, il en est dont le cœur et l'intelligence ne le cèdent en rien au cœur et à l'intelligence de l'homme le mieux doué.

Enfin, remarquez que le Collectivisme-Intégral voulant pour tous, également, les avantages de la justice et de la liberté, ne dit nulle part de contraindre qui que ce soit à profiter de ces avantages : Donc, la femme qui ne voudra qu'être mère et ménagère, en aura toujours le moyen ; en est-il une sur mille qui, aujourd'hui, ait ce moyen ?

*.

M. M... (Angers), Septembre 1894 :

OBJECTION

« ..... La théorie du Collectivisme-Intégral est séduisante, beaucoup de gens de cœur s'y rallieraient, si n'était la réflexion qui les fait douter de son efficacité: en constatant le peu de sincérité de ses apôtres qui, par leurs actes, sont presque toujours en désaccord avec leurs paroles... »

RÉPLIQUE

Le motif que vous donnez pour apprécier désavantageusement la théorie intégrale peut s'appliquer à toutes les doctrines sans exception ; il n'y en a pas une dont la plupart des représentants, même des plus favorisés et des plus tenus par leur situation, ne dérogent pas aux principes qu'ils prêchent aux autres : Cela est inéluctable dans un milieu social dont la base est antinaturelle ; qui n'accorde ses avantages qu'aux sans scrupules ; où on réussit d'autant mieux que c'est au plus grand désavantage des autres ; où chacun est excité à se masquer de la plus belle étiquette possible, afin d'en tirer le plus de bénéfices probables.

De plus, le motif que vous invoquez n'est pas valable ; il provient d'un mauvais raisonnement qui croit apprécier un principe par ses conséquences, et ne le juge que par des actes qui lui sont tout opposés.

Un principe, comme un arbre, doit être jugé en lui-même ; c'est-à-dire par ses fruits véritables, non par ses parasites qui, pour en vivre grassement, ne craignent pas de lui être nuisibles.

Il faut toujours juger un principe dans ses conséquences logiques, lesquelles ne peuvent aboutir que dans le milieu qui lui est nécessaire ; c'est donc ce milieu qu'il faut chercher à lui donner.

Le principe d'aimer autrui comme soi-même est un devoir, le pratiquer serait un avantage pour tous ; mais il est impraticable dans un milieu individualiste ou du « *Chacun pour soi* » ; il est donc nécessaire de lui donner un milieu collectiviste ou du « *Tous pour chacun* ».

La théorie intégrale a l'avantage d'indiquer à tous :

1° Comme but un milieu social à conquérir où le principe d'aimer autrui comme soi-même sera non seulement praticable, mais encore facile à tous et avantageux à chacun ;

2° Les moyens pour marcher rapidement et sûrement vers ce but, et les précautions à prendre pour protéger contre toutes les ruses possibles l'efficacité de ces moyens.

Un groupe d'excursionnistes (Montreux, Suisse), octobre 1894 :

DEMANDE D'ÉCLAIRCISSEMENTS

« ... Dans l'ouvrage que vous avez écrit sur le Collectivisme-Intégral-Révolutionnaire, vous avancez que pas un fait n'infirme cette théorie, et que vous répondrez toujours à toutes les demandes d'éclaircissements qui vous seront adressées. C'est pourquoi nous portons à votre connaissance le fait psychologique suivant, et que nous vous adressons les deux demandes qu'il nous suggère :

Mme A. G. est une véritable sensitive, vibrant douloureusement à toutes souffrances dont elle a connaissance ; son mari est bon, toute souffrance l'émeut ; toute injustice le révolte : mais habituellement il est calme dans ses plus pénibles sensations, qu'il raisonne froidement et avec méthode, autant par tempérament que par habitude professionnelle de plus de quarante ans (il est officier général de marine retraité) ; enfin, ils sont tous deux supérieurement intelligents.

Eh bien, présentement, l'un et l'autre éprouvent

pareillement un chagrin, dont l'intensité prolongée est plus accusée que celle des chagrins qu'ils ont éprouvés à la mort de leurs meilleurs amis, de parents et d'enfants tendrement aimés. Ce chagrin les a frappés à la suite de la mort par accident d'une petite chienne de trois ans extraordinairement bonne et intelligente, dont ils avaient eu la mère, morte également d'un accident impossible à prévoir.

Si pénibles que soient les conditions de l'accident et de la mort de ce petit animal, quelles que soient les qualités qu'il pouvait avoir et l'affection que ses maîtres avaient pour lui, la philosophie de la théorie collectiviste-intégrale-révolutionnaire peut-elle donner des explications plus satisfaisantes que celles tirées des doctrines religieuses et scientifiques de cette douleur, disproportionnée avec son objet, de gens paraissant intelligents et bien pondérés en d'autres cas ? Si oui, faites-nous les connaître... »

RÉPONSE

D'un fait quelconque pour que l'explication soit suffisante, il est indispensable que scientifiquement de ce fait l'explication donne non les apparences, mais la loi générale, la cause principale, le pourquoi et le comment réels.

Ne peuvent donner cette explication indispensable :

Ni les doctrines tirées des religions révélées dites spiritualistes : Elles ne sont basées que sur des affirmations presque toutes contraires aux faits naturels, et on n'y trouve que peu de parcelles de l'unique Vérité, amalgamées à beaucoup, beaucoup d'erreurs ; ces parcelles faisaient partie de la doctrine bouddhique rénovant celle brahmanique. Les religions brahmanique et bouddhique qui, comme religions prétendues révélées, sont les plus anciennes connues et comme les matrices dont toutes les autres ont été tirées, contenaient les parcelles de vérités suivantes : « *Il y a une cause infinie à tout ce qui est. Tout est en perpétuel devenir, sauf la Cause originelle. La loi de tous est l'amour des uns pour les autres. Les animaux sont nos frères inférieurs, etc.* »

Ni les doctrines matérialistes, malgré leurs prétentions scientifiques, parce que — en dehors des parcelles suivantes de la vérité unique : « *A l'origine tout a été identique et dans une extrême diffusion. Une seule substance principe de forces éternelles et universelles sert de base à tout ce qui est dans la Nature, rien n'y est absolument tranché, tout s'y relie, rien n'y sort de rien, rien ne s'y anéantit* », qu'elles énoncent en les obscurcissant et les dénaturant par les explications qu'elles en donnent et les conclusions qu'elles en tirent — leurs bases ne s'appuient que sur des affirmations non conformes aux enseignements de la Nature dont elles font une entité, et qu'elles prétendent expliquer au moyen d'études superficielles appliquées à quelques faits entrevus dans leur isolement et dans leurs apparences.

De cette Nature qui d'après ces doctrines speudo-scientifiques ferait, par elle-même, ceci, cela, elles prétendent déduire l'essence des lois immuables qui la régissent par des moyennes tirées de statistiques appliquées à des faits variables, se ressemblant peu ou prou, mais qui ne sont pas identiques.

Ce manque d'identité des faits entre eux est prouvé par l'universalité des recherches observatrices et expérimentales de l'Humanité ; ces recherches démontrent de plus en plus qu'il n'est pas deux faits absolument semblables dans le Temps et l'Espace.

Alors, aucune opération de statistiques et de moyennes, si chères aux matérialistes et surtout aux positivistes, n'est applicable aux faits pour en chercher, scientifiquement, une explication suffisante ; pour cette raison indéniable : « *Si des unités ne sont pas identiques entre elles, tant nombreuses et semblables soient-elles, les résultats de moyennes et de statistiques qui leur sont appliquées ne peuvent donner que leur quantité et non leurs qualités ou manières d'être* » ; d'où résulte que chercher la loi d'un certain nombre de faits au moyen de statistiques et de moyennes, c'est, consciemment ou inconsciemment, chercher des sources d'obscurités et d'erreurs par des opérations sur des unités différentes et des nomenclatures incomplètes.

Mais la théorie intégrale repose, elle, sur la recherche et l'exposé de toutes les parcelles de vérité conquises par l'Humanité, dans l'ensemble de tous les faits ; ces parcelles nous aideront, je l'espère, à trouver l'explication du fait dont nous nous occupons ; pour atteindre ce résultat :

1° Exposons brièvement celles de ces parcelles qui s'appliquent plus spécialement à notre problème ;

2° De ce problème, mettons en lumière les détails ou facteurs principaux ;

3° Concluons en formulant la solution demandée.

1°

« *Dans l'Espace et le Temps, tous les Êtres se développent évolutivement et indéfiniment dans des vies successives.* »

« Ces Etres ont une même et identique origine ; ils n'ont pour devoir absolu que leur obligation inéluctable de solidarité universelle ; ils n'ont pour objectif perpétuellement nécessaire que leur perfectibilité à l'infini. »

« La pratique de la Solidarité et la recherche constante de sa perfectibilité sont d'autant plus faciles pour un Etre qu'il a acquis plus de véritable amour pour tout ce qui est dans la Nature, qu'il a pour tous une bonté plus parfaite : Plus la bonté est parfaite, plus elle est éclairée, indulgente et ferme, sans faiblesse ni exagération. »

« Tous les Etres pour et par leurs acquisitions de perfectibilité sont solidaires les uns des autres ; ils agissent et réagissent continuellement sur le progrès universel par leurs actes organiques et, surtout, par leur vouloir énergiquement employé pour le bien individuel et l'avantage collectif. »

Le vouloir d'un Etre, incarné ou désincarné, employé à faire du bien à ses semblables, produit de bons résultats, celui employé pour l'avantage collectif en produit de supérieurs : L'amour de l'Humanité est plus élevé que celui de la patrie ; celui de la patrie est moins étroit que celui de la famille ; celui de soi-même est bestial. »

« Un fait est la résultante complexe du vouloir, des influences et des actes de différents Etres ; aucun Etre, quelle que soit sa situation, ne subit le résultat d'un fait qu'en raison de ses acquisitions et responsabilités antérieures ; un fait est un aboutissant momentané dont les résultats sont limités par des lois immuables, il provient de la coïncidence d'influences psychiques d'Etres désincarnés et d'actes organiques d'Etres incarnés. »

« Les Etres, dans le Temps et l'Espace, depuis

leur origine se sont différenciés et se différencient de plus en plus dans leurs acquisitions et leur possibilité de manifestations ; dans le Temps et l'Espace, les faits étant des manifestations produites par les Etres, il n'a pu et il ne pourra jamais avoir deux faits identiques. »

« *Les Etres étant désincarnés ne peuvent choisir d'organisme qu'entre ceux que leur développement actuel leur permet d'organiser et de mouvoir ; ils peuvent s'influencer dans leur choix : Ou par des mobiles que leur égoïsme étroit leur suggère ; ou afin de se rapprocher, pour toutes sortes de motifs, d'Etres incarnés avec lesquels ils se sont trouvés dans des vies antérieures ; ou par désir de réparer les effets, encore existants, de leurs infractions passées à la Solidarité et d'acquérir plus de possibilité de développement.* »

« *Pour un Etre de quelque façon que se termine une de ses vies, c'est toujours parce que : Ou il a réalisé dans cette vie les résolutions utiles à sa perfectibilité, qu'il avait prises en s'y incarnant ; ou il a, par ses actes, rendu l'organisme qu'il quitte, impuissant à l'aider pour son développement actuellement possible et nécessaire.* »

N'importe quelle terminaison d'une des vies d'un Etre n'arrive qu'alors qu'elle lui est avantageuse ; mais si, par son vouloir, dont il est toujours responsable, il a cherché la mort pour essayer d'échapper à quelque responsabilité de son individualité actuelle, alors même que sa tentative de suicide échouerait, ce qui arrive très souvent, il se serait créé, dès ce moment, d'inéludables et bien pénibles difficultés intimes et organiques pour de ses vies incarnées et désincarnées à venir : Si son suicide réussit, il n'a pu que changer la forme de destruction d'un de ses organismes sans avancer cette destruction si peu que ce soit. »

« *Sont encore des arriérés en développement les Etres qui, dans l'infinité de l'Espace animent, l'un notre planète, les autres les organismes qui se développent dans la vitalité de cette planète; Ils ont débuté par être, ils continuent d'être rebelles à la loi universelle :* La Solidarité *; ils souffrent psychiquement par leur faculté sensitive de l'infériorité de leurs organismes, des lois d'influence et des influences du milieu ambiant.* »

2°

Le fait que nous étudions est une couleur que presque tous les hommes actuels jugent d'autant plus disproportionnée avec son objet, que ceux qui la ressentent sont plus intelligents.

Qu'est cette douleur ?

La résultante, pour ce qui est apparent, du regret de deux individus humains de la perte qu'ils ont faite d'un individu animal et des conditions dans lesquelles ils ont fait cette perte.

Que sont les individus qui regrettent ? Qu'était l'individu regretté ?

Les premiers sont, certainement, parmi les Etres dont la planète Terre est l'habitation actuelle de ceux y ayant un développement des plus avancés ; mais ils sont encore bien éloignés de celui, intime, qu'ils devront atteindre avec des organismes humains afin d'en pouvoir organiser et mouvoir d'autres supérieurs.

Le dernier n'appartenait pas à l'espèce humaine qui, d'après toutes les apparences, est celle où se peut acquérir le plus haut développement intime que les individus terrestres, au moins actuellement, peuvent conquérir dans la vitalité organique et atmosphérique de la planète que nous habitons présentement; mais il avait certainement et à un haut degré bien des qualités intimes qui sont nécessaires à l'individualité humaine un peu développée; entre autres, celle d'affection qui souvent, hélas, dans notre espèce, manque à des frères et à des sœurs entre eux, à des parents pour leurs enfants, à ceux-ci pour ceux-là, certainement, pour des causes d'antipathie antérieures à leur vie actuelle.

Ces trois individus, comme Etres, n'étaient certes pas très éloignés de développement intime; les raisons de leur sympathique affection actuelle, ils les avaient eues certainement dans des rapprochements antérieurs à leur vie présente; s'ils ont vécu ensemble la durée de la vie que vient de quitter celui qui était le moins développé, ce ne peut être que par le choix d'organisme que ce dernier avait fait dans sa désincarnation précédente, afin de se rapprocher des deux autres.

De ce qui est ci-dessus ressort, contrairement à l'opinion presque unanime des hommes actuels, qu'ici le regret des individus humains est fondé dans son objet et ne l'est pas dans son intensité.

Cette intensité leur provient d'une sensibilité qui n'est pas de la véritable bonté :

La bonté véritable est supérieure et éclairée; elle sait qu'aucune mort ne frappe un individu quelconque que pour son plus grand bien actuellement possible; que l'individu mort vit comme Etre et, comme tel, souvent vient visiter ceux qu'il a aimés, qu'il s'attriste de leurs chagrins; la bonté se donne aux autres, elle évite tout ce qui peut leur être pénible; etc., etc...

3°

Conclusion. — De ce qui précède, il découle du fait que nous venons d'étudier : Que

La loi générale est un aboutissant logique de la situation actuelle intime et organique des deux individus humains qui manifestent ce fait.

La cause principale est l'usage actuellement instinctif et non raisonné, par insuffisance de savoir, que ces deux individus font de leur meilleure acquisition intime : La bonté.

Le comment est une coïncidence de circonstances provoquées par des Etres désincarnés au moyen des lois d'influence.

Le pourquoi est l'avantage de l'individu animal qui, comme Etre, est débarrassé d'un organisme avec lequel il avait réalisé les résolutions qu'il avait prises en l'organisant : Cet organisme, ayant accompli son œuvre, ne pouvait plus lui être utile.

Messieurs, si je n'ai pas répondu logiquement et complètement à vos demandes, la faute en est à mon insuffisance.

**

Un désabusé des mensonges bourgeois (Paris). — *Décembre 1894.*

CRITIQUES

«... Vous êtes collectiviste, les collectivistes sont des dupeurs ; ils nous dégoûtent. Vous usez votre tempérament à nous prêcher le suffrage universel pour nous débarrasser des exploiteurs. Mais le suffrage universel est une duperie, il ne sert qu'à tromper le peuple, à l'abêtir, à l'amuser et à lui faire supporter ses chaînes quand, avec un peu d'énergie, il pourrait s'en débarrasser pour toujours ; il est le lâche abandon que ceux qui votent font de leurs droits d'agir librement par eux-mêmes ; il donne à la bourgeoisie rapace, parasite, exploiteuse et féroce des gendarmes et des enjuponnés qui, au nom d'une justice qui n'existe pas, s'arrogent le droit de juger leurs semblables, qui valent mieux qu'eux ; ils donnent, à cette bourgeoisie qu'il faut faire disparaître, de la tranquillité au lieu de lui faire peur ; elle est stérile pour l'émancipation des travailleurs, à preuve l'embourgeoisement des ouvriers devenus députés, sénateurs et même conseillers municipaux ; il est une blague bourgeoise, car s'il menaçait les intérêts de la bourgeoisie au lieu de les soutenir, elle aurait tôt fait de le supprimer comme elle a déjà fait plusieurs fois. Le suffrage universel est une catin qui se prostitue à qui veut l'acheter : la force est féconde, elle est l'accoucheuse des sociétés nouvelles, comme le disait jadis un des vôtres, mais il est devenu député, et il a maintenant une autre guitare ; si vous ignorez tout cela, vous êtes un imbécile et un bourgeois présomptueux : si vous le savez, vous êtes un endormeur, qui veut continuer à digérer ses rentes en paix, avec votre ritournelle d'amour, de concorde et de suffrage universel pour moyens d'émancipation...»

RÉPLIQUES

Je ne sais qui vous êtes, mais je vous crois convaincu ; c'est pourquoi je vais vous répondre avec plaisir et du mieux possible :

Oui, je suis collectiviste, collectiviste-intégraliste ; je ne me pare pas de cette belle étiquette pour masquer des appétits que je ne pourrais satisfaire qu'au détriment des travailleurs.

La théorie que je sers se sépare nettement, par son but et par ses moyens, des chapelles qui s'intitulent collectivistes sans avoir de programme collectiviste et qui éparpillent les efforts socialistes des travailleurs au seul bénéfice de beaux parleurs.

Je préconise pour la transformation absolue de la société actuelle les moyens de la théorie collectiviste-intégrale, parce que les ayant comparés attentivement avec les autres moyens proposés pour obtenir cette transformation, je vois distinctement que tous, avec quelques diversités de nuances, se réduisent à trois systèmes principaux :

1° Celui que vous adoptez, la violence ; 2° celui de faire acquérir les pouvoirs publics à des élus des spoliés de la société actuelle ; 3° celui du Collectivisme-Intégral : Se servir de l'embryon de suffrage universel que nous possédons et par lui, au moyen de mandats efficaces et sanctionnés, conquérir le véritable suffrage universel et des transformations sérieuses à la base de la société actuelle.

Je ne m'occuperai pas, ici, des palliatifs pouvant aider à neutraliser certains effets désastreux de l'état social individualiste et préconisés comme remèdes sociaux ; après mûr examen, j'ai reconnu que les meilleurs résultats possibles obtenus par l'emploi de palliatifs ne pourraient qu'occasionner le changement de place d'un ou de plusieurs des dangers qui nous menacent, sans diminuer l'acuité et le nombre des souffrances individuelles, sans enrayer la marche des choses vers le cataclysme auquel elles nous conduisent : A ce cataclysme, nous ne pouvons échapper qu'en détruisant la la cause *qui engendre* ces souffrances.

1° Je reconnais comme vous que, partout et toujours, jusqu'à présent, toutes les applications d'un prétendu suffrage universel n'ont été que des duperies et n'ont servi qu'à tromper le peuple, à l'amuser, à lui dissimuler son triste esclavage.

Mais, contrairement à votre opinion, j'ai constaté que la violence et la haine n'ont jamais rien fondé de durable ; alors même qu'elles paraissaient complètement victorieuses, ce qui a été absolument rare dans toute l'histoire de l'Humanité, elles ont toujours amené des réactions impitoyables.

Cette inefficacité de la violence et de la haine est très logique : Elles ne peuvent préparer les éléments nécessaires aux reconstructions qui doivent être substituées, sans délai, aux ruines qu'elles viennent de créer : Ces reconstructions doivent être immédiatement réalisées pour faire face aux nécessités de la vie individuelle et collective qui ne s'arrêtent jamais.

De plus, la haine et la violence sont des moyens mauvais ; un moyen mauvais, quel qu'il soit, ne peut jamais amener de bons résultats : La vérité constante des affirmations ci-dessus est prouvée par toutes les expériences empiriques et scientifiques de l'Humanité.

―――

2° Le système de substituer dans les rouages de la société pourrie où nous sommes, des hommes à d'autres hommes, pour la transformer, n'est de la part de ceux qui le préconisent que de la duplicité ou de l'ignorance présomptueuse.

La puérilité de ce système et les déceptions qu'il amène ont fait confondre, dans beaucoup de cerveaux, le véritable suffrage universel, qu'il faut conquérir, avec l'embryon informe que nous en avons.

Aussi, après la mauvaise foi des bourgeois qui calomnient les miséreux, cette puérilité et ces déceptions ont créé quatre anarchistes sur cinq et de monstrueuses aberrations destructives.

———

3° Le but du Collectivisme-intégral est de conquérir un état social où toutes les conditions réglant les détails et l'ensemble de la vie collective seront soumises à une règle unique : Produire le plus possible d'avantages sociaux de toutes sortes par et pour des associés également libres, en ne demandant à chacun d'eux que le minimum posible d'efforts.

Le Collectivisme-Intégral démontre la nécessité d'établir pour tous, aussi rapidement et indestructiblement que possible, une égalité absolue dans les obligations sociales et dans le partage des bénéfices collectifs.

Cette égalité ne consistera pas dans ce que la part d'obligations et celle de bénéfices de chacun sera UNIFORME, non, non, mais dans ce qu'elles seront toutes ÉQUIVALENTES les unes aux autres ; aucune ne sera attribuée administrativement à personne ; chaque associé choisira librement, sans pouvoir empiéter sur le droit et la part des autres, ce qui dans les obligations et les bénéfices sociaux sera le plus en rapport avec ses aptitudes, développées intégralement, et avec ses besoins d'individu humain.

Pour pouvoir poursuivre et atteindre ce but, il faudra de l'union et de l'accord entre tous ceux à qui il profitera ; il profitera à tous, mais pour les exploités et les gens de cœur sa réalisation est indéniablement plus urgente que pour les repus.

Pour que l'union et l'accord puissent exister entre les salariés, qui travailleront à cette réalisation, il faut qu'il n'aient pas à sacrifier de leurs maigres possibilités de vivre, eux et les leurs.

C'est pourquoi le Collectivisme-Intégral ne leur conseille rien qui puisse mettre en péril ces maigres possibilités et les avertit des dangers qui résultent pour eux des déclarations de guerres intempestives, des manifestations stériles et sans lendemain, des grèves qui sont prêchées avec enthousiasme par des individus, rien moins qu'ouvriers, alors que ces grèves demandent aux travailleurs des sacrifices de souffrance et de misère épouvantables sans compensations réelles et durables.

Ces trompe-l'œil que des retors préconisent, ne peuvent que semer des dissentiments et de la haine entre les travailleurs ; ils donnent des possibilités et des habitudes de dictature et de despotisme à quelques-uns de ceux-ci qui, sans tenir aucun compte de la liberté, de la dignité, des droits et des devoirs du plus grand nombre de leurs compagnons de misère, de l'urgence de leurs besoins indispensables, des exigences familiales auxquelles ils sont condamnés, arrivent à vouloir les contraindre, même par la violence, à une règle de conduite à laquelle il est absolument impossible aux uns de se soumettre et que les autres, avec raison, ne veulent pas accepter.

De plus, ces trompe-l'œil ne peuvent pratiquement, efficacement, évolutionnairement, révolutionnairement servir à l'émancipation sociale du travail et des travailleurs, ils compliquent dangereusement les difficultés de cette transformation;

mais, sous les étiquettes du socialisme et de la solidarité, ils servent si commodément de base à des tremplins électoraux ! ! !

Le Collectivisme-Intégral engage les travailleurs à s'entendre entre eux, afin qu'ils ne soient plus dupés par leurs mandataires; il leur conseille d'imposer à ces derniers des programmes efficaces, sanctionnés, successifs, toujours inspirés par les mêmes objectifs : Démolir la base de la société actuelle; créer des fondements inébranlables à la société à venir; obtenir le plus immédiatement possible tout ce qui, socialement, leur est présentement nécessaire; enfin et surtout, conquérir de plus en plus le véritable suffrage universel, par lequel ils transformeront leur situation actuelle d'esclaves en celles d'hommes libres.

―――

Le suffrage universel est un droit et un devoir pour tous sans exception; il doit s'appliquer à tous les cas où, momentanément, il est indispensable que des intérêts collectifs soient représentés par un ou des mandataires ; ces cas doivent être le moins nombreux possible ; tous les mandats doivent être bien définis, limités, de durée courte ; toutes les décisions des mandataires doivent être soumises au *referendum* de leurs électeurs.

L'embryon de suffrage que nous avons aujourd'hui est loin, bien loin de ce véritable suffrage universel.

Mais cet embryon est un outil d'émancipation que des spoliés, nos pères, ont arraché à leurs spoliateurs en vue d'obtenir leurs droits, tous leurs droits, dont la violence, la fraude et l'hypocrisie les avaient dépouillés et continuent de nous dépouiller.

De ce que cet outil est très imparfait actuellement, de ce que nos pères et nous-mêmes ne nous en sommes encore servi que maladroitement, de ce que, jusqu'à présent, il a été plus utile à nos détrousseurs qu'à nous, devons-nous l'abandonner à nos ennemis ou devons-nous chercher à nous en servir, de plus en plus habilement, en le perfectionnant sans cesse ?

Pour mener leur tâche à bien, des ouvriers intelligents se servent des outils qu'ils ont à leur disposition, ils apprennent à les manier de mieux en mieux, en les perfectionnant de plus en plus.

L'état social individualiste est actuellement arrivé à être un bagne immense dans lequel les salariés sont condamnés à souffrir, jusqu'à en mourir plus ou moins rapidement, de privations de toutes sortes dans une abondance dont ils sont les producteurs.

Ces salariés et les hommes de cœur ont une tâche difficile, mais absolument belle à accomplir : Conquérir l'émancipation du travail, de leurs enfants, de l'Humanité tout entière.

Pour mener à bien cette tâche, qu'ils agissent comme de bons ouvriers qu'ils sont, qu'ils apprennent à manier de mieux en mieux le suffrage restreint que nous possédons, en s'occupant de le transformer de plus en plus en suffrage universel, réel et complet !

Qu'ils ne prêtent plus l'oreille à des rhéteurs intéressés, fourbes ou ignorants présomptueux, qui cherchent à les duper en leur conseillant d'abandonner le moins mauvais outil qu'ils ont à leur disposition pour détruire un état social qui les assassine lentement !

———

Depuis que, par la lutte et la violence, des hommes se sont taillé des propriétés particulières dans celle qui aurait dû rester indivise et pour tous, qu'ils se sont donné des esclaves en faisant travailler à leur profit d'autres hommes qui avaient été plus faibles qu'eux, ils n'ont jamais pu jouir en paix des suites de leur exécrable point de départ.

Sans cesse menacés par leurs rivaux et par leurs victimes, qui leur arrachaient continuellement le plus possible de concessions ; cherchant toujours à reprendre tout ou partie de ces concessions, dont la première a été le point de départ de ce que sera le véritable suffrage universel ; cherchant en même temps à garantir contre la violence eux, les leurs et ce qu'ils ne possèdent que par la violence ; ils ont ainsi que leurs descendants de moins en moins nombreux que leurs victimes dû, contre celles-ci, prendre des précautions plus astucieuses que brutales.

Alors, de maîtres absolus et connus de leurs esclaves, ils ont cherché à en rester les exploiteurs en devenant pour eux plus anonymes : D'abord, ils ont créé une hiérarchie parmi leurs machines humaines ; puis, ils ont fait des règlements et des conventions, qu'ils ont appelés lois.

Pour surveiller l'exécution de ces règlements et conventions imposés à leurs victimes, ils ont établi des emplois qui en changeant bien des fois de nom, dans la succession des siècles, sont restés les mêmes pour les services qu'ils rendent aux spoliateurs contre les spoliés.

De ces primitifs emplois, les types principaux actuels sont ceux de bourreau, de gendarme, de juge, de mouchard.

En même temps que par la volonté des chefs de

tribus, de peuplades, de peuples, de nations devenaient de plus en plus nombreux des parasites officiels à qui ceux qui travaillent, utilement, devaient fournir le meilleur de leurs productions, se créaient toujours davantage des intermédiaires qui n'ajoutant rien aux véritables productions se faisaient, eux aussi, entretenir aux dépens du travail utile : C'est ainsi que, petit à petit, s'est formé l'organisation sociale actuelle, monstrueusement hypocrite dans sa base et ses effets de domination, d'exploitation et de destruction d'hommes par d'autres hommes.

Cette société est soutenue au nom d'une divinité et d'une science mensongères dont les satisfaits se servent, hélas! dans une apparence d'instruction officielle et officieuse avec laquelle ils trompent le peuple en le berçant d'illusions.

Et des rhéteurs contemporains prétendent démolir d'un coup cette machiavélique organisation par les moyens atroces qui l'ont créée, développée et continuent de la soutenir.

Hélas! ils poursuivent l'œuvre de leurs ancêtres des âges disparus; œuvre néfaste dont les effets ont été, le plus souvent, la cause ou le prétexte de nombreux retours en arrière de la pauvre Humanité.

Ils défendent leur doctrine de démolition de la société actuelle par le même argument dupeur qu'emploient, pour la continuer, ses bénéficiaires les plus retors :

C'est au nom de l'émulation d'une prétendue liberté qui toujours n'a laissé et ne laisse aux miséreux que celle de mourir de faim, et donne aux sans scrupules une licence presque sans borne; d'une liberté qui n'est que le moyen laissé aux violents, aux fourbes et aux hypocrites d'acquérir tous les avantages sociaux; d'une liberté, enfin, qui ne peut régner que là où n'existe pas l'égalité sociale, seule base et sanction de la véritable liberté aussi bien individuelle que collective.

Les masses, heureusement, voient enfin leur véritable intérêt.

Elles ont entendu l'écho de quelques voix de penseurs qui, à tous les âges de l'Humanité, leur ont crié que leur salut est seulement dans la complète égalité sociale, laquelle n'est ni le semblable, ni le pareil, ni l'uniformité, mais L'ÉQUIVALENCE.

Elles veulent cette égalité; ce ne sont ni les voleurs d'étiquettes socialistes, ne leur préconisant que des programmes de modifications anodines, ni les hableurs, payés ou non, leur disant : « Désintéressez-vous des votes que vous pouvez émettre », qu'elles écouteront désormais.

Elles connaissent maintenant la cause primordiale de leurs souffrances ; elles savent :

1° Que cette cause est l'appropriation et des richesses naturelles et de celles acquises collectivement;

2° Que cette appropriation a fait naître, entretient et développe le hideux « *Chacun pour soi* », dont elles sont les plus intéressantes victimes;

3° Que si elles sont plus malheureuses, relativement, que toutes celles qui les ont précédées, c'est que, même sous un gouvernement portant l'étiquette républicaine, vont toujours s'aggravant les effets perturbateurs de la cause génératrice de tous leurs maux;

4° Qu'elles ne se débarrasseront pas de ces maux en changeant le personnel des pouvoirs publics et l'étiquette de ces pouvoirs ;

5° Qu'abandonner lâchement son droit d'agir, c'est ne pas se servir logiquement et énergiquement du meilleur et plus efficace moyen qu'on possède de reconquérir ce droit, quand il vous a été dérobé : Ne pas voter c'est abandonner, lâchement, ce droit d'agir socialement que tous doivent posséder et exercer.

Elles se méfient, elles n'écoutent plus les conseils intéressés des histrions et des ambitieux qui, n'ayant que de la haine et des appétits, ne s'attaquent pas aux causes mauvaises et cherchent à les jeter sur de fausses pistes pour les détourner de la route vraie de leur émancipation, en leur criant : « Sont vos ennemis, celui-ci, celui-là ; le juif, le clérical, le franc-maçon, le capitaliste, le juge, le gendarme, le patron, le propriétaire, etc., etc., etc. »

Victimes les plus sacrifiées de notre milieu social, s'instruisant toujours de mieux en mieux, les masses n'ignorent plus que ce sont des résultats logiques de ce milieu : Les mauvaises actions des dénoncés et des dénonciateurs ; des bourgeois astucieusement niais, qui combattent les justes revendications de la classe ouvrière en accusant ceux qui en font partie des défauts et des vices d'une infime minorité d'individus qui ne sont rien moins qu'ouvriers ; des commerçants qui les empoisonnent en falsifiant les denrées ; des escarpes de haut vol qui raflent des millions en ruinant des milliers de familles ; des alphonses du ruisseau qui assassinent un travailleur pour le dévaliser de quelques sous ; des miséreux qui vendent et trahissent leurs compagnons de misère ; etc., etc., etc.

Elles veulent détruire ce milieu malsain et pourri où, par suite de l'antagonisme des intérêts, chacun dépense sa vie en luttes acharnées et discourtoises, en luttes stériles pour son développement, son bonheur, sa destinée évolutive et son bien véritable.

Elles veulent transformer l'état social au bénéfice de tous, ne se servant que de moyens pratiques, efficaces et justes les menant à leur but le plus rapidement possible.

Elles ne compliqueront pas inutilement leur tâche en s'en prenant à des innocents ou même à ceux-ci ou à ceux-là coupables comme tout le monde est entraîné à l'être dans un milieu individualiste, dans un milieu où de temps en temps un bouc émissaire, malfaiteur trop maladroit, est puni avec éclat pour faire croire aux naïfs à une équité que ce milieu ne comporte pas.

Elles savent très bien qu'elles stériliseraient leurs efforts d'émancipation par des luttes de classes et de personnalités ; que fissent-elles une hécatombe formidable parmi les gangrenés de l'état social actuel, le mal dont cet état est générateur ne serait même pas enrayé ; que parmi ceux qui en souffrent et s'en plaignent le plus aujourd'hui surgiraient de nouveaux exploiteurs aussi féroces que ceux détruits la veille.

Enfin, elles ont conscience qu'aucun homme n'a le droit d'en juger un autre ; mais elles savent que la collectivité étant JUSTE ET BONNE à tous les individus a, comme l'individu, le *devoir* de se protéger et de se défendre contre toute agression folle ou criminelle.

Profitant des leçons du passé, elles se serviront des outils qu'elles possèdent pour détruire la base individualiste d'une société dont l'organisation tout entière sacrifie l'individu et la vie humaine, non à l'intérêt général et au bien de tous, mais à des intérêts privés, à la propriété individuelle acquise comme elle se peut acquérir là où la générosité, la sincérité, la loyauté, les scrupules envers les autres et le respect de leurs intérêts sont des infériorités sociales dont le résultat final ne peut être, quatre-vingt-dix-neuf fois sur cent, que de condamner celui qui les possède à être, lui et les siens, des meurt-de-faim ; une société, enfin, où l'émulation consiste à acquérir les avantages sociaux *quand même et par tous les moyens possibles*.

Marchant droit à leur idéal, elles ne s'occuperont des individus qui bénéficient plus ou moins du milieu social, dont elles sont les plus douloureuses victimes, que pour ne point se laisser léser par ces individus dans ce qu'elles ont de liberté, de possibilité de vivre actuellement, de moyens d'émancipation aussi rapide que possible.

Elles s'entendront pour imposer des programmes efficaces et sanctionnés à leurs mandataires de tous ordres, afin d'avoir le *droit* et la *possibilité* de surveiller continuellement leur manière de remplir leur mandat.

Pour que ces mandataires ne puissent plus les duper impunément, elles châtieront ferme ceux qui les tromperont parce que leur infidélité, au mandat par eux accepté, est le crime social le plus terrible par ses conséquences : Une de celles-ci est la cause que partout se continue, chaque jour, l'assassinat social d'un nombre considérable d'Etres humains qui meurent des effets de l'anarchique organisation sociale actuelle.

Que sont les résultats des autres crimes sociaux comparés aux résultats de celui-là!!!

Comme conclusion, elles seront sans pitié pour *quiconque* chercherait à mutiler ce qu'elles auraient acquis de développements vers le suffrage universel, leur suprême espoir; dussent-elles, pour sauvegarder ces développements, aller jusqu'à la révolte sans merci et à la destruction sans miséricorde des individus qui les acculeraient à ces épouvantables extrémités : être lâches devant des coquins qui essaieraient de les enchaîner dans un bagne de mortelles misères, ou justiciers impitoyables ne reculant devant aucun danger pour accomplir le devoir de sauvegarder leur lendemain, celui de leurs enfants et celui de l'Humanité.

J'espère, citoyen, que ma réponse vous sera suffisante; mais si elle vous paraissait inexacte ou incomplète sur quelques points, *signalez-les moi* et j'essaierai de mieux faire.

LECTEUR, Je te redis, dans cette 16ᵉ édition : Qui que tu sois, quelles que soient tes convictions, si tu m'interroges sur mes écrits et mes paroles, tant privées que publiques, je te répondrai toujours, sans me dérober devant aucune difficulté ; et si mes réponses ne te paraissent pas satisfaisantes, précises les points sur lesquels tu désires que je sois plus explicite.

12 décembre 1894.

*M. H. G., avocat et socialiste chrétien (Lyon),
juillet 1895.*

OBJECTIONS

« ... Maintenant, en vous écrivant quelques brèves critiques sur les points principaux de votre thèse, où MM. N..., L... et moi sommes restés dans le plus complet désaccord avec vous, nous nous acquittons de la promesse que nous vous avons faite à la suite des discussions absolument courtoises que nous avons eues avec vous chez les dames L.. :

« *Primo.* — Vous niez que la morale ait eu, jusqu'à présent, une base exacte, en rejetant la possibilité de toute révélation directe de Dieu à l'Humanité, parce que, dites-vous : *Dieu ou la cause première, comme vous l'appelez, n'a pu en être l'auteur, étant ce qu'il est.* »

« Mais dans cette affirmation, vous vous mettez en contradiction avec vous-même en reconnaissant que cette cause est infinie, c'est-à-dire absolument libre et toute-puissante et, en lui traçant des limites, alors que vous reconnaissez ne pouvoir la comprendre, parce que vous n'êtes qu'un de ses effets, et que vous êtes limité dans votre compréhension. »

« *Secundo.* — Vous rejetez comme base de votre système sociologique la famille, la propriété, la patrie ; ces trois nécessités indispensables à toute société humaine et qui découlent, comme principes, de cette morale révélée que vous niez. »

« Mais depuis que l'homme a été créé, ces principes ont permis aux peuples de se développer et de passer de l'état sauvage, où la faute du premier ancêtre les avait jetés à l'état civilisé, et qui le deviendra de plus en plus, malgré les théories rétrogrades qui, sous prétexte de tout édifier, veulent tout détruire : L'idée de Dieu, la religion, l'autorité, la famille, la propriété, la patrie, etc. ; et pour quoi mettre à la place ? »

« *Tiertio*. — Vous niez la mission de Jésus-Christ, l'efficacité et la splendeur des résultats sociaux obtenus de la pratique universelle de ses enseignements, lesquels se résument ainsi : Aimer Dieu par dessus tout, faire pénitence de ses péchés pour désarmer sa justice offensée par eux, prier pour obtenir les effets de sa grace, aimer son prochain comme soi-même, être charitable aux malheureux. »

« Vous niez cette mission et l'efficacité de ses enseignements. Pourtant c'est à elle et à eux que nous devons la connaissance claire de notre destinée et des devoirs qu'elle nous prescrit pour notre plus grand bien et nous permettre d'établir l'harmonie sociale entre les hommes, dont la nature est orgueilleuse, jalouse, envieuse, égoïste, et qui sont toujours mécontents et en révolte contre toute autorité quelle qu'elle soit... »

RÉPLIQUES

Primo. — Vous avez raison, disant : « L'homme, Etre limité, ne peut comprendre l'Infini »; mais il faut ajouter : Il peut et doit connaître ce qui est indispensable à cet Infini pour que son existence soit réelle et non spéculative :

Cet indispensable est la perfection dans son intégralité toute puissante d'immuabilité une, sage, juste et bonne pour nous en tenir aux attributs essentiels que l'intelligence humaine perçoit clairement, en s'appuyant sur les acquisitions indéniables faites par l'Humanité; par ces acquisitions, cette intelligence voit que la connaissance des lois naturelles est la seule révélation possible de toute parcelle de vérité ou par celle de véritable science. *Si l'auteur de ces lois avait donné, à n'importe qui et à n'importe quel moment, des révélations nouvelles ou contradictoires à celle-là qui est permanente, immuable, universelle, il se serait démenti* lui-même; *Il n'aurait pas fait acte de liberté absolue et toute-puissante, mais acte d'intelligence imparfaite, par manque de savoir, de sagesse, de justice, de bonté une et immuable.*

Si la Cause-Première — Dieu, comme vous l'appelez, ou la Matière, comme d'autres la dénomment, le nom importe peu — n'est pas infinie, c'est-à-dire absolument parfaite, elle ne peut être qu'une aberration vaniteuse de notre concept.

A cette Cause refuser toute possibilité d'amoindrissement dans sa perfection *infinie*, c'est mieux la concevoir, logiquement et mathématiquement, que de lui accorder cette possibilité, sous prétexte d'une toute-puissance qui ne serait autre qu'une succession désordonnée de vouloirs ou de manières d'être.

Ce qui est dit plus haut, tend à vous démontrer l'imposture et l'impossibilité de toutes les prétendues révélations, dites religieuses, prêtant à qui les aurait faites des imperfections qui rendent son existence absolument impossible.

Revenons à la Morale; non, elle n'a pas encore eu de base exacte, réellement scientifique, s'appuyant sur les lois naturelles.

Par définition, la morale doit être la science des règles à suivre pour faire le bien et éviter le mal; la science des droits et devoirs individuels et collectifs ; la science des possibilités du bonheur pour chacun et pour tous.

Sous son nom, n'importe quelle règle ou ensemble de règles pour diriger les habitudes, les mœurs, l'activité intellectuelle et physique des hommes n'a jamais été, jusqu'ici, qu'une réunion de prescriptions et de défenses inventées par quelques-uns, afin de se garantir le plus de jouissances sociales possibles au détriment du plus grand nombre ; cela, en trompant ce plus grand nombre au nom de divinités ou de sciences mensongères.

Aussi, jusqu'à ce jour, ce qu'on a appelé la *Morale* a varié continuellement en préceptes souvent différents et quelquefois opposés de groupements humains à d'autres groupements humains et, même, d'un jour à l'autre, dans le même groupement : Vérité en deci, erreur en deçà !

Il est vrai que dans tous ces préceptes, il en est un en accord absolu avec les lois naturelles ; nous le trouvons formulé dans les traces les plus lointaines que nous avons de l'Humanité.

Ce précepte, sous différentes formes, a toujours été : AIMEZ-VOUS LES UNS LES AUTRES ; mais, hélas, il n'a jamais pu, socialement, sortir de l'état d'aspiration et passer dans la pratique, parce qu'il était et est encore obscurci, dénaturé, comme perdu au milieu de ceux opposés sur lesquels, jusqu'à ce jour, toutes les sociétés ont basé leurs institutions : Voilà l'exposé, très succinct et très exact, de ce qu'a été la Morale jusqu'à présent.

Le Collectivisme-Intégral en recherchant la possibilité du bonheur humain a relevé non seulement l'exposé ci-dessus ; mais aussi dans les parcelles de vérité que l'expérience humaine a acquises, celles suivantes :

« *Dans le Temps et l'Espace*, TOUT *ce qui existe ne peut avoir qu'une* Cause *unique infinie. Les unités de ce* TOUT *sont nécessairement égales par origine, destinée, moyens d'évolutions, possibilités d'existence ; elles n'ont qu'une loi générale :* la Solidarité. *Des divers milieux où elles se meuvent, organiquement, le milieu social est le plus important pour toutes ; du plus ou moins d'harmonie du fonctionnement de ce milieu dépendent pour ces unités les transformations et la conquête de tous les autres milieux où elles évoluent ainsi que les facilités de leur développement.* »

Des propositions ci-dessus, en accord absolu avec les autres parcelles de vérités acquises expérimentalement par l'Humanité, il déduit une Science morale unique et universelle, se réduisant à ceci :

« *Individu, qui que tu sois, tu ne peux vivre et accomplir ta destinée évolutive que dans et par la société de tes semblables ; tu dois respecter et faire respecter la vie individuelle en tout et pour tous ; réclamer de tous et pour tous toute l'égalité des droits de libre associé ; faire pour tous et pour toi tout ton devoir de solidarité, qui consiste à travailler socialement et énergiquement : A obtenir pour tous ce que tu désires pour toi, à détruire pour tous la ou les causes de ce qui est pénible d'accepter, à conquérir pour tous toute la somme possible d'avantages que peuvent comporter les différents milieux où tu te meus, à acquérir de plus en plus de Savoir réel, de Bonté véritable, d'Amour universel.* »

Cette morale ou règle de conduite individuelle et collective conforme aux lois naturelles, très simple, facile à tous en tout et pour tout, portant en soi sa raison d'être ou utilité, sa théorie et les conditions de possibilité de sa pratique ne sera comprise, acceptée et pratiquée que progressivement par les individus humains qui sont des animaux essentiellement éducables, mais en même temps très routiniers.

Ces individus ont tendance à garder les uns moins et les autres plus longtemps dans leurs concepts, dans leurs mœurs et leurs habitudes, la pratique qui leur a été inculquée de règles dites morales, le plus souvent indifférentes et même perturbatrices à la véritable Morale.

Ces règles s'appuient sur des croyances dites religieuses soit disant révélées surnaturellement, sur une famille, une propriété, une patrie anormales. En enseignant et imposant socialement ces règles pseudo-morales des sans-scrupules se font un faisceau de résistances contre la lumière de la Morale universelle ; mais celle-ci étant une parcelle de l'éternelle Vérité aura le sort de l'épi fécond semé dans un coin du terrain qui lui est propre : Petit à petit, il gagne tout ce terrain, remplaçant, de plus en plus, les plantes parasites qui le rendaient impropre à toute culture vraiment productive.

Alors, *mais seulement alors*, les hommes pourront agir fraternellement et se garantir, réciproquement, toutes les conditions sociales nécessaires au bonheur de chacun d'eux.

Secundo. — Effectivement, le Collectivisme-Intégral ne prend pas pour bases de la Société harmonique future, dont il s'occupe, les conceptions actuelles étroitement égoïstes de la famille, de la propriété individuelle, de la patrie.

Nous voyons du reste ce que valent ces conceptions, en souffrant chaque jour davantage des résultats qu'elles nous ont amenés :

1° 99 familles sur 100 dont les membres sont en désaccord les uns avec les autres et dans lesquelles il n'y a ni harmonie, ni dévouement, ni moralité.

2° 999 cas sur 1.000 de propriétés particulières qui ne s'acquièrent et ne se conservent que par des procédés en désaccord avec les principes de la morale éternelle, mais qui sont mis à peu près en règle avec des conventions iniques créées par une minorité immorale qui les impose à tous sous le nom de lois.

3° Des limites artificielles, géographiques, linguistiques, ethnographiques et autres, prétextes d'immolations sanglantes et fréquemment répétées de ceux qui transforment les richesses naturelles en objets de consommation nécessaires à la vie individuelle et collective, alors qu'ils réclament leur juste part de ces transformations.

Par suite des jongleries que permet la prétendue légitimité de ces limites artificielles, ceux qui produisent *réellement* ne cessent d'être spoliés et martyrisés socialement ; de plus, de gré ou de force, ils doivent être patriotes pour se faire tuer au bénéfice de parasites patriotards qui leur volent leur part au banquet de la vie.

Le méli-mélo d'institutions plus haut énoncées résultent, effectivement, d'une prétendue morale révélée ; il amène, inéluctablement, de la haine entre tous et une perturbation générale.

Comme la doctrine intégrale poursuit l'accord entre tous et la sécurité universelle, elle rejette ce méli-mélo artificiel, déclaré mensongèrement moral, le remplaçant par la loi vraiment morale de la *Solidarité*.

Non, non, ce n'est pas ce méli-mélo qui a permis aux peuples de se développer : Il a, au contraire, été toujours une cause principale de la disparition du plus grand nombre des réunions humaines, dites civilisées, alors que leur état social était saturé des conséquences de cette néo-morale inventée pour essayer de légitimer les résultats de la violence, de la fraude et de l'hypocrisie.

Le Collectivisme-Intégral combat, sans trêve ni merci, toutes les conceptions indéniablement fausses et leurs conséquences sociales démoralisatrices et perturbantes.

C'est pourquoi il combat l'idée de Dieu telle que les religions l'ont créée et la propagent au grand détriment de la Vérité, du bonheur des individus humains et des conditions nécessaires à l'harmonie sociale.

Mais en même temps, il affirme une CAUSE ORIGINELLE PARFAITE conforme aux enseignements que la Nature donne à tous ceux qui cherchent ses enseignements sincèrement et persévéramment ; une *Cause* qui ne laisse place à aucun intermédiaire pouvant l'influencer relativement à l'immuabilité de ses lois et à l'inéluctabilité de leurs conséquences.

Il rejette la fable d'un premier homme créé et celle de la première faute par lui commise, que les religions dites révélées ont inventées et propagent: Les affirmations contenues dans ces fables sont contradictoires avec les enseignements de la Nature et sont, en fait, la négation de l'INFINI PARFAIT *nécessaire pour expliquer cette Nature.*

A cet INFINI-PARFAIT, ces fables attribuent une ignorance idiote ou une épouvantable cruauté, absolument impossibles à concevoir *logiquement* ;

mais, grâce à ces fables, des dupeurs se donnent comme des intermédiaires de cet Infini vis-à-vis des autres hommes.

———

Il combat les religions, se prétendant révélées surnaturellement ; parce qu'elles enseignent l'erreur et l'égoïsme, qu'elles ne sont et ne peuvent être que des boutiques d'ignorance, de duplicité, d'exploitation, d'immoralité.

Mais il préconise la religion réelle : LA SOLIDARITÉ ; la seule qui soit d'accord avec sa signification étymologique : « Re-lier. »

———

Il combat l'autorité ? Oui, sous toutes celles de ses formes où elle est impérieuse ; sous toutes celles où elle est fondée et entretenue par la violence, la fraude, l'hypocrisie ; sous toutes celles qui ont pour résultats de faire des hiérarchies de supérieurs et d'inférieurs, des maîtres et des esclaves, des exploités et des exploiteurs, des dupés et des dupeurs.

Mais il emploie, en les honorant, en les faisant connaître à tous, en leur donnant toute la valeur et la suprématie morales possibles, les capacités qui, chez n'importe quel individu, lui viennent d'aptitudes altruistement développées et consacrées au service de la collectivité.

———

Il ne combat pas la famille ; mais sa constitution actuelle.

Aujourd'hui, neuf cent quatre-vingt-dix-neuf hommes et femmes sur mille n'obéissent pas, en se mariant, à l'attraction de leurs affinités intellectuelles et physiques, mais à des calculs dont la véritable moralité et l'amour vrai sont exclus.

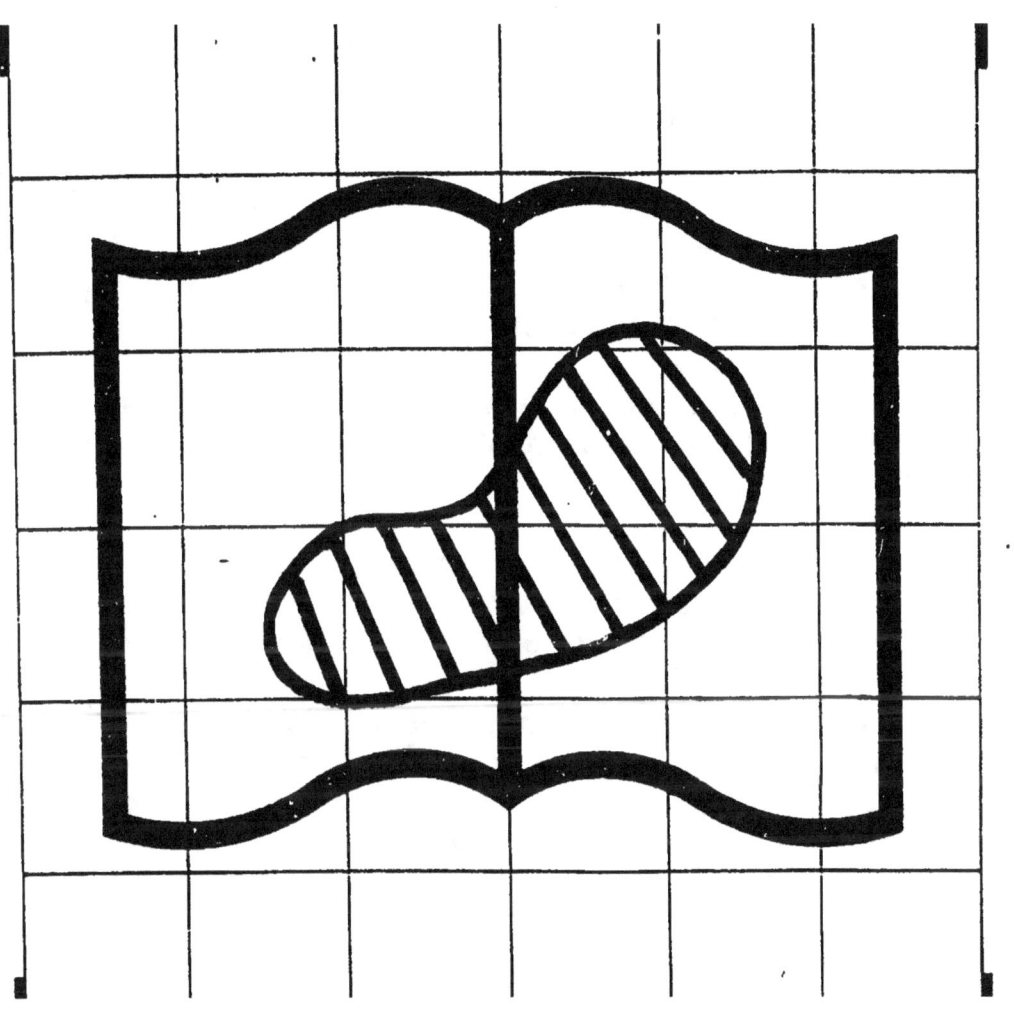

Aussi, maintenant, c'est une rare, très rare exception de rencontrer une famille dont tous les membres s'aiment, se soutiennent et puissent s'estimer.

Lui, le Collectivisme-Intégral, ayant son organisation disposée pour développer tous les enfants au plus haut degré que chacun d'eux puisse atteindre, loin d'être un obstacle à ce que les parents soient tout attention, tout dévouement, tout amour pour les Etres venus de leur cœur et de leur chair, les y incitera et leur en donnera toutes les facilités; une de ces facilités sera celle de ne s'unir que par attraction intelligente, et sans y être entraînés par les vifs calculs auxquels les poussent nos institutions actuelles.

Alors, seulement, la véritable famille existera; celle où tous s'aimeront, s'estimeront et se soutiendront.

Il ne combat pas la propriété; mais son principe actuel, qui ne permet de l'acquérir et de la conserver que par des moyens contraires à la véritable Morale.

Il poursuit la reconstitution de la propriété sociale qui permettra la réalisation de celles individuelles légitimes; celles-ci, ne pouvant se former d'aucune parcelle des richesses collectives, assureront à tous la possibilité de se pouvoir développer harmoniquement.

Chacune de ces propriétés individuelles se composera de toute la somme possible de bien-être, de sécurité, de liberté, de véritable savoir, d'émulation que produira, de plus en plus, un milieu social où les hommes ne seront plus en lutte les uns contre les autres, mais où ils seront associés ÉGALITAIREMENT pour produire et bénéficier, par ÉQUIVAlence, en se garantissant réciproquement contre toutes les éventualités perturbatrices.

La propriété individuelle, telle qu'elle est aujourd'hui pratiquée, — celle que combat le Collectivisme-Intégral — amène ce résultat immoral, autant que dangereux pour tous, d'une proportion de dix-neuf individus dépouillés de leur propriété légitime au profit étroit et mal compris du vingtième.

De ce résultat immoral découlent un antagonisme et une haine entre tous, des menaces incessantes de guerres intestines et internationales, des maux de toutes sortes ; enfin, pour chacun une vie de misères et d'insécurité continuelles.

De la propriété collective et de celles individuelles, telles qu'elles ressortiront de l'organisation collectiviste intégrale, naîtra une harmonie sociale qui donnera à tous, sans exception, les moyens pour qu'ils puissent chercher, trouver, employer les conditions nécessaires à leur développement, c'est-à-dire à leur obligation évolutive ou aspiration au mieux être ; tandis, qu'aujourd'hui, personne ne possède aucun de ces moyens indispensables pour se procurer le bonheur après lequel chacun aspire sans se rendre compte, le plus souvent, de ce qu'il est réellement.

La propriété individuelle dans la société intégralement Collectiviste sera une propriété de consommations, dont la jouissance sera garantie à tous sans exception ; elle donnera à chacun plus d'avantages de toutes sortes pour le libre exercice de son individualité, la sécurité, l'harmonie, le développement et le bonheur de sa vie que nul n'en peut, avoir dans une société individualiste quelconque.

Il ne combat pas la Patrie, mais la forme monstrueusement mensongère que des exploiteurs retors lui ont donnée et lui conservent le plus longtemps qu'il leur est possible.

Il veut la Patrie vraiment bonne mère pour tous ses enfants; Cette patrie, ayant pris naissance dans un groupement humain quelconque, insensiblement s'étendra à toute l'Humanité.

En fait, qu'est-ce donc que la Patrie pour n'importe quel homme?

Pour cet homme, la Patrie est bien moins l'endroit où il est né que celui où les conditions pour l'entretien, la sauvegarde et le développement de sa vie lui sont le mieux et le plus complètement assurées.

Dans quel pays, dit civilisé, ces conditions nécessaires à tous sont-elles assurées aux individus n'ayant que leur travail pour vivre? Dans quel pays un individu sur cent a-t-il assuré, réellement, ces conditions indispensables pour son développement et son Bonheur?

Aux demandes précédentes, on ne peut que répondre : « Dans aucun, hélas! »

Mais dans tous ces pays qui ne garantissent rien aux travailleurs, où ceux-ci sont de vrais parias dépouillés de la part à laquelle ils ont droit sur les fruits des richesses collectives — lesquelles richesses devraient être indivises et inaliénables par origine et destination — les travailleurs sont contraints d'être, au nom de leur prétendue patrie, les défenseurs *quand même* de richesses qui ont été appropriées par quelques-uns; alors que les patriotards, détenteurs de ces richesses, se moquent de la Patrie comme d'une guigne.

Oui, oui, le Collectivisme-Intégral s'élève contre

cette patrie-là dont le gouvernement, quelle que soit son étiquette, est toujours un syndicat de garantie des privilèges sociaux contre les masses (*privilèges ne s'acquérant et ne pouvant vivre que des spoliations sur le travail vraiment utile*); mais il fonde la véritable Patrie : Celle-ci sera bonne à tous ses enfants ; n'attaquera personne, parce qu'elle n'aura pas à soutenir des intérêts privés toujours inavouables ; sera inattaquable, parce que chacun des membres de sa grande famille ferait son devoir en ne reculant devant aucune extrémité pour la défendre, si elle était menacée, et poursuivre, atteindre, punir sans merci les monstres à face humaine qui auraient déchaîné sur elle cet épouvantable fléau destructeur, ce féroce assassinat en grand qu'on nomme : **La guerre.**

Ce que le Collectivisme-Intégral mettra à la place de l'erreur, de l'iniquité, du Chacun pour soi, de l'égoïsme et de la haine actuels, dont il veut détruire les causes ; c'est la Vérité, la Justice, le Tous pour chacun, la Solidarité, l'Amour.

Tertio. — Le Collectivisme-Intégral ne s'appuie que sur les parcelles de Vérité acquises par l'Expérience humaine, et rejette ce que cette expérience a reconnu être faux :

La prétendue mission divine de Jésus-Christ est fausse, elle a été inventée par des hommes qui en ont fait le pivot de leurs ambitions malsaines de toutes sortes.

Jésus a toujours dit qu'il était un enfant de Dieu et le fils de l'homme : Ce précurseur avait un développement d'Etre supérieur à celui du plus grand nombre des penseurs ayant vécu jusqu'à lui, mais il l'avait acquis dans ses vies antérieures.

Les vies successives, et par suite les siennes, il les affirme quand il dit : « Tout homme doit renaître en chair et en esprit, comme un petit enfant, pour entrer dans le royaume des cieux » ; c'est-à-dire pour être dans la situation de développement où, ayant été humain, on est débarrassé de toutes les infirmités humaines.

Par dessus tout, tous les détails de cette pseudo mission divine sont contradictoires à l'existence d'une Cause originelle infinie immuablement une et, par suite, ne pouvant s'amoindrir d'aucune sorte.

L'efficacité et la splendeur des résultats acquis par cette prétendue mission n'existent que dans l'affirmation de ceux qui en tirent de bonnes prébendes sociales.

———

L'enseignement de Jésus était communiste et révolutionnaire, il a été dénaturé par presque tous ses soi-disant continuateurs ; ceux-ci en ont fait un instrument pour servir les exploiteurs de toutes sortes et obtenir la résignation des exploités en les trompant.

Cet enseignement se résumait dans ce précepte déjà formulé à des époques très antérieures : « Aimez-vous les uns les autres » ; ou, autrement dire, ne vous exploitez pas réciproquement et ne vous laissez exploiter par personne.

Du reste, sa propagande n'était pas que théorique ; car lui, qui était tout amour, n'a-t-il pas flagellé sans pitié les marchands du temple, en même temps qu'il proclamait l'égalité fraternelle et sociale de tous dans ses plus admirables paraboles.

De plus, il montrait la possibilité et la facilité de pratiquer son enseignement par son exemple et sa manière égalitaire de vivre avec ses apôtres et ses disciples !

Mais ceux qui exploitent son nom combattent ce qu'il a servi, et servent ce qu'il a toujours combattu ; préférant jouir des iniquités contre lesquelles il lutta toute sa vie que de contribuer à les faire disparaître !!

Aussi, afin d'écumer les meilleurs avantages sociaux, au moyen de leurs mensonges frauduleux, ils ont obscurci et dénaturé, continuent d'obscurcir et de dénaturer l'unique précepte dont Jésus faisait son enseignement, lui en substituant d'autres, tout particulièrement ceux que vous me citez : Ils possèdent à fond l'art d'être impudemment hypocrites et menteurs.

Ceux des hommes d'aujourd'hui qui possèdent la plus claire connaissance : De leur destinée, des devoirs qu'elle leur prescrit pour leur plus grand bien, de l'obligation qu'ils ont de chercher et d'établir l'harmonie sociale, etc., doivent cette connaissance non à l'enseignement personnel de Jésus et à la mission que le catholicisme lui attribue ; mais au degré de développement où ils sont arrivés par des efforts sincères et persévérants faits, sans étroit égoïsme personnel, dans l'étude sérieuse des travaux des penseurs et des vrais savants, aussi et surtout en interrogeant la Nature dans ce qu'elle est réellement et non dans ses apparences, afin d'y découvrir tout ce que leur développement peut percevoir de la Vérité : Celle-là étant la révélation nécessaire et seule possible de celle-ci.

Enfin, quand un catholique affirme que la nature de l'homme est orgueilleuse, jalouse, envieuse, égoïste, il blasphème le dieu qu'il prétend servir ; car, pour lui, catholique, ce ne peut être que son dieu qui a donné cette nature à sa créature : *La vérité est que l'Etre qui se développe dans l'espèce humaine se montre très imparfait, mais avec tendance visible vers un altruisme qui fera disparaître graduellement tous les penchants mauvais que vous signalez.*

Alors, d'où lui viennent, à cet Etre, ses penchants dont il souffre ?

De lui, de l'usage égoïste qu'il a fait et continue de faire de ce qu'il possède de liberté, vous répondra l'étude rigoureuse de la Nature ; elle vous dira aussi, que ces penchants qui lui sont préjudiciables, qu'ils lui sont entretenus et rendus de plus en plus malfaisants par les milieux ambiants qu'il s'est formés et dont il est tributaire de par la loi de Solidarité, à laquelle nul ne se peut soustraire.

Mais si cet Etre, aujourd'hui et temporairement individu humain, s'est formé des milieux dont il souffre, il peut et doit les transformer ; c'est ce que lui démontre le Collectivisme-Intégral-Révolutionnaire.

Si l'homme est toujours mécontent et en révolte contre toute autorité, c'est moins le fait de sa nature que le résultat d'une loi universelle qui incite tous les individus au mieux être ; donc, vu tel qu'il est, le principe de son mécontentement et de ses révoltes est légitime en soi.

Ce principe n'a rien à voir avec une prétendue loi de *Lutte pour la vie* ; laquelle, si elle existait, ce qui n'est pas, créerait à chaque individu la nécessité de s'attaquer aux moyens de vivre des autres pour pouvoir vivre lui-même.

Ce qui est certain, c'est que l'*Aide Mutuelle* est nécessaire à tous les Êtres ; sans elle aucune individualité ne pourrait naître, vivre et se développer.

Aide Mutuelle et *Lutte pour la Vie* sont contradictoires : *Celle-ci* est une infraction à *celle-là*, qui est la loi.

Je complète les répliques que je viens de faire à vos critiques en vous priant d'accepter l'exemplaire ci-joint de *Philosophie et pratique du Collectivisme-Intégral-Révolutionnaire*. dernière édition parue ; de le lire sérieusement afin de vous convaincre que, contrairement à n'importe quel dogme dit révélé surnaturellement, le Collectivisme-Intégral rend facile et agréable à tous la pratique du précepte AIMEZ-VOUS LES UNS LES AUTRES.

**

Mmes L. et H. B. (Vichy,) août 1895 :

CRITIQUES

« ... La conception du collectivisme provient de cœurs bons et généreux qui ne tiennent pas assez compte de l'égoïsme humain et de la grande différence des caractères, des natures, des besoins, etc., de chacun ; pour atteindre ce rêve, il faut que chacun, dans la mesure de ses forces, commence par améliorer petit à petit l'humanité, en instruisant et moralisant les masses qui en ont grand besoin, car elles produisent chaque jour d'avantage des fous excessivement dangereux. »

RÉPLIQUES

La conception de l'état social à conquérir, tel qu'il est affirmé par le Collectivisme-Intégral-Révolutionnaire, est moins de provenance de cœurs bons et généreux que d'intelligences curieuses, instruites et logiques qui tenant compte de TOUT ce qui existe, maintenant, dans l'Humanité, ont acquis la conviction que ce TOUT aurait pu être autrement, et qu'il peut devenir autre en changeant les conditions qui ont amené l'état de choses actuel au plus grand désavantage de tous.

Dans leurs recherches sincères, persévérantes, débarrassées de toute préoccupation d'intérêt étroitement personnel, ils ont reconnu que l'affreux égoïsme humain que nous constatons autour de nous, et dont les meilleurs ne sont pas absolument indemnes, ainsi que la différence vraiment dangereuse, malsaine, maladive, au point de vue individuel et social, de la nature, des caractères, des besoins de l'animal humain, que nous sommes, ne sont pas d'essence fondamentale à la race à laquelle nous appartenons; mais seulement des résultats superficiels que cette race a pris et développés dans l'artificiel milieu social qu'elle s'est créé et dont elle est tributaire.

Ce milieu le plus important de tous pour elle, dans ceux que sont état de développement lui donne pour son évolution actuelle, puisqu'elle se l'est créé à son détriment, rien ne la contraint à le continuer et rien, autre que sa volonté ou manque d'accord entre ses membres, ne l'empêche de le transformer pour son plus grand avantage.

Les difficultés de cette transformation proviennent réellement de l'étroit égoïsme personnel, tel que l'ont développé les conditions pernicieuses du milieu social que se sont donnés les individus humains, et par suite de la diversité des manières de voir qu'engendre le superficiel des caractères et des besoins que le « *Chacun pour soi* », cette base de toutes sociétés passées et présentes, incite continuellement et de plus en plus.

Mais ces difficultés ne sont pas des impossibilités et, devant des cataclysmes où elles nous entraînent chaque jour plus fortement, il est de toute urgence de les vaincre sans retard.

Alors comment combattre efficacement, avec justice et rapidité, ces causes de cataclysmes qui menacent chacun de nous se doit demander tout homme qui, n'étant pas resté dans les bas-fonds de l'animalité par son atavique amour de soi, a plus de cœur et d'intelligence que de ventre et de vanité !

Cet homme commencera par chercher, sincèrement, ce qui existe réellement autour de lui et, alors, il reconnaîtra clairement : Que tout y est haine et dangers ; que la cause de ces haines et de ces dangers résulte, logiquement, de la base sur laquelle sont établies toutes les institutions du groupement social dont il fait partie ; que parmi les hommes qui végètent dans ce groupement quelques-uns affectent de croire encore à des fables, dites religieuses, dont le but est surtout de consacrer les monstrueuses inégalités existantes, tandis qu'un plus grand nombre répudie ces fables et les remplace par d'autres qui permettent de légitimer cette affirmation, aussi insensée qu'atroce : *La force prime le droit*, dont, logiquement, la conclusion est : *Réussissez quand même et par tous les moyens*.

De ces dernières fables, absolument dangereuses, qui ont nom : *Forces et matière*, il verra des rhéteurs intéressés tirer, les uns des conclusions sanctionnant l'état social actuel et ses iniquités, les autres des raisonnements avec lesquelles ils sèment dans les masses populaires, spoliées et miséreuses, des ferments de destructions et de carnages, en leur disant : « Votre vie est un bagne épouvantable ;

(*ce qui est vrai, hélas*)

et sans autre issue

(*ce qui est faux*)

que l'exécution sans merci de tous ceux qui, au nom d'une morale inventée par eux, vous contraignent, vous qui êtes le nombre et la force et n'avez pas une pierre pour reposer votre tête, à respecter et à faire respecter leurs propriétés acquises à votre détriment par l'abus violent, frauduleux ou hypocrite de la force ; mais la véritable force, c'est vous qui la détenez et elle n'est enchaînée que par votre rampante soumission ; ayez donc l'énergie de secouer votre apathie et, surtout, ne retombez pas dans l'erreur de vos pères qui vous ont légué votre esclavage parce qu'ils ont fait de la sentimentalité en épargnant les rejetons des loups qui les exploitaient, etc., etc. »

Voilà, hélas, les causes immédiates des risques et périls imminents pour tous, surtout pour les plus favorisés socialement, que reconnaît l'homme sincère qui veut *quand même* se renseigner exactement.

Donc, la première chose qu'il constate, c'est que chacun de nous est sous le coup de massacres épouvantables ne pouvant être d'aucune utilité pour l'Humanité.

La deuxième, c'est qu'il n'est possible d'éviter ces massacres qu'en s'occupant immédiatement de la transformation radicale de la société acuelle.

La troisième, c'est que cette transformation réclamée par l'utilité personnelle de chacun est également réclamée par la justice absolue, à laquelle notre intérêt et notre devoir sont de conformer tous nos actes : Cette justice donne à chacun de nos actes des effets de responsabilités que personne ne peut éviter.

La quatrième, c'est que les hommes qui ont le plus immédiatement avantage à chercher, à trouver, à propager les moyens équitables, efficaces et rapides pouvant amener cette transformation sont ceux qui sont les plus développés intellectuellement, qui ont les plus beaux caractères, qui sont les privilégiés sociaux : Ces derniers, surtout, auraient tout à perdre dans le premier bouleversement social dont nous sommes menacés.

La cinquième, c'est que les caractères les plus pervers, les plus dangereux, les plus antisociaux existant autour de lui sont des résultantes de notre pervertissant milieu individualiste et ne peuvent être modifiés, avantageusement, que si les conditions sociales deviennent de plus en plus altruistes par des milieux sociaux de plus en plus équitables.

Cet homme sérieux et sincère qui ne cherche pas à satisfaire sa paresse, sa vanité, son égoïsme par des phrases toutes faites, reconnaît encore ;

1° Que les institutions actuelles servant à protéger l'état de choses existant, *la police et l'armée surtout*, sont composées presque entièrement d'hommes appartenant à la classe des déshérités sociaux et que, certainement, ils se rangeraient du côté de leurs frères de misère, si ces derniers obtenaient le moindre succès dans une grave révolte sociale.

2° Que notre milieu individualiste ne peut commencer à donner à ses déshérités une moralité et une instruction réelles et sérieuses, car alors ce serait fini de lui : Sous prétexte de les instruire et de les moraliser, il ne tend qu'à en faire des outils de plus en plus perfectionnés pour servir de mieux en mieux l'exploitation dont ils sont victimes.

3° Qu'on ne peut espérer trouver les moyens nécessaires à la transformation sociale, dont la nécessité est chaque jour plus pressante, si on n'a pour se guider dans ses recherches la connaissance du meilleur but à atteindre.

Arrivé à ce point, ou il jugera que le Collectivisme-Intégral-Révolutionnaire indique ce but, ou il en acceptera un parmi ceux différents proposés, ou bien il en proposera un autre.

Dans tous les cas, il tiendra à faire connaître et prévaloir celui qu'il aura choisi, le discutant, le plus souvent possible, contradictoirement et courtoisement avec les personnes qui jugeraient autrement que lui.

L'attention générale étant ainsi sollicitée sur la solution du problème social, si urgent à résoudre ; cette solution sera cherchée, méthodiquement et scientifiquement ; elle ne sera plus livrée à l'empirisme plus ou moins égoïste de personnages à qui notre milieu social, individualiste, donne le plus de possibilités et de nécessités pour aider à la chercher et à la trouver, mais qui embrouillent les données du problème pour la retarder le plus possible.

Pauvres insensés qui croient ainsi servir leurs intérêts personnels et ceux de la caste à laquelle ils appartiennent quand, autour d'eux et partout, les créations de Sociétés anonymes, c'est-à-dire de fonctionnement collectiviste dans leurs côtés capitalistes et exploiteurs, en devenant de plus en plus nombreuses, diverses, colossales précipitent la marche ascendante des heurts, des ruines, de la misère et montre, toujours plus impérieusement, qu'une loi de nécessité indique la seule, l'inéluctable solution de la question sociale et exige sans retard sa mise en pratique.

Enfin, le Collectivisme-Intégral-Révolutionnaire démontre que c'est seulement alors que la transformation sociale ne se fera plus empiriquement, mais scientifiquement, et que tous auront connaissance du but à atteindre :

1º Qu'il sera raisonnable d'espérer que chacun pourra travailler à son plus grand bien, en travaillant à celui de l'Humanité ;

2º Que les fous qui veulent tout détruire sous prétexte de tout édifier, et aussi les autres, deviendront de moins en moins nombreux ;

3º Que la sécurité générale s'établira de mieux en mieux ;

4º Que l'instruction réelle et la véritable moralité pourront devenir le lot de tous.

***

Mme J..., publiciste (Paris), octobre 1895 :

CRITIQUES

« ... Le Collectivisme-Intégral me fait l'impression d'un beau rêve, mais la réalité est que l'Humanité répugne à accepter les solutions toutes faites, à se soumettre aux programmes définitifs, elle ne va jamais que du compliqué au simple. Aussi le parfait bonheur, la sécurité et la sérénité de la vie ne pourront-ils jamais s'établir en ce bas monde ; et si, par impossible, ils arrivaient à y être établis, les hommes ne consentiraient pas à s'en contenter ; l'instabilité des désirs humains est le propre de notre nature et le stimulant de l'activité chercheuse et progressive de chacun de nous..

De plus, pourquoi ce rêve accole-t-il aux noms de Leibnitz et de Condorcet, ayant une auréole de gloire immortelle, de sympathique et reconnaissante admiration, celui de Marat, à jamais enfoui et obscurci dans une mare de sang qui soulève la répulsion et l'effroi : L'essai de réhabilitation de ce monstre me paraît aussi difficile qu'inquiétant ; ce n'est ni par l'exemple de passions haineuses et violentes, ni par celui de l'audace et de l'arbitraire, qui ne produisent que des convoitises effrénées et font reculer la civilisation par la destruction et la mort, qu'on peut espérer une ère de pacification, de haute et noble solidarité ; mais c'est en s'adressant à l'intelligence et, plus encore au cœur de tous, en leur démontrant la nécessité d'accomplir leur devoir d'équité, de bonté et d'endurance dans les difficultés de la lutte, dans la dignité de l'effort, en leur enseignant les beaux exemples de grand courage et de persévérante vertu dans les fonctions les plus élevées, comme dans les situations les plus humbles, qu'on peut espérer atteindre aux sommets bénis, d'où s'épanchent et rayonnent la justice auguste, la sublime vérité, le véritable amour... »

RÉPLIQUES

... Les observations, objections, critiques, demandes d'éclaircissement ou de développements, fussent-elles malveillantes, me rendent l'obligé de celui qui, en me les adressant, me donne une occasion de mettre un peu plus de lumière sur la thèse que j'ai essayé d'exposer dans les trois premières études de *Philosophie et pratique du Collectivisme-Intégral-Révolutionnaire* ; la critique de vos appréciations m'étant plutôt bienveillante, me fait doublement votre obligé...

Toute hypothèse, si conforme soit-elle avec la réalité dont elle s'occupe, reste un rêve pour toutes les personnes qui en entendent parler pour la première fois ou, pour une cause ou une autre, la rejettent sans l'étudier sérieusement.

L'Humanité ou plutôt la majorité des hommes aurait absolument raison de n'accepter, *a priori*, aucune solution toute faite et aucun programme se donnant comme définitif, mais hélas c'est le contraire qui existe ; c'est pourquoi cette majorité a varié jusqu'à ce jour du simple au plus compliqué, *et vice versa*, par un mouvement de réaction inhérente à l'ignorance qui trompée par une erreur va, instinctivement, à l'erreur contraire : Pourtant la sécurité et la sérénité de sa vie, son *Bonheur* est, sous toutes sortes de formes, l'aspiration de chaque homme.

Quelle impossibilité empêche cette aspiration générale de se pouvoir réaliser ?

Je n'ai point à parler ici des hypothèses qui sont en contradiction avec celle qui reconnaît une Cause-Infinie à tout ce qui existe : Elles sont toutes en désaccord avec l'ensemble des faits qui se déroulent dans la Nature, et la conformité de cet ensemble avec les affirmations d'une hypothèse quelconque est la seule possibilité d'apprécier l'exactitude de celle-ci.

Mais s'il est une Cause-Infinie à tout ce qui existe, ce que le Collectivisme-Intégral affirme en s'appuyant sur la révélation permanente et universelle de tout ce qui est dans le Temps et l'Espace, comme cette Cause ne peut être que parfaitement sage, juste et bonne, l'aspiration de chaque homme au bonheur résulte, nécessairement, d'une loi dont il est tributaire ; il dépend donc de lui, en se conformant à cette loi, de pouvoir se donner les conditions indispensables à la réalisation de cette incessante aspiration : Le tout est de bien dégager quelles sont ces conditions, c'est là le but du Collectivisme-Intégral.

Quand chaque homme connaîtra les conditions nécessaires à son bonheur, son activité chercheuse et progressive ne les lui fera pas rejeter ; au contraire, il les gardera et les développera avec une énergie toujours de plus en plus éclairée : Son instabilité actuelle ne lui provient que des erreurs qu'il commet dans la poursuite du bonheur, dont sa nature lui fait une loi.

Pourquoi ai-je rendu un public hommage à Marat, en même temps qu'à Leibnitz et à Condorcet ?

Parce qu'ayant composé mon travail avec les labeurs de tous les penseurs, dont il m'a été possible de prendre connaissance, ses plus importants matériaux m'ont été fournis par Leibnitz dans sa Monadologie, Condorcet dans ses œuvres, Marat avec L'IDÉE D'ÉQUIVALENCE et d'autres points que je lui dois, tels que : « *Le devoir des mandants est d'exercer une surveillance incessante sur leurs mandataires; l'intérêt général et la justice pour tous exigent de ne pas reculer devant la nécessité de sacrifier une minorité, quelle qu'elle soit, alors que les actes de son égoïsme mettent en péril le plus grand nombre; etc.*»

L'effroi qu'inspire Marat vient de ses dénonciations utiles sur les agissements au moins antifrançais et antisociaux de certains individus ; l'esprit de ces dénonciations nécessaires a été dénaturé dans la forme et le fond par l'esprit de parti.

C'est cette déformation de la vérité qui est encore, aujourd'hui, la base d'affirmations erronées que des historiens, plus ou moins officiels, copient les uns après les autres.

Mais voulant être équitable envers tous, je ne juge chacun que par ses actes, en tenant compte des milieux dans lesquels il agit ; et je n'accepte que sous bénéfice d'inventaire ce que disent les fables qu'on affuble du nom de « l'Histoire ».

Non, ce n'est pas par l'exemple de l'audace, de l'arbitraire, des passions haineuses et violentes, pas plus que par l'iniquité et des calomnies contre les personnes ou leurs actes *(ce que je me suis promis de combattre toujours)* qu'on peut espérer une ère de pacification et de solidarité ; mais ce n'est pas non plus rien qu'en enseignant une morale d'endurance, en montrant les beaux exemples de grand courage et de persévérante vertu, dans les fonctions les plus élevées, comme dans les situations les plus humbles, qu'on peut espérer fonder une organisation où rayonneraient la justice auguste, la sublime vérité et le véritable amour.

Cette organisation harmonique ne peut être conquise que par des moyens justes, efficaces et pratiquement rapides.

Le travail de « Philosophie et pratique du Collectivisme-Intégral-Révolutionnaire » a pour but de faire connaître ces moyens à tous et, en même temps, de stigmatiser un crime que des mandataires du peuple, se masquant de l'étiquette républicaine, commettent bien davantage depuis vingt-cinq ans que nous avons une république, plus nominale que réelle, qu'il n'était pratiqué sous les régimes monarchiques précédents : Ce crime, c'est de vendre à des intérêts particuliers ce qui, sous des formes différentes, reste de propriété collective; c'est-à-dire de voler ceux qui n'ont d'autre capital que leur travail au profit de capitalistes ne vivant que du labeur collectif, sans y coopérer véritablement.

Enfin, « Philosophie et pratique du Collectivisme-Intégral-Révolutionnaire » à la prétention de démontrer que l'intérêt réel de chacun et de tous ne peut être séparé de l'exercice de la véritable Justice.

***

M. P.., *(Auteuil)*, *octobre 1895* :

CRITIQUE

«... L'auteur, malheureusement, a son dada qui est notre bête noire, c'est-à-dire la métaphysique, dont le socialisme doit s'éloigner comme de la peste, car c'est elle qui a tenu pendant des siècles les peuples sous la domination théocratique et l'abrutissement religieux. — Que peuvent bien faire en effet, dans la *question sociale*, le *temps* et *l'espace*, mots dont se sert l'auteur à chaque instant dans la première partie de son ouvrage? Et les mots *cause première* cause *initiale*? Ce sont des mots qui ne veulent rien dire, pas plus *Dieu* et *l'âme*, qu'il faut rejeter aux vieilles ferrailles. Que l'auteur excuse notre franchise : son fatras philosophique et incompréhensible de la première partie de son ouvrage, gâte la partie saine de son travail... »

RÉPLIQUE

Mon cher Arg..., je vous remercie des appréciations bienveillantes que vous émettez sur moi dans la bibliographie du numéro d'octobre 1895 de votre revue la *Question sociale* ; je vous remercie bien davantage des reproches que vous avez cru y devoir adresser à mon travail.

Je vais donc pouvoir, verbalement, reproduire ce que vingt fois je vous ai répliqué oralement :

Primo, est particulièrement intolérant qui fait un procès de tendance à une opinion qu'il ne partage pas ; c'est ce qui vous arrive en anathématisant la philosophie du Collectivisme-Intégral-Révolutionnaire.

Vous cédez à ce phénomène psychologique, qui se produit dix-neuf fois sur vingt autour de nous, d'hommes qui sont hallucinés par les fantômes de leur imagination en jugeant l'exposé, oral ou verbal, d'une opinion contraire à la leur.

Mais vous, vous affirmez publiquement votre opinion sur mon travail tandis que, jusqu'à présent, il n'obtient qu'une hypocrite conspiration du silence : Donc, merci, merci.

Secundo, qu'est-ce que la métaphysique ?

Réellement, elle est la science ou mieux la recherche méthodique des premiers principes ; comme figure et par extension, ce mot s'applique à tout abus des abstractions.

La première partie de mon travail, que vous anathématisez, recherche t-elle seulement la connaissance de ces principes ?

Jamais vous ne lui avez fait d'autre reproche, c'est donc contre cette recherche que vous vous élevez avec la prétention de parler au nom du Socialisme.

En fait, vous ne parlez qu'en votre nom et en celui de quelques grands prêtres de sectes plus ou moins socialistes.

Heureusement, car si le véritable socialisme était intolérant envers n'importe quelle manifestation de l'esprit humain, il serait aussi dangereux et épouvantable que le despotisme sacerdotal l'a été et le pourrait être.

C'est hélas, cette intolérance non du socialisme, mais de quelques individus qui prétendent l'incarner, qui fait anarchistes beaucoup d'hommes altruistes et libertaires.

En réalité, le véritable socialisme est scientifique et libéral.

C'est pourquoi, entre autres, il reconnaît n'avoir pas plus que nul autre système la certitude relativement aux principes premiers.

Par suite, il veut pour chacun la liberté absolue de rechercher et d'exprimer, oralement et verbalement, ce qui lui paraît être la Vérité ; il reconnaît aussi à chacun le droit d'entretenir, *à ses frais et non à ceux de la Collectivité*, tel culte particulier qu'il lui plaît, sous la réserve qu'il ne sera ni individuellement ni collectivement aucun acte tendant, à empiéter sur le droit à la même liberté que tous doivent posséder.

Ce socialisme scientifique s'est donné pour but la conquête d'une organisation sociale où, par la réciprocité des services dans des fonctions dissemblables mais ÉQUIVALENTES, chacun sera l'égal de l'autre en possédant toute la somme possible de bien-être, de sécurité, de *liberté*, de savoir, d'émulation, de DÉVELOPPEMENT ; où, de plus, il aura toute facilité de chercher la Vérité pour en tirer la satisfaction de ses intérêts réels et n'être plus la dupe d'affirmations mensongères intéressées.

Quiconque est résolu à se dévouer pour que la Collectivité atteigne ce but le plus rapidement possible, est vraiment socialiste.

Comme homme, il peut être partisan d'une hypothèse cosmologique quelconque ; mais, comme socialiste, il ne poursuivra que la connaissance des moyens pratiques devant aider et hâter la conquête du but social indiqué plus haut, qui est celui de tous les socialistes conscients ; afin que l'emploi de ces moyens soit plus rapide et plus facile, il cherchera, avant tout, ce qu'il a de commun dans sa manière de voir et dans celles de ceux qui ont le même objectif que lui, en évitant toute discussion oiseuse et intempestive : Ce qui est plus haut, c'est ce que dit et redit le Collectivisme-Intégral-Révolutionnaire.

Aussi, bien que ses adeptes reconnaissent que le matérialisme et les dogmes soi-disant révélés sont pleins de contradiction, et pseudo-scientifiques autant qu'anti-socialistes, en combattant chacune de ces doctrines nuisibles, dans ce qu'elle est réellement et sans la défigurer, en lui opposant des arguments sérieux et non un silence hypocrite ou de dédaigneuses fins de non recevoir, ils n'attaquent pas ses disciples dans leurs croyances intimes : Avant tout, ils cherchent à se faire des alliés de ceux-ci en leur démontrant l'avantage certain qu'ils auraient à être franchement socialistes, fussent-ils les plus privilégiés de notre épouvantable milieu social.

Mon camarade, croyez-moi, ne restez pas sectaire.

Si vous voulez servir les exploités, efforcez-vous d'être impitoyable pour les institutions individualistes, en restant pacifique vis-à-vis des hommes et tolérant. pour tout ce qui touche à leur liberté de conscience, surtout quand elle ne s'affirme que par la parole et l'écrit.

**

M. E. de P. (Passy), octobre 1895 :

CRITIQUE

«... Tout ce que vous dites dans la pratique du Collectivisme-Intégral-Révolutionnaire manque absolument de solidité, parce que vous n'avez pas vu que la solution du problème repose entièrement sur le travail, fonction conforme à la nature humaine, autrement dit sur l'exercice intégral des forces actives de l'homme ayant pour effet de produire avec la richesse générale l'expansion physique et morale de l'homme, le *mens sano in corpore sano*. Tout est là ; l'équilibre des passions et leur harmonie dans le fonctionnement général.

» La conception capitale de Fourier consiste dans cette idée, le travail conforme aux instants, aux sentiments et aux aptitudes variées de l'homme ».

RÉPLIQUE

Combien je regrette mon insuffisance d'écrivain puisqu'elle est cause que le Collectivisme-Intégral-Révolutionnaire ne vous a pas montré que, dans ses services publics, il poursuit intégralement, sous la forme du travail-fonction, l'étude, l'harmonisation, le développement et l'utilisation des facultés, des aptitudes et des forces de tous les hommes, sans exception ; afin de donner à chacun d'eux toute la somme possible de bien-être, de sécurité, de liberté, de savoir, d'émulation, de DÉVELOPPEMENT ; c'est-à dire tout ce qui lui est nécessaire pour qu'il puisse chercher et réaliser le « *mens sana in corpore sano* » de la célèbre maxime de Juvénal.

Mais pour que cet objectif soit réalisable, il donne pour but à tous ses services publics la pratique de la Solidarité, laquelle ne peut exister que là où, par ÉQUIVALENCE, est réellement l'égalité sociale ; de plus il combine, répartit, divise, subdivise le travail-fonction, autant qu'il est nécessaire, pour que chacun de ses partisans puisse choisir ses obligations sociales et qu'elles lui soient variées, faciles, attrayantes, courtes, efficaces, débarrassées de tout ce qui pourrait les rendre fatiguantes, pénibles, malsaines ou dangereuses.

Des conceptions de Fourrier, le Collectivisme-Intégral a pris beaucoup ; mais il en délaisse tout ce qui ne paraît pas d'accord avec la Vérité, tant au point vue cosmologique qu'au point de vue social ; de ce dernier, entre autres :

Il n'accepte pas que dans une société harmonique le capitalisme individualiste ait une fonction quelconque à remplir ; il affirme, au contraire, que ce capitalisme est, par essence, perturbateur de toute harmonie sociale.

Il ne reconnaît dans ce que l'école fouriériste appelle le talent qu'une FORME ÉQUIVALENTE, *sans plus, de n'importe qu'elle autre forme nécessaire du travail général ou mieux collectif: Il constate que le talent ne peut se développer et ne peut s'exercer harmoniquement que grâce aux labeurs antérieurs et contemporains de l'Humanité ; a qui possède ce talent et l'utilise socialement, le Collectivisme-Intégral n'attribue, comme à tous sans exception, dans la con-*

sommation collective que la liberté de choisir une part ÉQUIVALENTE, *dans son ensemble, à toutes les autres parts sociales* ; etc., etc...

Pour finir: C'est dans la connaissance des lois naturelles, acquise par l'Humanité, qu'ont été cherchés les éléments du Collectivisme-Intégral-Révolutionnaire ; il est un résumé pris dans les œuvres de penseurs sérieux et de vrais savants, dont l'école fouriériste a fourni une belle phalange ; il est un terrain d'entente et d'union entre tous les hommes qui ne cherchent pas à se servir des masses, mais qui veulent SINCÈREMENT les servir.

**

MM. A. S. et P. de G., (Paris), novembre 1895 :

CRITIQUES

«... Vous n'avez donc pas fait de sciences naturelles pour attaquer si violemment le matérialisme, dans l'intention d'exalter une philosophie de votre invention, pour laquelle vous réclamez qu'on vous fasse connaître un fait qui contredise les affirmations qu'elle contient; mais tous les faits confirment la doctrine matérialiste et infirment la vôtre. Pour n'en citer qu'une série de même nature, que tout le monde peut constater: Les différentes hallucinations ou aberrations des sens qu'engendrent des état maladifs et qui disparaissent avec le retour à la santé, ne sont-elles pas des faits confirmant cette constatation matérialiste. » Toute manifestation vitale est une résultante des facteurs actuels de l'organisme qui la produit », en même temps ne contredisent-elles pas votre affirmation métaphysique d'une cause première toute de justice, de sagesse et de bonté, sur laquelle vous échafaudez votre hypothèse philosophique. Enfin, de cette hypothèse, pourquoi faites-vous le point de départ de revendications socialistes ? celles-ci n'ont rien à voir avec celles-là. »

RÉPLIQUES

Je n'attaque, ni n'exalte de parti pris aucune hypothèse ; mais, dans toutes, je cherche les parcelles de vérité qu'elles contiennent.

Si je suis appelé à m'occuper de l'hypothèse matérialiste, qui prétend être la vérité scientifique, après lui avoir accordé ce qu'elle a d'exact, je lui reproche ses multiples définitions dont aucune ne s'accorde avec l'ensemble des faits que comporte la Nature ; et je combats celles de ses prétentions qui sont contradictoires avec les véritables et scientifiques acquisitions faites par l'Humanité, principalement avec celles-ci : « *Dans le Temps et l'Espace, rien ne se perd, rien ne se crée, tout se développe dans des transformations indéfiniment nombreuses et variées ; il n'y a pas d'effet sans cause ; aucun effet ne possède ce que sa ou ses causes ne contiennent pas ; aucune cause ne donne ce qui n'est point en elle ; etc., etc.* »

Enfin, Je constate qu'elle est la plus mystique, la moins vérifiable, la moins probable des hypothèses métaphysiques ; que ses crédules partisans sont intolérants et veulent l'imposer comme un dogme, hors duquel on n'est qu'un ignare.

La doctrine collectiviste intégrale n'est de mon invention, ni dans sa partie philosophie, ni dans ses autres parties ; elle est un résumé composé de détails pris dans les travaux de penseurs et de savants de tous les temps, de tous les pays, de toutes les écoles.

Servant sincèrement cette doctrine, je ne cesse de m'offrir pour soutenir sa valeur scientifique contradictoirement avec toute personne qui en est l'adversaire, demandant surtout à cette personne que la discussion ait pour base un ou des faits présentés par elle.

Messieurs, vous me donnez à discuter une série de faits choisis par vous ; merci.

D'abord, vous et moi, reconnaissons qu'une affirmation ou une négation disant que . UT confirme ou infirme une hypothèse reste sans valeur, scientifique, tant qu'elle ne s'appuie pas sur des détails vérifiables.

Ensuite, reconnaissons que si le fait général que vous appelez hallucination se produit fréquemment dans des maladies et disparaît avec elles ; plus souvent encore, il n'apparaît pas dans ces maladies et, même, qu'il est senti par beaucoup d'individus dont l'état de santé n'a rien d'anormal.

Pour terminer, disons que la certitude nous manque, que nous ne possédons que des probabilités sur les premiers principes et l'essence des faits ou phénomènes, tant naturels que sociaux.

Maintenant qu'est-ce que l'hallucination ?

L'hypothèse matérialiste, sans autre preuve, affirme que c'est une erreur des sens ; celle intégraliste dit, entre autres choses, que dans tous les cas, même ceux de troubles maladifs les plus accusés, elle est un résultat d'images imitatives, externes et passagères, perçues par des individus dont l'état psycho-physiologique a ses causes originelles antérieures à leur vie présente, que ces images sont formées par des influences occultes ambiantes envers lesquelles ces individus ont contracté d'anciennes et inéluctables responsabilités non réparées, etc., etc.

Laquelle de ces deux hypothèses est la plus vraisemblable ?

La première remplace, par un mot et une pétition de principe, une explication nécessaire en donnant, comme une loi, une affirmation qui est en contradiction avec le plus grand nombre de faits dont elle prétend être la définition.

La seconde allant au-delà de l'exception, de la coïncidence, des apparences, donne une explication générale de tous les faits, dits d'hallucination, alors même que sont différentes les conditions dans lesquelles ces faits se présentent; en même temps, il indique ce qui paraît être leur processus occulte et leurs causes réelles.

Quelles sont les probabilités sur lesquelles s'appuie la première ? quelles sont celles qui infirment la seconde ?

Aucune, jusqu'à preuve du contraire.

Le matérialisme affirme que toute manifestation vitale est une résultante des facteurs actuels de l'organisme qui la produit.

Ce serait parfait, si cette hypothèse n'éliminait le facteur principal de cette résultante : « *Un organisme, quel qu'il soit, est composé de petites cellules plus exactement de petites individualités autonomes.* »

Trouve-t-on un seul exemple d'une réunion d'individus quelconques, même peu nombreux et réunis dans les meilleures conditions, qui produise des manifestations coordonnées, quasi spontanées et unes dans leur complication.

Jamais, que je sache, à moins que cette réunion n'obéisse à une direction unique qui s'impose à elle.

Eh bien ! c'est cette direction nécessaire que le matérialisme refuse aux manifestations vitales.

Au moyen de ce refus, il dénature le rôle des organismes et affirme que ceux-ci sont producteurs de leurs manifestations, alors qu'ils n'en sont que les instruments : « *La vérité est que plus l'instrument est faussé, moins la force qui le dirige, actuellement, donne la mesure de ce qu'elle est réellement.* »

Sur quel fait naturel, sur quelles expériences, le matérialisme appuie-t-il son refus ?

Ses partisans seraient, je crois, bien embarrassés de le dire : Alors, dans ce cas, comme dans tant d'autres, où sont donc leurs titres à se proclamer seuls représentants de la science ?

L'affirmation d'une cause première toute de justice, de sagesse, de bonté serait le résultat d'une folie ou d'une duplicité idiote, si les affirmations matérialistes étaient exactes ; mais ces dernières sont contradictoires aux enseignements de la Nature, alors que l'existence de cette Cause première est la conclusion logique de ces enseignements appris tels qu'ils sont réellement.

Donc, cette affirmation, si métaphysique qu'elle soit, a pour elle toutes les probabilités et vraisemblances qui manquent aux affirmations matérialistes, et ce n'est point faire œuvre vaine que d'échafauder une hypothèse sur les seules indications sérieuses que nous trouvons dans l'ensemble des faits qui se passent dans le Temps et l'Espace.

Si de la philosophie intégrale collectiviste, que j'oppose aux mensonges de dupeurs de toutes sortes, je fais le point de départ des revendications socialistes,
(*tout en conseillant aux masses de ne se préoccupper que des moyens de conquérir l'état social où leurs aptitudes seront développées intégralement*)
c'est que :

1° Cette philosophie est l'exposé sincère des lois naturelles et l'Humanité, très infime fraction du *tout* que régissent ces lois, ne peut que gagner à se gouverner d'après leurs réelles indications.

2° J'ai dû opposer résolument l'exposé de ces lois naturelles aux mensonges, dits religieux et aux mensonges proclamés scientifiques, les bénéficiaires de ces mensonges continuant à en obscurcir le problème social.

3° Je désire prouver à tous que les revendications socialistes sont conformes à la Justice Naturelle et, autant qu'il m'est possible, empêcher ces revendications de n'être formulées qu'au profit des appétits de quelques-uns.

Voilà, Messieurs, les raisons qui m'ont fait juger que celles-ci, les revendications socialistes, se rattachent à celle-là, la philosophie collectiviste-intégrale.

***

Revue de février... 1897 :

INSINUATIONS

« .,. Notre confrère E. Boulard vient de publier le premier numéro de la deuxième année de son *Clairon socialiste*, dans lequel il développe sa doctrine sur le Collectivisme-Intégral, et donne son programme, où nous trouvons d'excellentes choses.

Toutefois, le citoyen Boulard vise, croyons-nous, à la création d'une nouvelle chapelle, qui ne servira qu'à accroître la division parmi les socialistes. De ce côté-là nous n'approuvons pas le citoyen Boulard, car ce sont toutes ces petites chapelles qui affaiblissent l'action du Parti socialiste. Malgré cela, nous avons à féliciter le citoyen Boulard d'avoir abandonné les idées mystiques qui prédominaient dans ses brochures et nous espérons qu'il deviendra bientôt tout à fait matérialiste... »

RÉPLIQUE

Pour ne pas faire de personnalité, je ne citerai, relativement à l'entrefilet ci-dessus, ni le nom du journal qui le contient, ni celui de son auteur, que j'appellerai X...

X... connaît parfaitement, depuis au moins vingt-cinq ans, le citoyen B... auquel il atttibue la paternité du programme Collectiviste-Intégral-Révolutionnaire et duquel il écrit, dans un but dont nous parlerons tout à l'heure :

« Toutefois, nous croyons que ce citoyen vise à la création d'une nouvelle chapelle, qui accroîtra la division parmi les socialistes... »

X... sait absolument que le citoyen B... revendique, seulement, le droit de servir *loyalement* le programme vraiment socialiste de la Fédération collectiviste des travailleurs français, lequel appartient à cette Fédération au même titre que des semblants de programme appartiennent à des chapelles soi-disant socialistes que le sieur X... connaît très bien, puisqu'il fait partie de l'une d'elles; de plus, il n'ignore pas que toute la vie de B...

proteste contre l'insinuation qu'il lance contre ce dernier : B... depuis plus de quarante-cinq ans combat pour les vrais principes socialistes et n'a cessé de leur sacrifier sa santé, sa liberté, ses moyens pécuniaires sans jamais vouloir, en retour, obtenir aucun avantage personnel.

X... sait également que B..., loin de chercher à créer un nouveau groupe d'aide mutuelle à l'escalade des pouvoirs publics, combat sans peur ni défaillances ceux qui existent et qu'il met tous ses efforts à servir l'union socialiste.

Ceci posé, voyons donc, dans l'intérêt des prolétaires, le but des insinuations faites en réalité non contre B..., mais contre le programme Collectiviste-Intégral-Révolutionnaire.

Si ce programme n'attirait pas l'attention des travailleurs, il est certain que tous les aspirants aux pouvoirs publics continueraient à faire bonne garde pour qu'il n'en soit pas parlé; mais il commence à se répandre dans les masses : Il faut chercher à le déconsidérer, d'abord, en l'affirmant comme l'œuvre d'un ambitieux, ensuite, comme le double inutile des programmes existants.

Les individus qui s'accordent pour faire ces insinuations, ne s'accordent plus quand vient une élection dans laquelle chacun d'eux pose sa candidature avec un programme qui n'a de socialiste que l'étiquette.

Jusqu'au jour du scrutin, comme des avocats au prétoire, ils sont à couteau tiré; mais si l'élection demande un second tour, alors la main dans la main, ils crient aux électeurs : « Nos principes sont les mêmes, faites acte de discipline en votant pour le copain un Tel »; pardi, à la première occasion, le groupe du copain en question rendra le même service aux favoris des autres groupes.

Mais qui, en dernière analyse, paie ces petits arrangements de famille ?

Qui ? le travailleur parbleu !!!

Pour que le travailleur ne soit plus la dupe de ceux qui prétendent le servir, et ne veulent servir qu'eux-mêmes, définissons ce qu'est l'union et ce qu'est la discipline :

« *L'union, c'est l'accord des hommes sur un but bien déterminé, et leur condescendance réciproque sur certains points de détail où ils sont en divergence : L'union est un acte librement délibéré et consenti ; l'union fait la force de tous.* »

» *La discipline est une règle qui demande l'abandon, volontaire ou non, de la liberté individuelle au profit de qui sait s'imposer : Cette règle existe le plus souvent entre maîtres et esclaves, entre dupeurs et dupés, rarement entre hommes au cœur et à la volonté libres ; elle est le soutien nécessaire du despotisme.* »

Dans les élections, pour que l'union sur le nom d'un candidat pût se faire, il faudrait que le programme avec lequel il se présente aux électeurs fût efficace pour donner satisfaction aux aspirations et aux besoins de la majorité d'entre eux.

Ce résultat — l'union — ne peut être obtenu présentement, que sur le programme sincèrement socialiste de la Fédération collectiviste des travailleurs français ; mais la discipline peut toujours s'espérer en suggestionnant aux masses, qui souffrent abominablement, qu'on veut et qu'on peut faire disparaître leurs souffrances.

Cette suggestion des masses s'obtient en leur proposant hardiment des trompe-l'œil qu'elles ne peuvent contrôler et en jetant, dans leur cerveau, des ferments de haine et de suspicions par de la polémique d'invectives et de personnalités.

Les écrivains et les orateurs se disant socialistes et qui, au lieu de parler clairement au peuple de principes et des moyens efficaces de les faire prévaloir, se font des rentes ou espèrent s'en faire avec de la polémique de haine et de scandales, peuvent-ils se tromper et croire servir le peuple qu'ils flagornent? hélas! cela ne paraît pas possible.

Dans le milieu social pourri où nous sommes, la fourberie électorale a, jusqu'aujourd'hui, eu beaucoup de réussite ; cette réussite pourrait-elle persister si les masses avaient leur attention attirée sur les moyens efficaces de transformation sociale que leur propose la Fédération collectiviste des travailleurs français?

Non, certainement.

C'est pourquoi, après la conspiration du silence, c'est la conspiration par insinuation contre les efforts de cette Fédération, qui passe par les mêmes difficultés qu'a subies et que subit encore le groupe le plus honnête et le plus sincère du Parti ouvrier, contre lequel tous les pseudo-socialistes s'acharnent en accusant ses plus intelligents et désintéressés serviteurs d'être des despotes, des ambitieux, etc. ; leur faisant un crime d'avoir engagé les travailleurs :

1° *A prendre des précautions contre les défections possibles d'individus qui, profitant de l'influence que possède le groupe dont ils font partie, cherchent à obtenir des mandats de leur confiance.*

2° *D'interdire à leurs candidats de contracter des alliances louches, sous prétexte de discipline, avec d'autres candidats qui n'ont pas de programme sincèrement socialiste.*

A force d'être dupées, les masses s'instruisent, leur exploitation intellectuelle et sociale devient de plus en plus difficile.

C'est pour contribuer à les instruire, le plus rapidement possible, des moyens employés pour prolonger leur exploitation que la théorie philosophique et pratique du Collectivisme-Intégral-Révolutionnaire a été écrite ; c'est spécialement contre le plus pernicieux de ces moyens que cette réplique, faite d'indignation, verra le jour.

Un dernier mot : Non, le citoyen B... ne deviendra pas, ou plutôt ne redeviendra pas un matérialiste ; il ne veut point se réserver un moyen de vivre aux dépens des travailleurs, en faisant profession de foi d'une hypothèse qui, quoi qu'en disent certains, légitime logiquement tous les abus de force en rejetant toute possibilité d'une justice universelle et immanente : *S'il est vrai qu'il n'y ait que des forces agissant sur de la matière ! une force violente, fourbe, hypocrite réussissant serait légitime, et l'homme néfaste affirmant que la force prime le droit aurait raison.*

Le citoyen B..., s'il ne devient pas fou, restera ce qu'il est : Un intégraliste, qui n'obéit qu'à une loi : la Solidarité ; un socialiste qui, sincèrement, sert la véritable égalité sociale.

21 février 1897.

**

DISSERTATIONS A PROPROS DE LA PEINE DE MORT, EN RÉPONSE A UNE BROCHURE DU PROFESSEUR ET HOMME DE LETTRES M. D. (JUILLY), MAI 1897.

La peine de mort est sûrement la question *secondaire* la plus importante du problème social.

Pour qui de cette question fait une étude approfondie et sans parti pris, il est certain que dans son principe et ses explications, elle peut, actuellement, être interprétée et résolue de façons différentes par les meilleures consciences.

Beaucoup se laissent encore influencer, à leur insu, par plus de sentimentalité que par de bonnes raisons.

Le Collectivisme-Intégral, lui, s'appuie sur la méthode expérimentale; par cette méthode, il connait qu'un principe qui est vrai en lui-même, c'est-à-dire qui est conforme aux lois naturelles, reste toujours juste et bon dans toutes ses applications; que celui qui est faux ne peut avoir que des applications iniques et dangereuses : C'est pourquoi il combat le meurtre légal de la peine de mort qui est une infraction grave, très grave aux lois naturelles.

Le meurtre humain avant que l'aient sanctionné des conventions *léonines*, appelées lois, contribua à former l'embryon de nos abominables états sociaux actuels ; depuis, il continue de les soutenir au détriment de tous, surtout des meilleurs ; il sert aux sans-scrupules de prétexte pour légitimer, sous toutes ses formes, la destruction de l'homme par l'homme.

Effectivement, si la destruction légale d'un homme, quel qu'il soit, peut être reçue comme légitime, sous prétexte qu'elle est avantageuse à une collectivité quelconque, les priviligiés de cette collectivité, armés de ce prétexte, ne reculeront jamais pour soutenir les intérêts de leurs bas appétits devant la destruction de plus ou moins de leurs concitoyens au moyen d'exploitations féroces, de répressions sanglantes, de guerres avec les autres collectivités, etc., etc.

C'est ce qui se pratique partout aujourd'hui à l'état aigu.

Pourtant, disent les partisans de la peine de mort, les collectivités, comme les hommes, ont bien le droit de se défendre, comme elles le peuvent, des attaques dirigées contre leurs droits, leur sécurité, leur existence.

Certainement les collectivités, comme les hommes, ont ce droit ; plus même, pour elles et pour eux c'est un devoir.

Mais afin de se protéger, tous ne doivent employer que des moyens efficaces, pour ne point agir follement et contre leur véritable intérêt.

L'application la plus rigoureuse de la peine de mort n'a jamais arrêté, n'arrêtera jamais la marche ascendante des forfaits de toutes sortes qu'engendrent, de plus en plus, les états sociaux individualistes.

L'expérience prouve que cette peine est plutôt un stimulant aux forfaits qu'on prétend par elle réprimer : Il est donc insensé de la continuer en s'appuyant, presque toujours, sur des phrases toutes faites, le plus souvent absurdes, qu'acceptent, sans les contrôler, beaucoup de personnes ayant reçu une certaine culture intellectuelle.

Tant que les collectivités auront pour base le Chacun pour soi, ni elles, ni aucun de leurs membres ne pourront employer un moyen sérieusement efficace pour protéger leur sécurité et leur existence ; aussi la première chose à faire, par tous, est de travailler à transformer le Chacun pour soi en Chacun pour tous et Tous pour chacun.

Pour planter sérieusement les premiers jalons de cette transformation sur la route de l'avenir, il faut débarrasser le présent de ses marécages : Un des plus pestilentiels est la peine de mort.

La collectivité qui aura fait cet assainissement nécessaire pourra, alors, employer des moyens sérieux et efficaces pour se protéger en protégeant chacun des membres dans ses droits véritables, sa sécurité, sa liberté, son existence.

Dans cette collectivité qui tendra à devenir harmonique, au lieu de se continuer en anarchie, les moyens légaux pourront être et seront, certainement, le résultat d'une convention contractuelle à l'avantage de tous.

Ces moyens ne seront jamais appliqués avec deux poids et deux mesures.

Ils seront de deux sortes : Préservatifs et répressifs ; dans ce dernier cas, ils ne seront jamais employés comme châtiment, mais seulement pour empêcher quiconque aura commis un attentat social d'en commettre de nouveaux.

Ils feront réparer, autant que possible, doublement à son ou à ses auteurs, le préjudice occasionné à autrui : Moitié au profit de la ou des victimes, l'autre moitié à celui de la collectivité ; la collectivité bénéficiera de cette double réparation quand elle sera seule en cause.

Enfin, leur but sera de faire respecter par tous et pour tous la vie humaine ainsi que tout ce qui est nécessaire pour qu'elle soit sauvegardée, entretenue et développée intégralement.

Cette légalité de l'avenir sera le contrepied de celle existante constituée par une minorité d'individus qui, au moyen de n'importe quels procédés, étaient devenus les privilégiés de l'état social individualiste à ses premiers jours.

Cette minorité, afin de se garantir et de légitimer

ses conquêtes sociales, a imposé à la majorité des obligations iniques sous le nom de « Lois ».

L'ensemble de ces pseudo-lois est encore la base de la légalité actuelle, il est toujours appliqué sur l'esprit des fausses affirmations suivantes : « Les priviléges sociaux sont acquis par la volonté de Dieu disent les uns, par le jeu des forces naturelles disent les autres ; ils résultent, à qui les possèdent, de services rendus à la collectivité : Ils sont avantageux à tous ; qui les attaque doit être châtié. »

Le résultat de ces pseudo-lois est aujourd'hui que tous les groupes sociaux sont composés de sans-scrupules et de meurt-de-faim, de jouisseurs et de révoltés qui, presque tous, sont plus ou moins des malades.

Le groupement social harmonique de l'avenir à ses débuts aura des malades lui provenant du passé ; mais il arrivera évolutivement et rapidement à ne plus avoir que des citoyens sains d'esprit et de corps.

Ces citoyens, contrairement à ce qui est aujourd'hui, controverseront avec des arguments sérieux et non des phrases toutes faites, avec des idées et non des mots ; alors, ils n'auront plus l'insigne folie de se vouloir réciproquement la peine de mort.

M. J. E..., commandant d'artillerie et théosophe (Paris), février 1898.

PRÉVENTIONS

« ... En sera-t-il de même lorsque j'aborderai la question du collectivisme — j'en doute. — J'ai beaucoup de préventions contre le collectivisme — que j'accuse de tuer l'activité et l'individualité ; — d'autre part, il m'est impossible de croire à l'efficacité des systèmes qui tendent à l'égalité intégrale des hommes, ou du moins à leur asservissement sous une règle d'échanges calculés mathématiquement. »

« Le collectivisme, selon moi, n'est pas un moyen, c'est un but — et ce but ne sera atteint que lorsque la loi d'amour, ainsi que vous le faites entendre dès vos premières pages, aura produit sans autre aide qu'elle-même la transformation des âmes ; jusqu'alors la souffrance, le crime même sont des éléments indispensables de notre évolution. Maintenant, croyez-vous que les moyens employés par les Collectivistes pour arriver à leur but, prédisposent les chercheurs sincères en sa faveur ?... »

RÉPONSE

..... Avant d'aborder l'étude du Collectivisme-Intégral, bien des personnes de bonne foi ont, comme vous, des préventions contre ce système social, préventions dont il est bon d'expliquer la cause principale : Ces personnes confondent le Collectivisme-Intégral avec des contrefaçons informes que leur présentent des chapelles politiques, qui n'ont de collectiviste que l'étiquette dont elles se parent et le platonique énoncé de quelques principes généreux.

Les pontifes et sous-pontifes de ces chapelles prétendent servir les principes dont ils se réclament par des suspicions, des invectives, des personnalités, des manifestations, des procédés et des moyens qui, en fait, ne peuvent servir que leurs intérêts personnels au détriment de l'intérêt général et dont les suites et les frais sont toujours payés par les travailleurs.

Ces pontifes et sous-pontifes, pseudo-socialistes, sont des ambitieux et des vaniteux sans scrupules ou de présomptueux imbéciles ; ils sont d'autant plus nuisibles au véritable intérêt des travailleurs qu'ils les trompent en clamant impudemment, haut et fort, que leurs agissements n'ont pour but que le bien des salariés.

Quand des adversaires déclarés du socialisme combattent la transformation sociale nécessaire, il est facile à un socialiste sincère de lutter contre leurs arguments ; mais il a bien des difficultés à démasquer les rusés personnages qui, se disant socialistes, dupent le peuple au moyen de trompe-l'œil et de promesses illusoires.

Hélas ! l'obstacle le plus sérieux à l'affranchissement du travail et des travailleurs n'est pas tant dans les oppositions de toutes sortes que lui font ses adversaires, que dans le découragement des masses amené par les palinodies des individus qui prétendent les servir et les trompent en se mêlant constamment à des agitations de coteries, dont l'intérêt public ne peut que souffrir, au lieu de ne s'occuper, eux qui se proclament socialistes, que des revendications franchement socialistes.

Le Collectivisme-Intégral, étant l'application sociale du vrai et du juste, démasque la duplicité sous toutes ses formes et de quelque étiquette qu'elle se couvre ; aussi, cette duplicité fait-elle contre lui la conspiration du silence pour éviter le plus longtemps possible de s'expliquer sur les moyens qu'elle emploie.

Un des résultats de cette conspiration, qui a réussi jusqu'à présent, est que beaucoup d'hommes sincères critiquent actuellement un système social, qu'ils ne connaissent pas, avec des arguments qui ne s'appliquent point à lui.

Le système social du Collectivisme-Intégral ne peut amoindrir, *a fortiori*, ne peut tuer l'activité et l'individualité, pas plus dans l'ensemble des citoyens que chez aucun d'eux, puisqu'il développe et utilise socialement chez chaque individu, sans exception, toutes ses aptitudes autant pour son profit que pour celui de tous ; alors qu'aujourd'hui ce développement et cette utilisation ne peuvent être complets chez personne.

Ce système tend à l'égalité, par ÉQUIVALANCE, de la valeur des charges et avantages sociaux pour tous les citoyens, sans tendre à ce que ceux-ci soient semblables, pareils, uniformes : Ce qui serait absurde ; en établissant leurs rapports publics sur une règle d'échanges calculée aussi mathématiquement que possible pour qu'il n'y ait plus de privations ni de servages sociaux pour qui que ce soit, il n'asservit aucun d'eux et les débarrasse tous de beaucoup d'asservissements inhérents à l'état social actuel.

Il facilitera à chacun la conquête et l'usage de la liberté la plus illimitée possible, alors que personne n'a de réelle liberté aujourd'hui.

Oui, le Collectivisme-Intégral est un but, le but transitoire le plus rapproché pour que tous les hommes puissent commencer à s'aimer parce qu'ils n'auront plus entre eux de motifs sociaux artificiels et incitateurs de ruses, de luttes, de suspicions et de haines ; de plus, il sera un moyen efficace pour que l'Humanité acquière un développement plus élevé sous tous les rapports que celui qu'elle a présentement.

Pour que la loi d'Amour ou de Solidarité qui est l'obligation universelle soit pratiquée, par tous, il est utile que, socialement, elle soit rendue possible pratiquement à tous.

———

Les personnes qui affirment que la souffrance et le crime sont des facteurs indispensables et celles qui, n'allant pas si loin, se contentent de dire qu'ils sont des facteurs utiles à l'évolution humaine nient, qu'elles le veuillent ou non, la Justice, la Sagesse, la Bonté, l'Infini d'une Cause-Première : Si elles sont convaincues de l'existence de cette Cause, elles sont illogiques ou ignorantes ; illogiques, quand elles savent, ignorantes, si elles ne savent pas que des effets ne peuvent être un instant contradictoires à leur cause.

Ce que le langage usuel appelle le « mal » résulte, sous toutes ses formes — souffrance, crimes, etc. — des infractions à la loi universelle, la Solidarité, et de sa sanction, ici répressive, la responsabilité individuelle : Ce mal frappe inéluctablement qui l'a commis antérieurement et lui limite ses possibilités actuelles.

La première partie du Collectivisme-Intégral, que vous jugez exacte, démontre que par les effets de la Justice-Immanente, ce sont ceux-là qui ont enfreint la loi qui doivent — pour leur intérêt bien entendu — la servir avec plus de vigueur.

Quel homme de cœur aimant aujourd'hui son prochain comme lui-même peut affirmer que, dans ses vies antérieures, il n'a pas été un malfaisant contempteur de la loi d'Amour ; il lui est donc indispensable d'aider à éliminer, socialement, le motif le plus incitateur du malfaire, le Chacun pour soi.

———

Enfin, le Collectivisme-Intégral demande à ceux qui veulent servir la transformation sociale de dévoiler, en toutes circonstances, les hypocrisies sociales individualistes et de prendre contre elles des précautions générales efficaces ; sans agir jamais par des procédés d'exception, des suspicions et des procès de tendance contre qui que ce soit.

Quand de prétendus collectivistes agissent contrairement aux principes du Collectivisme, il n'est pas plus rationnel d'apprécier celui-ci par les actes de ceux-là que de juger un arbre par les parasites qui s'y accrochent...

**

OBJECTION D'UN LIBERTAIRE, LE COMPAGNON A. G. QUI A ÉTÉ MARXISTE (Auteuil) février 1898.

« ..... Les fameux services publics du Collectivisme n'auraient-ils pas pour but d'entretenir grassement les jésuites rouges du socialisme dans des fromages de Hollande : Comité de répartition et autres balivernes, aussi gouvernementales que despotiques... »

RÉPONSE

Dans l'état social collectiviste intégral, les services publics auront pour but d'obtenir, de façon ÉQUIVALENTE, la production et l'appropriation individuelles des productions les plus variées et les plus nombreuses possibles par des associés également libres, en ne demandant aux aptitudes développées de chacun d'eux qu'un minimum d'efforts.

Ces services seront les organes harmoniques de la division du travail dans le corps social.

Les fonctions gouvernmentales, tant exécutives que représentatives, seront exercées par des délégations souvent renouvelées et réunies en vue de buts spéciaux bien définis ; elles seront à l'activité collective ce que le cerveau et le sang sont à l'activité humaine.

Les titulaires de ces délégations seront nommés, par l'universalité des citoyens des deux sexes, d'après les listes de candidats pris dans chaque service public.

Chaque service public présentera un nombre de candidat proportionnel à la quantité de ses membres : Ces candidats seront choisis par leurs co-associés.....

**

Mme H. J... : libertaire et matérialiste (Boulogne-sur-Seine), février 1898 :

OBJECTIONS

« ... Rien ne rend matérialiste comme la lecture d'un livre spiritualiste, et réciproquement. Les deux écoles partent du même point pour arriver, après mille détours fatigants et contradictoires, à reconnaître l'impuissance de leur doctrine. Les uns affirment, les autres nient ; mais aucun ne prouve.

» Votre croyance généreuse serait certes, étant donnée mon éducation première, ce qui conviendrait le plus à mon besoin de croire scientifiquement : mais une chose paraît, en apparence du moins, ébranler un peu cet édifice. Je ne vous poserai pas la question qui détruira toujours les croyances catholiques : Comment Dieu, bonté parfaite, a-t-il créé le mal ? car le mal, qui n'existe que par rapport à notre comparaison humaine, n'est qu'un degré moindre ou nul du bien. Mais comment se peut-il que votre Dieu, bonté constamment agissante, ait pu créer l'inexistence du bien, puisque la cause ne peut avoir d'effet qu'elle ne comporte ? En outre, comment ce Dieu, si lui-même se comprend, a-t-il mis comme un mur infranchissable entre lui et les êtres émanant de lui ? Le chrétien me répondra que l'existence terrestre est un lieu d'épreuves ; mais à quoi bon éprouver des être qui, venant de Dieu, ne peuvent être que parfaits ? D'ailleurs, la question religieuse ici importe peu. Nous nous plaçons plus haut.

» Ensuite, pourquoi ce manque total de souvenir quant à nos vies passées ? J'avoue avec vous que la fantaisie de faire renaître en nous les générations passées de nos aïeux, d'en faire nos vertus, nos défauts, notre destinée physiologique, est un peu poussée à l'extrême, mais elle n'offre ni plus ni moins de preuves que celle de faire notre moi présent d'une multitude de moi passés dont nous n'avons aucun souvenir.

» Maintenant, je vous avouerai que, laissant le raisonnement pour le domaine des seules sensations, votre croyance, qui d'ailleurs fut longtemps la mienne, me parait la seule admissible ; pourquoi ? je n'en sais rien. Peut-être parce que l'esprit un peu mystique et idéaliste de ma famille et surtout l'éducation panthéiste que j'ai reçue ont déteint sur moi.

» Encore une question Votre Dieu régit des lois, ou il est régi par elles, et alors il n'est plus Dieu. Comment expliquez-vous la destruction prématurée d'un germe quelconque, fruit, bourgeon, enfant ? Mais, allez-vous dire, puisque rien ne se perd dans la nature, il n'y a pas destruction, il n'y a que changement.

» C'est possible, mais le temps est néanmoins perdu. Voyez, par exemple, un petit enfant mourir. Si, d'après votre théorie, il s'est incarné avec des résolutions, ce ne pouvait être celle de disparaître sans avoir eu le temps de faire de nouvelles acquisitions, ni de réparer des torts antérieurs.

» Autre chose encore. Vous poussez si loin la théorie spiritualiste que vous refusez la réalité à la matière.

» Comme vous, je crois sincèrement qu'il n'y a qu'une seule chose existante, essence ou matière, et que les différences d'association font seules les différences d'organismes. Mais si, comme vous semblez le croire, l'Etre qui s'incarne, s'incarne par sa volonté, s'adjoignant des volontés inférieures et sympathiques, pourquoi cette nécessité absolue de deux concours étrangers : le père et la mère ?.... »

RÉPONSES ET DÉVELOPPEMENTS

.... Mon amie, dans votre lettre, vous donnez la preuve de ce que j'énonce ci-dessous :

1° La doctrine intégrale affirmant nettement, à différentes reprises, les détails qui font ici le sujet de mes réponses à vos objections, ces détails vous les avez vus non tels qu'ils sont écrits, mais à travers le prisme de vos convictions.

En fait, ce n'est pas aux affirmations de la philosophie collectiviste intégrale que vous objectez, mais à celles des dogmes prétendus ou religieux ou scientifiques.

2° Par réaction contre les audacieuses affirmations des dogmes, dits révélés, un certain nombre de consciences ont nié toute possibilité d'une Cause première quelconque ; d'autres l'ont représentée par une entité, la Nature, présentant cette nature autrement qu'elle est réellement et l'affirmant, illogiquement, comme créatrice des phénomènes qu'elle comporte, alors qu'ils reconnaissent que ses phénomènes et elle-même sont régis par des lois immuables.

Ces affirmations et ces négations ayant été jusqu'à présent les bases officielles et officieuses des enseignements prétendus religieux, philosophiques, scientifiques, vous et beaucoup de personnes plus érudites que savantes confondent, sincèrement et inconsciemment, l'esprit de la philosophie intégrale avec celui des affirmations quelles n'ont cessé et ne cessent d'entendre répéter autour d'elles : De là, nécessité de répéter et de développer constamment les propositions de la philosophie intégrale, pour la dégager des conceptions toutes différentes dont certains cerveaux sont imprégnés et avec lesquelles ils la confondent et la jugent, même ne les acceptant pas.

Ces remarques générales préliminairement faites, passons successivement aux réponses et développements succincts que demandent vos objections :

La philosophie du Collectivisme-Intégral ne se donne que pour une hypothèse cherchant à rendre compte du principe et de l'origine, du pourquoi et du comment de tout ce qui est dans le Temps et l'Espace ; à l'opposé de toute les hypothèses affirmées spiritualistes, matérialistes, panthéistes, etc., elle ne commence pas par réclamer l'adhésion sur le ou les points de départ de ses affirmations et négations ; au contraire, elle en demande le contrôle sévère basé sur l'étude sérieuse de tous les phénomènes de la Nature : Elle ne peut donc être confondue ni logiquement ni légitimement avec des doctrines qui, les unes et les autres, se prétendent infaillibles dans leurs affirmations et négations aussi mystiques qu'astucieuses ; seule, présentement, cette philosophie peut répondre au besoin de croire scientifiquement qui vous sollicite ainsi que tant d'autres personnes.

Les dogmes dits religieux se réclament d'un Dieu bon; en même temps, dans un but de spéculation lucrative, les interprètes intéressés de ces dogmes affirment que la volonté de leur dieu peut être modifiée par l'entremise de leur ministère s'appuyant sur une adoration et des prières qu'il exige.

Ces interprètes dénaturent sciemment une conception vraie, pour qu'elle serve les appétits de leur égoïsme : *Aucun Être ne tire d'utilité du concours intéressé d'individus se disant des intermédiaires entre Dieu et lui ; il est vrai que plus énergiquement est altruiste le vouloir d'un incarné qui se l'affirme dans d'ardentes prières, plus cet incarné bénéficie de bienfaisantes influences ambiantes que ce vouloir lui attire par l'effet immuable des lois naturelles.*

Les croyances basées sur de prétendues révélations surnaturelles, celles catholiques et celles de tous les autres dogmes, seront détruites alors que leur plus importante affirmation, une Cause Infinie, aura une définition exacte qui, irréfutablement, expliquera et justifiera tout ce qui s'est manifesté, se manifeste, se manifestera dans le Temps et l'Espace ; la philosophie intégrale a essayé cette définition, page 47.

Par définition, cette Cause est nécessairement Bonté-Justice-Sagesse-Bien parfait, etc. ; d'où impossibilité que le mal vienne d'Elle, ni qu'il puisse réellement exister.

Le mal dites-vous n'est qu'un degré moindre ou nul de bien : Ce n'est pas assez dire, il faut ajouter que la perturbation que nous appelons « Le mal » ne frappe que les Etres qui s'en sont créé les causes ; que cette perturbation n'est jugée néfaste par un individu quelconque qu'en raison de son insuffisante compréhension généralisatrice, qui ne voit que la perturbation et le trouble qu'elle apporte à sa tranquillité présente.

En fait tout ce qui est obstacle à notre tranquillité organique, l'incident le plus insignifiant comme la plus douloureuse souffrance physique et intellectuelle, nous provient de nos infractions antérieures à la loi universelle, la Solidarité ; ce qui est absolument juste, sage et bon : Cet obstacle nous est un avertissement ; nous ne le subissons, dans ses formes et degrés, qu'en raison exacte de nos non-bien ou infractions à la Solidarité, depuis l'indifférence à ce qui touche autrui jusqu'à la complicité de cet assassinat en grand, nommé la Guerre.

Donc, ce que nous appelons le mal est toujours bon en soi ; il est la sanction répressive et limitative de toutes nos infractions en pensées, en paroles et en actions contre l'obligation imposée à tous pour leur bonheur et leur plus grand bien : Le bien seul subsiste en tout, partout et toujours.

———

La Cause Infinie, ou Dieu si vous voulez lui donner ce nom, dans ses attributs : Liberté, Bonté, Sagesse, Justice, etc , qui ne font qu'un dans leur absolu, agit constamment non sur ou d'après des vouloirs individuels, mais par la constance et l'immuabilité des lois qui régissent toutes les possibilités ; cela contredit absolument les affirmations dites religieuses.

Cette Cause Première, ou Dieu pour parler le langage courant, n'éprouve jamais les Etres; mais ses lois immuables amènent à chacun de ceux-ci le résultat de ses actes.

Etant la Liberté absolue et le Bien parfait, cette Cause donne à tous de la liberté relative et une sanction de responsabilité individuelle et collective inéluctable.

Cette sanction donne à chacun la nécessité de pratiquer constamment et de mieux en mieux la Solidarité ; de cette sanction résulte que tout acte devient cause amenant inévitablement ses effets à qui l'a produite, ce qui est bien, car c'est avantageux pour tous sans exception.

Non, il n'y a pas de commune mesure possible entre la Cause Première qui est l'Infini et les Etres; mais il est un perpétuel rapprochement entre Elle et Eux, le bien que de mieux en mieux doivent pratiquer ces derniers.

Une seule perfection absolue étant possible, aucun Etre ne sera jamais parfait absolument ; mais tous ont le devoir et le besoin de se rapprocher de plus en plus de la perfection en pratiquant de mieux en mieux la loi universelle, la Solidarité.

Le manque total de souvenirs relativement à nos vies passées, est loin d'être général ; beaucoup d'individus ont de ces vies comme de vagues intuitions, quelques-uns affirment en voir des réminiscences sérieuses.

Quelles acquisitions de savoir réel, faites par l'Humanité, permettent d'affirmer : 1° que les vies successives sont impossibles, par suite qu'elles ne peuvent être l'objet d'intuitions et de réminiscences sérieuses ; 2° que les propositions suivantes de la philosophie intégrale sont erronées :

a) Tous les Etres peuvent acquérir un souvenir du passé et une prévision de l'avenir de plus en plus clairs et développés ;

b) Le souvenir du passé et la prévision de l'avenir dépendent chez chaque Etre du développement d'un de ses attributs intimes, la Généralisation, qui s'acquiert de plus en plus par du savoir réel, du dévouement à autrui, de l'abnégation de soi ;

c) Tant qu'un Etre n'a pas développé suffisamment son attribut de Généralisation, il ne peut avoir le souvenir de ses vies précédentes, tout en profitant des acquisitions réelles qu'il y a faites ;

d) L'absence de souvenir du passé chez les Etres de développement encore inférieur leur est avantageuse, elle les débarrasse momentanément de la connaissance de leurs torts antérieurs réciproques, cette connaissance ne pourait leur servir qu'à perpétuer leurs dissensions ;

e) La propagation de la philosophie intégrale donnera à chacun de plus en plus des possibilités de se rendre compte de ce qu'il fut dans sa vie antérieure, et des motifs qu'il eut de se choisir sa vie présente ;

f) Le processus des vies successives est la seule explication logique des phénomènes de la Vie universelle, de ceux qui sont conformes et de ceux qui paraissent contraires à la loi d'évolution, notamment : Ceux d'aptitudes, d'immunités, d'atavisme ; ceux dits d'hérédité ancestrale quelles que soient la forme, les circonstances, l'anomalie où ils se présentent ; celui qu'affirme les individus dans chaque espèce différant, dès le début de leur vie, par des attributs variants, même dans la parenté la plus proche, des plus inférieurs aux plus élevés que comporte cette espèce ; ceux prétendus surnaturels, etc..; elle est la seule que n'infirme aucun fait, qui les explique tous rationnellement dans leur essence en montrant scientifiquement l'unité dans la multiplicité en tout et partout, et ce que sont réellement toutes les unités dont le nombre est à l'infini ;

g) La théorie des vies successives est la seule dans laquelle ne se trouve aucune contradiction avec les parcelles de Vérité suivantes : Rien ne se perd dans la nature, tout s'y développe indéfiniment ; la seule qui nettement élucide la question du bien et du mal et démontre, que sur cette question comme sur tant d'autres, l'enseignement dit religieux est erroné dès sa base.

Beaucoup de personnes éclairées par leur développement intime ne peuvent accepter l'absurdité des affirmations dogmatiques dont l'enfance de leur vie présente a été catéchisée, elles deviennent comme vous panthéistes ou matérialistes par réaction et pour satisfaire un besoin naturel de conviction qui les sollicite ; mais elles sont sincères et reconnaissent loyalement que nombre d'affirmations matérialistes sont au moins fantaisistes, entre autres celles d'une prétendue loi d'hérédité ancestrale d'après laquelle dans notre Moi, *qui n'existerait que par et avec notre individualité présente*, renaîtraient les générations passées de nos aïeux constituant fatalement nos vertus, nos défauts, notre destinée physiologique, etc., faisant ainsi de chaque Moi un éphémère résultat automatique et inconscient auquel, précédemment, il n'aurait coopéré en rien, puisqu'il n'existait pas : Plus ces personnes étudient les croyances dites spiritualistes, panthéistes, matérialistes, aussi mystiques les unes que les autres dans leurs contradictoires affirmations, mieux instinctivement, c'est-à-dire par le résultat des acquisitions réelles de leurs vies antérieures, elles reçoivent la vérité quand elle leur est présentée d'une façon saisissable, et reconnaissent quand elles ont connaissance de la doctrine intégrale que seuls ses propositions paraissent probables.

Amie, malgré votre remarque très exacte sur le Moi matérialiste, un peu plus loin, vous le confondez avec l'Etre défini par la doctrine intégralement collectiviste.

Cette confusion est-elle due à mon insuffisance d'écrivain ?

Le Moi matérialiste ne peut être qu'un assemblage de Moi antérieurs différents; tandis que l'Etre de la doctrine intégrale est toujours le même se développant à l'infini dans de nombreuses et diverses individualités : Pour notre compréhension et par à peu près, nous pouvons comparer cet Etre à une personne qui reste toujours le même individu à tous les âges de sa vie, quelles que soient ses manifestations et transformations naturelles, artificielles, physiques et intellectuelles.

Vous confondez également le Dieu réel avec les caricatures qu'en présentent les diverses religions:

Le Dieu réel, ou mieux la Cause Première, est Puissance Infinie; sa liberté est partie intégrante, inséparable de ses attributs; nous n'entrevoyons ces attributs que suivant notre développement, c'est-à-dire que nous n'entrevoyons la Cause Première qu'en raison des limites de notre compréhension généralisatrice.

En fait, la Bonté, la Justice, la Sagesse, la Liberté, la Volonté, etc. de la Cause Première ne font qu'un dans leur activité éternelle; donc, le Vouloir de cette Cause est immuable parce qu'il est Parfait: Il est le principe de la loi unique à laquelle est soumis tout ce qui est dans la Nature ; les sanctions attachées à cette loi régissent toutes les possibilités, et amènent ce résultat que tout acte produit inéluctablement ses effets.

La Nature, elle, n'est que l'ensemble, la forme éternellement muable de tout ce qui est dans le Temps et l'Espace ; elle est régie dans son ensemble et ses détails par des règles immuables : Quelques personnes ignorantes ou illogiques la prennent pour une entité créatrice des phénomènes qui la constituent, et en font ainsi une puissance anthropomorphe.

Pas une forme, pas une fraction de temps et d'espace n'a d'existence réelle ; les formes et les fractions de temps et d'espace sont des phénomènes momentanés, des moyens que les Etres, volontairement, se choisissent pour évoluer dans l'éternité et qu'ils emploient plus ou moins bien.

Quelles que soient les circonstances où la désagrégation que nous appelons la mort vient frapper une forme organique quelconque, c'est que l'Etre qui était le moteur de cette forme avait, par elle, réalisé les résolutions qu'il avait prises en s'y associant, ou qu'il l'avait rendue impropre à ce résultat par des NON-BIEN auxquels il l'avait fait servir ; les circonstances de cette désagrégation résultent pour cet Etre de ses actes antérieurs de BIEN et de NON-BIEN.

Quand cette désagrégation frappe dans son germe un organisme quelconque, rien n'est perdu pour son moteur, rien n'est détruit en lui ; la force, le moteur, l'Etre qui était le lien et la raison de se manifester de cet organisme y avait atteint tout le possible, à lui permis, du but pour lequel il s'y était lié après avoir contribué à le former.

Ce possible a consisté pour cet Etre dans ce qu'il s'est efforcé de faire et d'endurer ce qu'il avait voulu en se réincarnant, en vue de résultats qu'il a ou qu'il n'a pas obtenus : En fait, la désagrégation, appelée la mort, est pour tous les Etres un des moyens d'évoluer dans la Vie universelle et une des manifestations générales de celle-ci.

Le but plus ou moins complexe, relativement à lui et aux autres, qu'un Etre avait choisi, à ses risques et périls, en se réincarnant dans une individualité dont la vie ne pouvait être que courte et souffrante, ne peut être apprécié par nous, qui ignorons les motifs ayant pu le déterminer à cette réincarnation ; ces motifs étaient-ils altruistes ou égoïstes, étaient-ils affectueux ou haineux pour les individus avec lesquels il voulait organiquement se retrouver, etc.?

Remarquez que les motifs qui, sur cette terre, peuvent déterminer un Etre à se réincarner sont plus ou moins compliqués ; qu'ils correspondent à son passé par les attachements et les haines qu'il en conserve, à son avenir par ses aspirations vers la Vérité, la Justice, la Bonté ; remarquez également que, dans le Temps et l'Espace, sont innombrables les motifs qui sollicitent les Etres à leurs diverses réincarnations.

Non, la doctrine intégrale n'admet ni la matière ni l'esprit dans le sens que leur donnent les hypothèses matérialistes et celles, semi-matérialistes, appelées spiritualistes ; elle affirme et démontre que tout ce que l'ignorance humaine désigne sous les deux mots Esprit et Matière représente des états et des formes du développement des Etres dans la Vie universelle, et non deux choses contradictoires dans leur essence et leurs effets.

Les Etres provenant d'une Cause qui, nécessairement, est absolument libre ont toujours de la liberté dont ils peuvent développer les limites indéfiniment ; c'est dans les limites de cette liberté, correspondantes à leur progression vers l'infini, qu'ils ont à choisir leurs réincarnations.

Quand ces limites ne leur permettent de choisir que des organismes répondant aux développements les plus infimes de la vie, pour se joindre à un de ces organismes, ils n'ont pas besoin de ce que nous appelons un père et une mère.

Alors que, dans leur progression à l'infini dans la Vie universelle, le concours plus ou moins conscient d'un père ou d'une mère leur est nécessaire à la procréation d'un organisme, c'est qu'ils imitent d'autres Etres qui, antérieurement, avaient voulu qu'il en fût ainsi pour eux-mêmes.

Si des individus à organismes non rudimentaires continuent, sur notre planète et celles analogues, à ne se présenter qu'avec le concours d'un père ou d'une mère, c'est que les Etres animant ces organismes ont espéré que le lien familial par eux choisi servirait leurs projets.

En réalité, le lien familial établit la pratique de solidarités assez étendues et, certainement, ces solidarités en amèneront d'autres de plus en plus générales et puissantes englobant l'Humanité tout entière et la dirigeant vers l'Amour universel.

Pour terminer cette lettre, quelques derniers mots comme conseil :

Quand la théorie intégrale ne satisfait pas votre

besoin de croire, scientifiquement, rappelez-vous que la science réelle, pouvant vous donner la certitude, n'existe pas encore et que, contrairement à certaines affirmations sans preuves, les mathématiques ne peuvent nous la donner, ni même nous aider à la conquérir ; parce qu'elles font abstraction des attributs particuliers inhérents à tout ce dont elles s'occupent.

***

UNE RÉPONSE

Septembre 1899.

Le dernier numéro de *Paris-Province* contient une étude toute bienveillante de M. Henri d'Osmons sur le travail « *Philosophie et Pratique du Collectivisme Intégral-Révolutionnaire* » et sur celui qui a écrit ce travail. Dans cette étude absolument documentée, sincère et sérieuse, il me fait l'honneur d'objections générales, auxquelles j'ai le devoir de répondre et pour ma conscience et par reconnaissance pour lui.

Première objection

La théorie des vies individuelles et successives d'un être, « réalité éternellement une et indécomposable », est-elle vraiment fondée ?

Réplique

La théorie des vies individuelles et successives de tous les Etres, chacun d'eux étant une réalité éternellement une et indécomposable, n'est contredite par aucun fait exactement observé ; bien mieux, expliquant tous les faits, dans leurs causes médiates réelles, elle est continuellement justifiée par eux. Exemple :

Le processus des vies individuelles et successives est justifié parce qu'il est la seule explication logique des phénomènes d'évolutions, d'aptitudes, d'immunités, d'atavisme, d'hérédité dite ancestrale, quelles que soient la forme, les circonstances et les perturbations dans lesquelles se produisent ces phénomènes ; de ceux d'anomalies qui font que les individus, de n'importe quelle espèce, diffèrent dès le début de leur vie par des attributs et des facultés variant, même dans la parenté la plus proche, du moins au plus développé que comporte cette espèce. etc., etc.; en fait, seule elle explique logiquement tous les phénomènes de la loi universelle sans exception.

Deuxième Objection

L'affirmation que « les Etres humains, dès leurs premières évolutions sur la planète Terre, pouvaient se donner entre eux des relations harmonieuses en solidarisant leurs efforts » est téméraire. Ne serait-il point plus juste de reconnaître que les idées de solidarité et d'aide-mutuelle ne sont que résultantes d'une éducation et d'une civilisation non primitives ?...

Réplique

L'affirmation premièrement citée est une des conditions nécessaires de l'HYPOTHÈSE INTÉGRALE ; celle qui lui est opposée est une de celles que formule HYPOTHÉTIQUEMENT la doctrine positiviste.

L'HYPOTHÈSE INTÉGRALE dans toutes ses affirmations, cherche le pourquoi et le comment de tous les faits naturels, elle est confirmée par chacun d'eux.

La doctrine positiviste ne cherche, en réalité, qu'à prouver que tous les faits sont soumis à une fatalité excluant toute possibilité qu'ils puissent être autres ; les faits bien étudiés lui donnent tort.

L'analyse sérieuse du fait dont l'affirmation est ici en question prouve que les idées de Solidarité et d'Aide mutuelle ne sont pas résultantes d'une éducation et d'une civilisation non primitives, mais d'une nécessité qui s'impose chaque jour plus impérieusement à tous pour leur sécurité ; cette nécessité est la pratique de la Solidarité ou Aide-mutuelle qui est une loi universelle d'harmonie et de progrès dont les hommes s'éloignent en s'individualisant dans une barbarie dorée, qu'ils appellent civilisation, où ils se haïssent et hypocritement s'entretuent de plus en plus.

La barbarie dorée existe d'autant plus dans un groupement humain, quelconque, qu'il possède de plus nombreux avantages sociaux inégalement répartis ; pour conquérir ces avantages, tous sont incités aux luttes sans scrupules et sans fin du Chacun pour soi ; dans ce groupement personne ne peut avoir sa vie libre, tranquille, heureuse, accomplir sa destinée en se développant harmoniquement.

Un état social du Chacun pour soi, quel qu'il soit, est toujours une anarchie marchant à sa destruction ; une anarchie dans laquelle tous les individus sont plus ou moins esclaves, et empêchés dans leur developpement civique et humain par les luttes fratricides où les entraîne la divergence de leurs intérêts ; une anarchie dans laquelle on parle toujours de l'ordre social et qui ne produit et ne peut produire que du désordre.

Une société humaine dans laquelle existeraient

une civilisation véritable et un progrès réel donnerait à tous ses membres, sans exception, les conditions indispensables pour vivre libres, tranquilles, heureux, accomplir leur destinée en se développant harmoniquement ; chacun y travaillant pour tous, elle possèderait dans son organisation, le germe de son épanouissement de plus en plus parfait.

L'état social du Tous pour Chacun et chacun pour tous parce qu'il sera une association intégrale d'efforts librement pratiqués, de répartitions égales par équivalence, de mutuelle assurance contre toutes les éventualités perturbatrices, donnera à chaque individu toute la somme possible de liberté et de facilités pour, harmoniquement, se développer physiquement et intellectuellement en acquérant et utilisant, à son profit et à celui de tous, toutes ses réelles capacités.

Troisième objection

M. B... affirme que la première étape d'un peuple vers son émancipation sociale, c'est la république par le suffrage universel. La seconde ne lui paraît-elle pas un peu longue à venir ?

Réplique

Le Collectivisme-Intégral-Révolutionnaire ne veut affirmer que ce dont il peut avoir la connaissance assurée.

C'est pourquoi, il n'est affirmatif que relativement au but à atteindre, et aux moyens à employer pour, le plus rapidement possible, faire la première étape vers ce but ; il n'indique pas comment se fera le reste du chemin pour ne pas s'écarter du terrain scientifique sur lequel il veut rester : Il le déserterait en spéculant sur des facteurs qui, certainement, seront autres que ceux qui existent actuellement ; mais en démontrant nettement que la première étape qu'il indique est indispensable pour rendre ce chemin le plus facile et le plus court possible, il sert efficacement le rapprochement et la promptitude de la seconde étape ; d'autre part, il démontre que si la République n'est qu'une étiquette et ne sert pas à établir solidement le véritable Suffrage Universel elle est, hypocritement et au détriment de l'intérêt général, la plus corruptrice des formes gouvernementales qu'exploitent et finissent par tuer de pseudo-républicains qui détenant les pouvoirs publics, sèment par leurs actes le mépris, le dégoût et le découragement parmi les travailleurs.

Quatrième objection

Elle est formée d'une série de critiques qui terminent l'étude et s'adressent au suffrage actuel...

Réplique

Dans *Philosophie et Pratique du Collectivisme-Intégral-Révolutionnaire* il est indiqué, à plusieurs endroits, que la véritable solution de la question sociale dépendra surtout de libres discussions et d'essais loyaux entre des citoyens s'habituant à être des hommes dans toute l'acception du mot, c'est-à-dire faisant tout leur devoir et, par suite, n'abandonnant rien des revendications réellement socialistes ou, pour parler exactement, intégralement collectivistes.

Mais pour que ces citoyens existent et se groupent, au moins en nombre suffisant, il est indispensable que les plus intéressés à la prompte transformation sociale puissent s'entendre sur les moyens pouvant, efficacement, servir cette transformation et les employer sans qu'ils aient rien à sacrifier de leurs maigres possibilités de vivre, eux et les leurs.

Le Collectivisme-Intégral-Révolutionnaire s'étant rendu compte de tous les moyens présentés pour servir cette transformation, n'en voit qu'un seul pour, efficacement, poursuivre ce but et l'atteindre le plus rapidement possible.

Ce moyen est le suffrage universel véritable, c'est pourquoi il en préconise la conquête comme un des premiers efforts socialistes à faire ; cela, après avoir prouvé qu'en fait les hommes qui en sont les adversaires font preuve d'ignorance, de folie ou de fourberie relativement à la question sociale qu'ils prétendent résoudre sans tenir compte de son facteur essentiel : La volonté de tous qui, seule, peut transformer en harmonique intérêt général la divergence anarchique actuelle des intérêts individuels.

Le suffrage universel est surtout vilipendé par des individus qui se jugent supérieurs au commun des mortels, et qui espèrent que sans ce suffrage, leur intérêt serait mieux servi.

Aussi, voulant entraîner les esprits irréfléchis à faire chorus avec eux, ils établissent une confusion voulue entre ce que sera le suffrage universel et l'embryon informe que nous en avons.

Du reste, ils se gardent bien et pour cause de dire clairement ce qu'ils voudraient voir fonctionner à sa place.

Le Collectivisme-Intégral constate cette duplicité et veut éviter aux travailleurs et aux gens de cœur un malentendu dont ils paieraient tous les frais, aussi explique-t-il le fonctionnement et le but du réel suffrage universel dans l'organisation qu'il préconise :

Ce suffrage sera un organite de plus en plus simplifié et perfectionné de relations, d'entente et de conciliation entre tous les membres de la famille nationale ;

Il fonctionnera dans toutes les questions où des détails de l'intérêt collectif seront en jeu ;

Il sera constitué de façon que tous les organes du corps social ou services publics, chacun par un nombre de délégués proportionnel à la quantité des membres qu'il groupe, coopèrent à résoudre au moins transitoirement les questions d'intérêts collectifs ;

Chaque délégation ne sera nommée que pour un temps relativement court, et pour s'occuper de questions bien déterminées et strictement limitées ;

Le délégué à n'importe quel mandat remplira, momentanément, une fonction de la division du travail général et n'aura ni plus de droits, ni moins de devoirs sociaux qu'aucun de ses électeurs.

L'organisation intégralement collectiviste sera une association dont tous les membres, hommes et femmes, resteront toujours socialement libres dans leurs choix de producteurs et de consommateurs, responsables les uns envers les autres et, par ÉQUIVALENCE, égaux entre eux ; le suffrage universel y aura pour but que chaque fonction de la division du travail, surtout celle d'une direction quelconque, soit confiée par ses pairs au plus apte à la remplir et, pour cela, il donnera à chacun toutes les facilités pour qu'il affirme son avis sur tout et sur tous.

Aucun groupement humain ne peut exister sans une organisation quelconque.

Si cette organisation repose sur une conception fausse, comme celle du *Chacun pour soi*, qui jusqu'à présent a servi de base à toutes les agglomérations humaines, elle n'a d'autre but que la sauvegarde de ses privilèges; les individus qui ont conquis ces privilèges ou veulent les conquérir ont, artificiellement, leur intérêt opposé à celui du plus grand nombre et ne cessent d'employer tous les procédés qui peuvent diviser les efforts de la majorité: Afin de pouvoir agir despotiquement, ils combattent violemment ou hypocritement le suffrage de tous et pour stériliser la part de ce suffrage, socialement acquis, ils limitent la portée de chaque manifestation électorale à des intérêts antagonistes et momentanés que l'individualisme ne cesse de créer; ils empêchent ainsi le plus possible les électeurs de s'entendre sur le but essentiel qu'ils doivent poursuivre pour le plus grand avantage de chacun d'eux: *Diviser pour régner* est la maxime favorite des privilèges sociaux.

Pour déjouer ce machiavélisme en tenant compte des hommes et des institutions qui composent le milieu social actuel, le collectivisme intégral engage les travailleurs et les gens de cœur, quelle que soit leur situation de privilégiés, à s'unir sur un premier programme d'action et de propagande sérieuses que tous peuvent accepter sans risques ni périls pour les intérêts d'aucun d'eux.

Ce programme s'employant, en toutes occasions, doit se composer et réellement se compose de moyens pratiques pour, rapidement:

1º Conquérir le suffrage universel intégral;

2º Attaquer les principales assises de la société

actuelle de luttes individualistes, en leur substituant les bases de la société de l'Aide mutuelle.

Il possède, en outre, l'avantage de supprimer la cause de toutes les vilenies reprochées, avec raison, à la pratique suivie jusqu'à ce jour du restreint et embryonnaire suffrage actuel dont, pourtant, il est indispensable de se servir pour en conquérir un réel et complet.

Le Collectivisme-Intégral-Révolutionnaire recommande à tous d'employer, concurremment à la conquête du véritable suffrage universel, tous les moyens qui peuvent servir efficacement la rapide transformation de la société actuelle.

De plus, il engage chacun à se méfier des dupeurs, quelle que soit leur étiquette.

Enfin, il développe et utilise socialement les aptitudes de chacun et donne à tous ce que personne ne peut posséder, aujourd'hui, toute la facilité, l'égalité et la liberté possibles pour se choisir d'un côté leurs charges dans la division du travail social, de l'autre leur part dans les bénéfices collectifs : Il ne peut donc comporter aucune hiérarchie, aucun autoritarisme, tous y étant des associés libres et absolument égaux par ÉQUIVALENCE.

Si, par impossible, cet état social qui donnera à tous les plus puissants mobiles de l'initiative et de l'activité humaines, en excitant chacun au développement et à l'utilisation libre, variée, agréable de ses aptitudes, pouvait encore avoir des réfractaires, ceux-ci ne seraient que d'ataviques malades que la collectivité soignerait et qui disparaîtraient de plus en plus.

*

Objections que de forcenés individualistes, s'étiquettant socialistes, formulent aujourd'hui, après avoir longtemps crié que le socialisme n'est qu'une utopie irréalisable.

« La théorie du Collectivisme-Intégral est superflue, ce qu'elle préconise s'accomplissant de plus en plus par la force des choses ; et pourquoi le vocable compliqué *Collectivisme-Intégral-Révolutionnaire* qui effraie plus que le mot *Socialisme* et se comprend moins ? »

Réponse. — Il est indispensable qu'un principe, ou ce qui est donné comme tel, soit bien défini pour qu'il groupe des partisans éclairés et résolus ayant des intérêts et un idéal pareils ; sinon, il peut rallier une cohue d'individus qui, l'interprétant différemment et suivant leurs désirs, sont souvent des antagonistes n'ayant ni des vouloirs, ni un but semblables.

Principe, ici, signifie ce qui est regardé comme une loi : Eh bien ! les formes sociales désignées par les mots individualisme, anarchie, socialisme, collectivisme intégral-révolutionnaire, communisme, etc., ont chacune la valeur d'un principe pour leurs partisans respectifs.

En fait, toutes les formes sociales se réduisent à deux types principaux, deux principes opposés : l'Individualisme et le Collectivisme-Intégral-Révolutionnaire.

L'individualisme est un état social hiérarchique ayant pour base le *Chacun pour soi* ; il déroge aux obligations de la loi universelle ; il sanctionne la force triomphante, qu'elle soit violente ou hypocrite ; il excite chacun à la lutte contre les autres en l'incitant à s'approprier les richesses sociales ; il est un champ clos où se disputent des intérêts individuels contradictoires, un champ clos où chacun a des entraves de toutes sortes et peu de liberté, un champ clos dans lequel la nécessité du *Tous pour chacun* fait éclore et bourgeonner des organisations collectives embryonnaires que l'égoïsme embiant étouffé le plus qu'il peut ; il prend toutes les formes ; toujours et partout il est la domination, l'exploitation, la destruction de l'homme par l'homme.

Les partisans de n'importe quelle forme sociale individualiste prétendent qu'elle est la sauvegarde du bien général et de la liberté individuelle ; en réalité, toutes les formes sociales individualistes ne sont que des champs de bataille dans lesquels une infime minorité se taille beaucoup de possibilités de despotique licence, et impose à la majorité un écrasant esclavage: Dans ces champs de bataille, personne ne peut échapper à de nombreuses, pénibles et continuelles sujétions.

L'Anarchie, que chacun de ses partisans interprète à sa guise, n'est que l'Individualisme poussé à ses conséquences extrêmes ; il suscite des aberrations présomptueuses entravant l'*Aide mutuelle* qui supprimera les hiérarchies, les gouvernements, la domination, l'exploitation et la destruction de l'homme par l'homme en instaurant, de plus en plus, l'association de tous et pour tout ; cette association sera l'organisation sociale — sans gouvernement — l'Αρχή — dont quelques-uns se font vaniteusement une étiquette productive.

Le Collectivisme-Intégral sera une organisation

d'Aide mutuelle dans laquelle tous les individus seront égaux par ÉQUIVALENCE ; il aura pour base le Tous pour chacun et le Chacun pour tous ; il se conformera en tout et pour tout aux obligations de la loi universelle : la Solidarité, il établira l'équité ou justice naturelle dans toutes les relations sociales ; il incitera et excitera les uns et les autres à s'aider réciproquement et à s'aimer réellement ; il sera un champ de plus en plus élargi et enrichi scientifiquement au profit de tous, un champ où chacun aura beaucoup plus de liberté que n'en peut donner l'individualisme à n'importe lequel de ses privilégiés ; il sera une libre association fertilisant les efforts de tous et assurant à chacun son autonomie.

Quand un principe est bon, s'il n'est pas clairement défini, les appétits auxquels il est le plus contraire cherchent à se masquer de son étiquette.

Le Socialisme n'a pas de définition précise, il n'est qu'une tendance plutôt sentimentale que logiquement affirmée vers le Collectivisme-Intégral ; c'est pourquoi de forcenés individualistes se prétendent socialistes : L'illogisme de ces individualistes les empêche de voir — ou de reconnaître — que l'amélioration continue et assurée du sort du plus grand nombre n'est pas compatible avec les exigences du Chacun pour soi ; l'expérience de tout le passé prouve que les exigences du Chacun pour soi finissent toujours par emporter l'endiguement dans lequel on veut les enfermer.

Le Communisme sera un aboutissant, plus exactement il sera la pratique harmonique du Collectivisme-Intégral ayant définitivement conquis le cerveau humain à l'Amour universel.

Les préliminaires ci-dessus ont pour objectif

d'établir que, loin d'être superflue, la théorie du Collectivisme-Intégral-Révolutionnaire est nécessaire pour :

1° Que ses partisans et ses adversaires puissent apprécier la valeur du but et des moyens, pour atteindre ce but, qu'elle préconise ;

2° Que les tendances collectivistes qui s'affirment autour de nous ne soient pas encore étouffées par les appétits mesquins individualistes comme, dans le passé, l'ont été un peu partout celles qui les ont précédées ;

3° Qu'aujourd'hui, on puisse éviter beaucoup de malentendus et de luttes sanglantes en aidant scientifiquement à la conquête pacifique du but où nous mènent ces tendances alors même, qu'inéluctablement, elles devraient triompher des hostilités du milieu social actuel, cela, plutôt que de laisser ce but s'imposer petit à petit au milieu de tâtonnements empiriques, meurtriers et défavorables à tous ;

4° Que chacun sache que toutes les demi-mesures et tous les palliatifs réunis sont impuissants à écarter les dangers terribles, pour tous, qu'accumule l'individualisme aigu où l'état social est arrivé, qu'il doit combattre *sans polémiques d'invectives et de personnalités*, comme inutiles et dangereux pour la transformation sociale nécessaire, tous les moyens qui ne sont pas francs, équitables, pratiques et efficaces.

Pour finir, la théorie du Collectivisme-Intégral-Révolutionnaire, étant absolument précise, dit tout ce qu'elle est, rien de plus, rien de moins ; le vocable composé qui indique cette théorie, si compliqué soit-il, est utile pour que les appétits les plus opposés n'espèrent pas se satisfaire en exploitant l'organisation et les moyens que ces trois mots résument, comme il arrive malheureusement avec le mot socialisme que chaque appétit accommode à sa guise.

Le Socialisme et l'anarchie n'ont pas de définition précise, l'un et l'autre s'appuient sur des formules différentes aussi vagues que sentimentales ; enfin, les mots Socialisme et Anarchie ne représentent que des protées insaisissables.

Réponse a des arguments contradictoires opposés par des matérialistes a la philosophie du collectivisme-intégral.

Un matérialiste qui demande si c'est la poule qui a précédé l'œuf ou si celui-ci est antérieur à celle-là n'est pas d'accord avec un matérialiste affirmant que tout a pour origine une substance unique.

Le premier sert inconsciemment la duplicité des exploiteurs de dogmes dits révélés qui lui répondent : *Votre demande implique que vous ne pouvez comprendre l'origine des espèces, nous serions comme vous si la révélation ne nous instruisait qu'elles sont toutes l'œuvre de notre Dieu*, etc., etc.

Le second plus logique que le premier dans ses arguments, se garde bien de pareilles demandes ; il pose, tout d'abord, que tout ce qui existe dans la Nature vient par transformation d'une même substance, qu'il se garde bien de définir pour éviter d'être obligé ensuite de reconnaître :

Que les unités innombrables, indécomposables parce qu'infractionnables, qui constituent cette substance étaient originellement identiques ;

Que ces unités en développant de plus en plus

leurs attributs se différencient toujours davantage, dans leurs manifestations, qu'initialement chacune d'elles possédait tous ses attributs en germe avec possibilité de les développer à l'infini ;

Que les manières d'être et les acquisitions différentes actuelles de ces unités résultent pour chacune d'elles de sa liberté de choix limitée par une loi immuable, et non de la fatalité ou du hasard qui n'existent pas ;

Que pas une d'elles, ni le développement acquis de ses attributs essentiels intimes et personnels ne sont détruits par la désorganisation que nous appelons la mort, laquelle ne fait que disperser des unités éternelles diversement développées et formant momentanément un individu ou tout vital ;

Qu'un tout vital, à quelque espèce qu'il appartenait, n'était qu'un instrument que s'était formé son unité directrice, et que cet instrument correspondait aux possibilités de celle-ci ;

Qu'une manifestation organique quelconque est l'effet d'un vouloir et non une résultante de forces agglomérées

Que les unités primordiales, leurs acquisitions et leurs manifestations composent la Vie universelle ;

Que ces unités doivent perpétuellement pratiquer la *Solidarité* qui, sous des noms divers, est la loi universelle :

Qu'elles résultent d'une *Cause* qui n'est pas leur ensemble ;

Que cette Cause est indépendante de l'Espace et du Temps qui ne sont qu'un de ses rayonnements ne comportant ni un fait, ni un effet sans cause.

Si le matérialisme au lieu des multiples et contradictoires définitions que lui donnent ses partisans crédules ou roublards — chacun d'eux l'interprète à sa guise — en avait une qui s'accorde avec les propositions ci-dessus, que proclament les recherches MÉTHODIQUEMENT expérimentales de l'humanité, il serait vraiment une science exacte, parce qu'il serait l'*affirmation d'un savoir réel*.

Alors aucun de ses partisans intelligents n'oserait plus affirmer que l'existence n'a d'autre justification qu'elle-même et que la raison d'être, c'est d'être.

La philosophie du Collectivisme intégral qui se réclame des parcelles de Vérité ci-dessus et d'autres encore, n'est pas une aberration contraire à la science et une auxiliaire possible des religions dites révélées : Elle n'est pas mystique, comme vous le prétendez bien légèrement ; elle est une affirmation sérieuse du savoir réel de l'Humanité, et une force très puissante pour combattre toutes les duplicités dogmatiques qu'elles soient étiquetées religieuses ou scientifiques.

Malgré que le matérialisme n'a et ne peut avoir de définition précise il dit, pourtant, à ses partisans les plus logiques : Vous êtes des forces éphémères, sans lendemain, irresponsables, soyez conservateurs ou anarchistes suivant votre situation sociale ; vous avez le droit de vous satisfaire quand même et, si vous jugez que c'est votre intérêt, d'être impitoyables aux autres : Toutes mes assertions reposent sur le dogme de « Forces et Matière ».

Le Collectivisme intégral démontre à tous qu'ils sont des forces éternelles, se développant perpétuellement, solidaires les unes des autres ; que chacun se doit pour son bien véritable d'être sévère à lui-même et indulgent aux autres, de n'avoir de haine contre personne et de l'amour pour tous : Sa base est le substratum percevable de tout ce qui existe.

Réplique a des individualistes qui s'appuient sur la prétendue loi de « lutte pour la vie » pour essayer de légitimer la guerre.

La guerre, ce terrible fléau destructeur, ce brigandage lâche et cruellement hypocrite, ce féroce assassinat en grand est dans son principe, ses raisons véritables, ses attentats « le *Chacun pour soi* » poussé à une de ses conséquences extrêmes ; *ses conquêtes n'ont jamais été, ne seront jamais ni fertiles ni durables.*

Du jour où des hommes, dont l'espèce sortait à peine d'une autre espèce animale, se sont jetés les uns sur les autres, qu'il y eut des vainqueurs et des vaincus dans ces animaux nouveau-venus, les vainqueurs se firent des propriétés personnelles sur les richesses naturelles et contraignirent les vaincus à leur être des machines de travail, de plaisir et *même* de sécurité.

Voilà l'origine indéniable de l'appropriation individuelle des richesses naturelles et collectives, de tous les esclavages, de l'état d'antagonisme incessant où les hommes sont entre eux, des épouvantables boucheries que de malfaisants autant qu'inavouables intérêts individuels déchaînent continuellement dans la pauvre Humanité.

Des hommes primitifs, qui se rencontraient pour la première fois, une très faible minorité firent alliance entre eux ; les autres pouvaient et devaient faire de même pour leur intérêt bien compris.

Au contraire, ces derniers, dans l'amour étroit de leur MOI, se créèrent des entraves de toutes sortes par lesquelles ils ne cessent d'être martyrisés et qui sont les causes occultes de la guerre, cette monstruosité sociale.

Les épouvantables conséquences de celle-ci ont, toujours et partout, groupé contre elle toutes sortes d'anathèmes et d'essais pour essayer de la rendre impossible, ou au moins d'atténuer ce qu'elle a d'ignoble dans sa pratique et ses résultats.

Anathèmes et essais n'ont jamais pu, ne pourront jamais qu'amener les exploiteurs qui la déchaînent à dissimuler de plus en plus hypocritement ses causes, son but, ses moyens.

Il en sera toujours ainsi tant que les groupements humains auront pour base le *Chacun pour soi*, et non le *Tous pour chacun et le Chacun pour tous*.

Le *Tous pour chacun et le Chacun pour tous* est la pratique sociale de la loi naturelle universelle, la Solidarité; le *Chacun pour soi* amène la violation constante de cette loi, tout le monde en souffre.

Sans la Solidarité ou aide mutuelle, même inconsciemment pratiquée, aucun individu ne pourrait naître, évoluer, faire souche d'autres individus ni d'autres espèces plus développées.

La prétendue loi de « La lutte pour la vie » est une fable, dite scientifique, inventée pour en remplacer d'autres, dites religieuses, que l'Humanité rejette de plus en plus.

Les fables dites scientifiques et celles dites religieuses ont pour but d'assurer à quelques-uns des privilèges sociaux qui sont créés au détriment du plus grand nombre.

Le plus grand nombre, dans tous les pays, est

composé de producteurs de toutes sortes que les possesseurs des privilèges sociaux font s'entretuer, sous prétexte de patriotisme, afin de se garantir la tranquillité de leur puissance et de leurs jouissances sociales, spoliées à ceux qui les produisent et qui paraissent avoir la velléité d'en réclamer leur part :

La guerre est surtout un prétexte excellent aux gouvernants pour se débarrasser de revendications gênantes et pressantes.

Par la guerre, hélas ! il arrive que des peuples pacifiques peuvent être acculés à défendre, par tous les moyens possibles, l'intégralité de leur autonomie contre les agissements d'ignobles et odieux sans-scrupules, qui prétendent prendre les intérêts de leur pays et veulent seulement servir les leurs.

L'égoïsme ou amour étroit et mal compris du moi individualiste établit une guerre permanente entre les hommes ; lorsqu'elle est déchaînée de peuple à peuple, elle est toujours un résultat hypocrite du hideux CHACUN POUR SOI *poussé à une de ses conséquences logiques.*

**

*Un réfractaire aux mystifications (Paris),
juin 1900 :*

« 1° Ni votre travail, ni aucun de ceux qui affirment que la mort n'est qu'un état intermédiaire entre deux vies et que les vivants peuvent avoir des communications avec les morts, ne donnent une explication claire et sérieuse du pourquoi et du comment de ce sur quoi ils appuient leurs affirmations.

2° Pourquoi les chercheurs sincères, sérieux et instruits qui ne demandent qu'à s'éclairer sur ces questions, constatent-t-ils, le plus souvent, des erreurs manifestes dans les soi-disant réponses que, devant eux, obtiendraient les pontifes de cette mystification macabre, alors que ces pontifes prétendent obtenir des communications venant des morts ?

3° Pourquoi ces communications ne peuvent-elles être obtenues que par quelques-uns ?

4° Pourquoi ces quelques-uns sont-ils souvent pincés à faire de la prestidigitation, alors qu'ils prétendent être favorisés des phénomènes de l'au-delà ? — Si vous êtes sincère, répondez sans ambages. »

RÉPONSES

Pour répondre avec plus de facilité aux demandes d'éclaircissements que vous m'adressez :

Primo, je ferai appel à des parcelles de vérités que contient la Philosophie intégrale sur ce qui fait spécialement l'objet de vos demandes ; ces parcelles, je les grouperai alors qu'elles sont disséminées un peu partout dans cette Philosophie.

Secundo, pour mieux m'aider dans mes raisonnements, je me servirai de comparaisons tirées de nos habitudes humaines, reconnaissant du reste que toute comparaison n'est qu'une traduction, une image plus ou moins exacte de ce dont elle est la représentation.

Primo : PARCELLES DE VÉRITÉ TIRÉES DE LA PHILOSOPHIE INTÉGRALE.

« DANS LA NATURE :

Rien ne se crée ni ne se perd ; tout se développe indéfiniment. »

« *Les communications sensibles entre incarnés et*

désincarnés leur résultent d'acquisitions qu'ils ont antérieurement faites ; ces communications correspondent avec certaines de leurs acquisitions superficielles et momentanées. «

« *Un Etre ne peut faire une acquisition quelconque qu'en la cherchant et en l'expérimentant ; il ne peut avoir, comme incarné, de communications sensibles avec des désincarnés, ni en simuler, s'il n'a donné à son cerveau la possibilité de percevoir ces communications, alors qu'il s'est créé son organisme actuel.* »

« *L'Etre qui avant son incarnation dans son organisme actuel l'a doté de possibilités de communications sensibles avec des morts peut abuser de ces possibilités pour commettre le* NON-BIEN *répété de simuler d'irréels phénomènes se rattachant à ces communications ; c'est une fourberie dont la réparation lui sera très pénible dans ses vies ultérieures pendant lesquelles il sera, psychiquement, tributaire des désincarnés qui souffriraient encore d'une façon ou d'une autre de cette fourberie, si lointaine soit son origine.* »

« *La désorganisation appelée la mort n'est qu'un changement de situation pour la force ou Etre qui était le lien et le moteur de l'unité sujette de cette désorganisation ; cet Etre en se désincarnant garde une propension à vouloir agir comme il le faisait dans la situation qu'il vient de quitter : Menteur, il cherchera à mentir ; mystificateur, à mystifier, etc., etc.* »

« *En état de désincarnation, les Etres n'ont plus instrument de la mesure de temps et d'espace qu'étant incarnés ils avaient comme individus, se mouvant dans tel ou tel organisme dont deux aptitudes spéciales et superficielles étaient les conditions générales de leurs perceptions organiques relativement aux moments conventionnels du Temps et de l'Espace universels.* »

« *Deux Etres peuvent relativement l'un à l'autre avoir des acquisitions supérieures sur certains points et inférieures sur certains autres.* »

« *Tant qu'un Être désincarné reste victime de* NON-BIEN *ayant été commis par un incarné dans ses vies antérieures, ce désincarné conserve le pouvoir d'essayer de tromper cet incarné en se présentant à lui avec des qualités et des noms d'emprunts : Un incarné peut avoir plus de développement qu'un désincarné et pourtant se trouver momentanément sous la dépendance psychique de celui-ci.* »

Les possibilités perturbatrices d'un Etre, incarné ou désincarné, n'atteignent jamais d'autres Etres qui n'ont pas ou n'ont plus directement ou indirectement de responsabilités envers lui. »

Secundo

D'abord, je constate le fait que toujours et dans tous les pays se sont manifestés et qu'aujourd'hui, surtout, se manifestent des phénomènes nombreux et divers qui, éclaircissant tous les détails de la Vie universelle, paraissent comme des manifestations de survivance de quelque chose appartenant à des individualités disparues dans la mort.

Ces phénomènes ayant été et étant toujours attestés par un grand nombre de personnes de toutes les conditions sociales, dont beaucoup ont un savoir incontestable de chercheurs et d'expérimentateurs, nier l'existence de ces phénomènes serait contester que le témoignage humain a une autorité quelconque ; aussi ces phénomènes ne sont-ils pas absolument niés, mais ils sont faussement interprétés d'un côté par de soi-disant spiritualistes, d'un autre, par de pseudo-savants dont le credo est *Forces et Matière.*

Les pontifes dits spiritualistes dénaturent ces phénomènes en leur donnant une signification pouvant lucrativement servir leurs boutiques commerciales ; les pontifes de *Forces et Matière* affirment, sans preuves SÉRIEUSES, que ces phénomènes n'ont pas d'existence objective, mais seulement une existence subjective chez certains individus abusés par leurs sens malades ; de plus, l'existence objective de ces phénomènes est aussi combattue, illogiquement, parce qu'ils sont souvent simulés, soit par des névrosés, soit par d'adroits prestidigitateurs.

Mais un expérimentateur instruit et sérieux, après avoir été quatre-vingt-dix-neuf fois le spectateur des phénomènes dits de l'au-delà, produits artificiellement, s'il constate que le centième est réel, se garde bien de le nier et d'affirmer qu'il est infirmé parce qu'il pourrait être frauduleusement imité.

Cet expérimentateur cherchera la ou les causes naturelles de ce phénomène, pour lui indéniable, avec son savoir qui, s'il est un peu étendu, lui donne la conviction profonde que la science humaine a beaucoup plus d'ignorance que de connaissances sérieuses sur l'essence de tout ce qui se passe dans la Nature : *Surtout, il n'oublie pas qu'un homme n'obtient un résultat chimique, physique ou mécanique, si simple soit-il, qu'autant qu'il emploie les facteurs et les moyens que ce résultat nécessite ; il n'oublie pas davantage qu'un phénomène quelconque dit de l'au-delà est un résultat psycho-physiologique au moins aussi conditionné que n'importe quel résultat dit matériel.*

Tout ce qui est ci-dessus posé, je vais essayer de répondre à chacune de vos demandes.

1° Le POURQUOI de l'hypothèse des vies successives et des communications sensibles entre des Etres appartenant à la même espèce animale, les uns en état d'incarnation, les autres dans celui de désincarnation, c'est que cette hypothèse est la seule qui explique logiquement :

Tous les phénomènes d'évolutions, d'aptitudes, d'immunités, d'atavisme, d'hérédité dite ancestrale quelles que soient la forme, les circonstances et les perturbations dans lesquelles se produisent ces phénomènes ; d'anomalies que présentent certains individus dans chaque espèce ; pourquoi et comment ces individus diffèrent très sensiblement dès le début de leur vie par des facultés et des aptitudes variant, même dans la parenté la plus proche, des moins au plus développées que comporte leur espèce, etc,, etc.

En résumé, elle est la seule qui explique logiquement tous les phénomènes de la Vie universelle, sans excepter ceux prétendus surnaturels par les uns, hallucinatoires par les autres.

Egalement, cette hypothèse est la seule que n'infirme aucun fait, qui les explique tous rationnellement dans leur essence en montrant, scientifiquement, l'unité sous la multiplicité en tout et partout, et ce que sont réellement les unités éternelles dont le nombre est à l'infini ; c'est la seule qui ne contient rien, absolument rien de contradictoire avec cette parcelle de la Vérité une, éternelle, universelle « *Rien ne se perd dans la Nature, tout s'y développe indéfiniment* » ; la seule qui nettement élucide la question du bien et du mal et montre que, sur cette question comme sur tant d'autres, les enseignements dits religieux sont erronés dès leur base.

Surtout, elle seule démontre irréfutablement

l'existence et la sanction d'une règle morale, d'une règle de conduite individuelle et collective unique, claire, précise et certaine, immuable et universelle: Cette règle est la Solidarité.

Le comment ou processus des vies successives et des communications sensibles entre incarnés et désincarnés est logiquement affirmé et démontré, au moins dans ses principaux détails, par les parcelles de la Vérité unique et féconde que contient l'hypothèse du collectivisme-Intégral, surtout par celles de ces parcelles citées plus haut.

Comparaisons : Les vies successives sont des espèces d'étapes dans un voyage perpétuel. La mort est une espèce de halte entre deux vies ; dans cette halte l'Etre, voyageur éternel, prend un repos plus au moins sérieux et prolongé. Les communications sensibles entre incarnés et désincarnés sont des correspondances psychiques et atmosphériques, dont l'imperfection ne permet que très difficilement aux incarnés de contrôler l'identité de leurs correspondants.

2º Le pourquoi des erreurs qui se produisent dans les communications sensibles qu'ont entre eux des incarnés et des désincarnés est expliqué de façon simple, claire, concise et suffisante par l'ensemble des parcelles de la Vérité immuable qui sont indiquées ci-dessus.

Dans cette réponse et dans celle qui la précède, si je n'ajoute rien à ce qui ressort très nettement de la lecture attentive des parcelles de Vérité auxquelles je vous prie de vous référer, c'est que je n'en vois pas la nécessité et que, pour ne pas noircir du papier inutilement, j'attends qu'un des lecteurs de la *Philosophie du collectivisme intégral* m'indique où ces parcelles lui paraissent moins satisfaisantes que telle ou telle affirmation de l'hypothèse à laquelle il adhère ou qu'il précise un fait, un détail spécial sur lequel il désire une controverse plus précise ou des développements plus explicités.

Comparaison : Les incarnés qui ont des communications sensibles avec des désincarnés sont, vis-à-vis de ceux-ci, dans une situation analogue à celle où se trouveraient des hommes de la planète Terre recevant par un téléphone, encore imparfait, des conseils et des renseignements d'amis et d'ennemis momentanément sur une autre planète ; ces ennemis et ces amis pouvant se servir de ce téléphone en s'y présentant sous leur nom réel, ou sous d'autres auxquels ils n'auraient aucun droit, les erreurs dont pourraient souffrir les terriens de la duplicité de leurs ennemis, les trompant sur leur identité, infirmeraient-elles l'existence de leurs amis éloignés dans l'Espace ?

3° Les communications sensibles dites de l'au-delà ne sont obtenues que par quelques-uns parce que ces communications, comme production et réception, exigent certaines conditions que nombre d'hommes ne possèdent pas ; les uns parce qu'ils ont antérieurement dédaigné d'en faire les acquisitions les jugeant superficielles ou dangereuses pour eux, les autres parce que leur développement d'Être ne leur permet pas encore de les conquérir organiquement.

Du reste, les parcelles de Vérité énoncées ci-dessus expliquent bien clairement *pourquoi actuellement* quelques-uns seulement ont la possibilité de ces communications, dites de l'au-delà, et pourquoi un chercheur sincère, sérieux et instruit peut n'avoir pas acquis les connaissances spéciales qu'un homme relativement ignorant possède sur la science des relations psycho-organiques possibles entre incarnés et désincarnés.

Comparaisons : Un mathématicien pour qui le calcul intégral est un jeu n'a pas toujours le savoir moindre, mais nécessaire, pour opérer de très simples opérations chirurgicales ; dans les campagnes, de très intelligents et adroits rebouteux, ne sachant pas lire, font mieux leur métier que ne le pourraient faire des médecins très instruits.

4° Dans notre état social du Chacun pour soi, chacun est incité à s'emparer des moyens qu'il peut acquérir pour se créer le plus possible d'avantages au détriment des autres.

L'exploitation de la crédulité humaine étant une source de nombreux et variés bénéfices, des sans-scrupules pour se servir de cette source ne reculent devant aucun moyen pour s'en procurer les bénéfices ; ils seront des charlatans et des prestidigitateurs soi-disant scientifiques ou religieux : Voilà pourquoi des phénomènes, dits de l'au-delà, sont si souvent imités artificiellement.

Cette fourberie bien individualiste implique-t-elle que les phénomènes naturels dits improprement surnaturels n'existent pas ?

Ami, réfractaire aux mystifications, si vous juge qu'une seule des affirmations ci-dessus est inexacte, signalez-la moi en me désignant un fait, un seul fait BIEN OBSERVÉ *qui puisse ou infirmer cette affirmation, ou être la cause qu'une contraire à celle qui ne vous satisfait pas serait, suivant vous, plus conforme à la Vérité que celle que vous rejetez.*

Un dernier mot, si la tournure de votre esprit vous incite et à douter de la réalité de tous les faits jusqu'à ce qu'ils soient constatés dans les conditions où un homme ne les nie que s'il est influencé par un parti pris quelconque, et à n'accepter une hypothèse qu'alors qu'elle explique mieux que toute autre les faits auxquels elle s'applique ; votre tournure d'esprit est légitime, prudente et scientifique. Mais si de parti pris, vous niez des faits et rejetez toute hypothèse qui ne concordent pas avec votre manière de voir, vous vous prenez pour la mesure de toutes les connaissances humaines possibles relativement aux phénomènes naturels : Vous êtes intolérant et présomptueux, parce que borné et anti-scientifique.

**

M. P. L. S. Licencié ès-lettres (Paris) février 1901

Première objection

Si un incarné a choisi son incarnation dans le but d'y réparer ses non-bien antérieurs, pourquoi chercher à améliorer un état social dans lequel il souffre ? Ces souffrances ne sont-elles pas justement les moyens de réparation qu'il a librement choisis ?

Réplique

La doctrine intégraliste dit aux hommes de ne chercher à améliorer l'état social actuel dont la base incite les individus qui s'y meuvent à des luttes perpétuelles entre eux, luttes dans lesquelles tous sont inéluctablement plus ou moins victimes, que dans le but de transformer entièrement cet état social ; toute amélioration qui lui est apportée, alors qu'elle n'attaque pas sa base, ne peut qu'y améliorer momentanément le sort de quelques-uns au détriment de quelques autres et y déplacer, provisoirement, les maux résultant de cet état social, sans en enrayer la marche ascendante.

La doctrine intégraliste préconise une absolue transformation sociale dont tous SANS EXCEPTION bénéficieront ; cette doctrine affirme, en s'appuyant sur tous les faits, que l'état social individualiste, dont nous souffrons tous, a été volontairement instauré et développé par nous dans nos vies humaines antérieures et que chacun de nous, pour son intérêt bien compris, a le devoir de travailler activement à réparer ses fautes antérieures parce qu'il en supporte les suites jusqu'à leur complète réparation, c'est-à-dire jusqu'à ce que personne n'en souffre plus.

Donc, les individus humains qui ont la conviction que les vies successives sont une réalité doivent être les plus ardents à travailler à la transformation sociale ; cette conviction leur dit que se sacrifier à servir cette transformation leur est un devoir inéludable et un bénéfice sérieux pour leurs vies postérieures.

Les désincarnés qui ont choisi une réincarnation dans le but spécial d'y réparer leurs NON-BIEN antérieurs sont des Etres ayant un certain développement altruiste ; ils ont conscience que, par leurs NON-BIEN non réparés, ils sont encore responsables de l'état social dans lequel ils auront à souffrir ayant contribué soit à le former, soit à le développer: Leur but ne sera pas de souffrir, mais de détruire les causes de souffrance que dans, le passé, leur égoïsme étroit leur a créés.

Pour ces incarnés, la réponse à votre objection est, je crois, suffisamment faite par ce qui est dit ci-dessus.

La transformation sociale est surtout nécessaire aux incarnés encore assez arriérés pour donner à leur incarnation présente le seul but d'endurer des souffrances, pour réparer leurs NON-BIEN antérieurs : Pendant cette transformation, ils s'éclaireront plus facilement et auront de plus nombreuses facilités sociales pour s'acquitter de leurs non-bien passés ; cette transformation accomplie, ils auront moins d'incitations au malfaire.

Remarquez que la doctrine intégraliste dit, partout, que tout NON-BIEN commis doit être réparé complètement envers tous ceux qui continuent de souffrir des suites de ce NON-BIEN ; ce qui indique nettement que la souffrance qu'on subit n'est pas une réparation aux souffrances d'autrui dont on a été l'auteur, mais que cette souffrance est une incitation de donner aux victimes des suites de ses NON-BIEN autant de satisfactions au moins, que ces non-bien leur ont causé et peuvent encore leur causer de préjudices.

Seconde objection

Je lis page 112, 23° à la fin :

« Dans la nature organique de l'homme, rien ne s'oppose à ce que l'Humanité ait un langage unique ; l'égoïsme seul y voit des obstacles. »

Il paraît au contraire que des différences organiques ont amené les diversités des langues. Pour n'en examiner qu'une, et des plus apparentes : la crainte de respirer l'air froid n'a-t-elle pas amené chez les peuples du Nord des contractions des organes respiratoires qui se traduisent dans le langage par des sons sourds et gutturaux, tandis que chez les peuples du Midi la douceur de l'air, leur permettant d'ouvrir largement la bouche, a produit l'abondance des voyelles et la sonorité des langages méridionaux. Cela est si vrai que quand un peuple emprunte un mot à un autre, il le défigure instinctivement selon la nature de sa propre prononciation au point de le rendre méconnaissable au peuple qui l'a fourni.

Réplique

Ce qui n'a pas amené, mais créé la diversité des langages, c'est que les premiers groupes humains, encore peu nombreux, étaient séparés les uns des autres par des espaces assez considérables et par des différences dans leurs possibilités de vivre ; ce qui faisait que chaque groupe appropriait son langage à ses besoins et aux possibilités de les satisfaire qu'il avait à sa portée.

Quand de ces premiers groupes se trouvèrent en contact les uns avec les autres, chacun d'eux donna à son langage l'extension indispensable pour comprendre les autres groupes et s'en faire comprendre ; mais les privilégiés de chaque groupe, pour y conserver de la domination le plus possible, y entretenait l'esprit de lutte et aux parias sociaux, afin qu'ils ne s'entendent pas avec les parias des autres groupes, ils faisaient accroire qu'une obligation morale s'imposait à eux de conserver religieusement le langage de leurs pères : *Voilà l'origine de la diversité des langages humains, et la raison principale de la continuité de cette diversité.*

Ce n'est pas une difficulté organique qui a empêché et qui empêche encore les individus humains de se créer un langage unique, nous en avons des preuves sous nos yeux, entre autres : Les langages de tous les peuples se modifient continuellement et, dans un temps relativement court, une langue nationale parlée et écrite s'est tant modifiée, que c'est par une étude spéciale que certains hommes arrivent à comprendre la langue qui était celle de leur pays plusieurs siècles avant eux ; dans tous les pays, alors que par l'école, les fréquentations et l'habitude, certains individus ont pour langage courant celui de la nationalité à laquelle ils appartiennent, ces individus arrivent assez facilement à comprendre, lire et écrire correctement des langues qui diffèrent absolument, par la forme et l'esprit, de la langue dont ils font un usage journalier ; etc.; etc.

Je ne crois pas utile pour soutenir la thèse de cette courte réplique, de la surcharger de détails, qui la corroborent, et auxquels généralement on n'accorde pas l'attention qu'ils méritent ; pourtant mon cher correspondant si, à vous qui êtes un linguiste, ce que je réponds ici à votre objection ne vous satisfait pas, nous nous occuperons d'établir ces détails nombreux et divers.

———

Si les peuples du Nord et ceux du Midi ont des langages différents par les sons qui les constituent — ces sons étant surtout gutturaux et chargés de consonnes dans les langages du Nord ; harmonieux, doux et abondants en voyelles dans les langages méridionaux — ce n'est pas par des différences organiques inéductibles entre les hommes qui se servent de ces langages dissemblables, mais bien par la conservation routinière voulue, plus ou moins égoïstement par quelques-uns, de la forme du langage que leurs ancêtres ont adoptée.

Quand un peuple emprunte un mot à un autre peuple, il est très rare qu'il n'en ait pas un ou plusieurs de signification équivalente ; s'il défigure ce mot, c'est que la plupart des individus qui s'en servent ne connaissent pas sa prononciation dans le pays où il est parlé couramment ; alors, ces individus le prononcent comme ils le voient peint par les signes alphabétiques qui constituent sa marque extérieure : *Les signes alphabétiques ne sont pas toujours et partout prononcés identiquement, par suite de conventions et d'habitudes essentiellement modifiables.*

La recherche d'un langage universel sera sérieusement faite dans la Société collectiviste, cette recherche aura alors un milieu social approprié ; aujourd'hui, elle n'aurait guère de chances d'aboutir parce que les intérêts des peuples individualistes sont superficiellement opposés les uns aux autres : *Aujourd'hui, l'enseignement imposé aux aux jeunes générations entretient le* PATRIOTARISME *; dans la société harmonique future, l'enseignement développera chez tous l'Amour de l'Humanité et même l'Amour universel.*

**

Dr G. médecin et publiciste (Grenoble) lettre et article de journal, février 1901.

Premières objections

... Dans sa première étude, l'auteur voulant nous donner les bases de la Société future, va les chercher dans les doctrines déistes et spiritualistes. Nous ne pouvons l'approuver, nous qui sommes un déterminé matérialiste-évolutionniste, élève plutôt de Lamarck que de Darwin.

Du reste, dans une confession placée en tête de cette nouvelle édition, il avoue qu'actuellement il a de grands doutes sur les idées émises par lui antérieurement à cet égard, le mieux est donc de s'abstenir de lire cette première partie.

Répliques

Le Collectivisme-Intégral n'a pas cherché les bases de la société future dans les doctrines deistes et spiritualistes, comme vous l'affirmez ; vous n'avez lu que superficiellement sa première étude.

C'est dans l'ensemble des faits naturels et de leurs processus exacts que le Collectivisme intégral a cherché la base de la meilleure et plus harmonique société future.

Cette recherche lui fait constater, dès la première page et dans bien d'autres, qu'il n'existe ni esprits ni matières avec la signification donnée à ces deux mots par les hypothèses, dites, spiritualistes et matérialistes ; qu'il existe seulement des Etres en perpétuel développement ; que les mots esprit et matière ne devraient pas désigner deux choses contradictoires dans leur essence et leurs effets, mais deux apparences générales de l'activité évolutive des Etres, deux de leurs principales manières d'exister dans la Vie universelle.

Pourquoi vous et tant d'autres intelligences ne lisez-vous pas, ou lisez si superficiellement la première étude du Collectivisme intégral !

C'est que par un sentiment de réaction contre les erreurs intéressées et audacieusement affirmées par les boutiques commerciales, appelées religions, ces intelligences acceptent, sans examen sérieux, d'autres affirmations qui nient, non seulement les mensonges, dits déistes et spiritualistes, mais aussi les parcelles de Vérité sur lesquelles ces mensonges ont pu être échafaudés ; elles vont plus loin, ces intelligences, elles proscrivent toute recherche sur la cause des faits naturels, parce qu'elles redoutent que cette recherche aboutisse à donner quelque crédit aux mensonges des réligions ; aussi condamnent-elles, sans examen, toute conception de la cause, du pourquoi et du comment des phénomènes naturels, alors que cette conception ne paraît pas s'accorder avec toutes les affirmations, dites scientifiques, qu'elles acceptent en bloc et bénévolement.

Mais, en anathématisant A PRIORI toute conception de la Nature qui n'est pas conforme à ce que leur crédulité a adopté, ces intelligences font acte de sectaires, et cet acte est contraire au but qu'elles veulent atteindre quand elles sont sincères ; effectivement, personne ne peut légitimement affirmer qu'il est possesseur de la Vérité, et la Vérité seule peut réduire à néant les mensonges quels qu'ils soient : La recherche de la Vérité doit donc toujours être encouragée, et ne doit jamais être limitée arbitrairement ; il n'y a espérance de la trouver qu'en la cherchant sincèrement, pour elle-même, en dehors de toute autre préoccupation que celle de la faire servir au bonheur de tous et de conformer sa conduite à ses enseignements quels qu'ils soient.

C'est cette recherche de la Vérité que le Collectivisme intégral poursuit en s'appuyant sur tous les faits naturels et les résultats certains, acquis par l'expérience humaine ; il s'appuie principalement sur le fait de l'évolution, en partant de cette conception scientifique de Laplace : « *Au point de départ tout était identique et en état d'extrême diffusion.* »

Si vous n'aviez pas eu de prévention contre les recherches philosophiques du Collectivisme intégral, vous auriez facilement vu que non seulement ces recherches tiennent compte des lignes principales de la théorie transformiste de Lamarck, dont vous êtes partisan, mais qu'elles s'appuient sur toutes les autres affirmations exactes que contient le matérialisme, qui serait une sérieuse contribution à la science réelle, s'il n'émettait que ces affirmations ; malheureusement, de parti pris, il en produit beaucoup d'autres au moins hasardées et souvent contradictoires entre elles.

Vous auriez également vu que la philosophie intégrale, loin de chercher les bases de la société future dans les doctrines improprement appelées déistes et spiritualistes est pour ces doctrines un adversaire intransigeant, et une force puissante pour combattre toutes leurs duplicités ; que cette philosophie donne une base sérieuse et inébranlable à la société future en s'appuyant sur tous les phénomènes naturels.

Vous auriez vu, enfin, que cette philosophie dit bien haut qu'elle n'est pas la Science, mais seulement une hypothèse qui doit être continuellement vérifiée par l'étude sérieuse de la Nature ; qu'aujourd'hui, il n'y a encore que des hypothèses et que le devoir et l'avantage de tous est de poursuivre la réalisation d'un état social où chacun aura les moyens de juger l'exactitude des diverses théories existantes, pour se faire une conviction scientifique.

———

Dans la confession que j'ai placée en tête de la 20e édition de « *Le Collectivisme-Intégral* », mon insuffisance d'écrivain lui a donné une tournure qui a inexactement rendu ma pensée.

Ce que j'aurais dû écrire, c'est que poursuivant depuis plus de trente ans des expériences méthodiques pour avoir une preuve personnelle, claire, précise, indéniable des vies successives, dont l'affirmation est le fond de la philosophie intégrale, mes insuccès et même ce qui me paraît être des succès me torturent de doutes et d'incertitude.

Ce qui rend mes doutes et mon incertitude absolument torturants, c'est que j'ai le désir, le besoin qu'une Action infinie soit la Cause de tout ce qui est, parce qu'alors tout besoin sincère et inéluctable, qui s'impose à un individu, obtiendrait satisfaction dans et par les lois immuables, rayonnements de cette Action infinie, pour tout dire parfaite.

Malgré ma torture de doutes et d'incertitude, je juge que si j'adopte le chiffre vingt comme représentant toutes les probabilités pouvant représenter la part de Vérité que possède l'ensemble des hypothèses que s'est créées l'Humanité, jusqu'à ce jour: Les religions n'ont pour elles aucune de ces probabilités ; le panthéisme en a une ; le matérialisme, deux ; l'intégralisme, dix-sept.

Si je pouvais croire que la proportion ci-dessus n'est pas exacte, et que le matérialisme a pour lui autant de probabilités d'être conforme à la Vérité que l'Intégralisme, je suivrais et je propagerais la conséquence nettement logique des affirmations matérialistes, qui est : « *Chaque individu est une force éphémère, sans lendemain, irresponsable qui, pendant son existence, a le droit de se satisfaire par tous les moyens et d'être impitoyable aux autres, si elle juge que c'est son intérêt.* »

Alors, au lieu d'être un serviteur du Collectivisme, je serai un Individualiste conservateur ou anarchiste, suivant que je serai bénéficiaire ou victime de l'état social actuel : Etre matérialiste et féroce ment individualiste, c'est logique ; il est vrai que matérialistes et spiritualistes sont souvent illogiquemeut sentimentalistes.

Deuxièmes objections

Je ne crois pas légitime d'imposer le versement du cinquième de leur rétribution aux mandataires collectivistes, ils ont beaucoup de frais s'ils veulent être des propagandistes allant d'un bout à l'autre du territoire, comme notre député entre autres. Je ne crois pas plus heureux de limiter le mandat à un an : la campagne électorale est trop dispendieuse et trop pénible pour les militants, dont chacun prend sa part comme il est d'usage dans notre parti ; de plus, il faut bien deux ou trois ans au député pour se mettre au courant des nombreuses questions qui viennent à tous moments en discussion ; et quand un député socialiste est besogneux, autour de lui que d'intrigues, de coalitions et de corruptions manigancées par les réactionnaires, il peut résulter de tout cela une perte sèche pour le Socialisme.

Répliques

Avant de répondre aux objections que vous faites au programme de la Fédération collectiviste des travailleurs français, je dois, d'abord, faire la remarque suivante :

Ce programme n'a pas été formulé pour ne commencer à servir que quand le Collectivisme serait établi par n'importe quels moyens, mais il est rédigé pour servir dès maintenant à grouper tous les efforts vraiment socialistes ; il a pour but de remplacer utilement les programmes à étiquettes socialistes, qui ne sont que des trompe-l'œil et ne servent que des appétits individualistes.

Ces programmes ne peuvent être efficaces, si

peu que ce soit, à la transformation sociale qui est le seul objectif que doivent poursuivre les socialistes sincères et conscients ; effectivement, tous ces programmes ont surtout pour but de faire conquérir les pouvoirs publics par des hommes se disant les représentants des principes socialistes ; mais des hommes quelles que soient leurs promesses antérieures et même leur bonne volonté, succédant à d'autres hommes dans les bénéfices du pouvoir d'un état social individualiste ne pourront, ni ne voudront, transformer cet état social ; tout le passé et la logique le prouvent.

Le programme de la fédération collectiviste des travailleurs français a pour but de détruire, dès maintenant, la base de l'état social actuel et, en même temps, d'établir la base de l'état social futur : Il remplace la conception fausse et tyrannique du pouvoir exercé, par des hommes par la conception, vraie et égalitaire, des principes commandant à tous SANS EXCEPTION, et il est la mise en pratique sociale de cette conception égalitaire.

Les principes que sert ce programme sont-ils les meilleurs possibles pour le bonheur de tous, SANS EXCEPTION ? Les moyens qu'il préconise sont-ils les plus efficaces en même temps que les plus pratiques pour faire triompher le plus rapidement possible ces principes ?

Aux questions ci-dessus, le Collectivisme-Intégral dans sa troisième étude répond, OUI, et prouve que ce OUI est tout à fait justifié.

La nécessité de la transformation sociale est urgente pour tous, et les moyens préconisés par la fédération pour mener à bien et rapidement cette transformation sont les seuls réellement pratiques et efficaces ; si, par n'importe quels procédés, des souteneurs de l'état social capitaliste essayaient de restreindre l'emploi et les résultats de ces moyens pacifiques, les travailleurs et les gens de cœur devraient alors ne reculer devant aucune extrémité pour punir les auteurs et les complices de ces procédés réactionnaires.

« UN PRINCIPE QUI DOIT DOMINER TOUTES LES ÉLECTIONS ET DONT S'INSPIRENT LES RÉPLIQUES FAITES A VOS OBJECTIONS ÉLECTORALES, C'EST QU'UN MANDAT SOCIAL N'EST PAS DONNÉ A UN CANDIDAT POUR SON AVANTAGE, MAIS POUR L'AVANTAGE DE SES ÉLECTEURS. »

L'obligation imposée par la fédération collectiviste des travailleurs français au candidat qu'elle soutient de verser, s'il est élu, le cinquième de sa rétribution de mandataire, partie au Comité de concentration de la fédération et partie à son Comité électoral, a pour but : 1° d'affirmer L'ÉQUIVALENCE des fonctions ; 2° d'aider ce Comité électoral à faire de la propagande collectiviste locale, et à surveiller les actes et votes du mandataire ; 3° d'aider la fédération à organiser la propagande collectiviste universelle et à soutenir pécuniairement ses candidats.

Ne vous préoccupant que d'une partie du but que veut atteindre la fédération en imposant à son candidat, s'il est élu, une légère retenue pécuniaire sur les avantages que lui donnera son mandat, vous combattez cette retenue en disant « que les mandataires collectivistes ont beaucoup de frais, s'ils veulent être des propagandistes allant d'un bout à l'autre du territoire » ; c'est avec raison que vous dites « s'ils veulent », mais tous ont le même devoir, tous le remplissent-ils ? tous peuvent-ils le remplir ?

En admettant que des élus collectivistes consacrent entièrement la valeur de la retenue qu'il est question de faire à leur rétribution de mandataire, afin d'être les propagandistes dont vous parlez; croyez-vous que les propagandistes soutenus pécuniairement et moralement par la fédération collectiviste des travailleurs feraient une moins efficace propagande collectiviste, que celle que peuvent faire quelques volontés isolées qui, du reste, peuvent agir avec le programme de la fédération et obtenir son concours, ou agir en dehors d'elle à leurs risques et périls.

De plus, jugeriez-vous que sont de mince importance, pour les travailleurs, les autres parties du but que veut atteindre la fédération collectiviste, en prenant ses précautions contre la fourberie possible de ses candidats?

La fédération, en demandant à ses candidats pour n'importe quel mandat social qu'ils s'engagent, s'ils sont élus, à faire renouveler leur mandat chaque année, indique aussi que tous les mandats sociaux peuvent être renouvelés aux élus indéfiniment et sans discontinuité; de plus, elle dit à tous les raisons sérieuses qui la décident à faire juger tous les ans, par leurs électeurs, les mandataires qui ont été nommés comme collectivistes.

Pour combattre la décision de la fédération et les motifs sur lesquels elle s'appuie, vous objectez « que la campagne électorale est dispendieuse et pénible, non seulement pour les candidats, mais aussi pour les militants qui soutiennent ces candidats; qu'il faut bien deux ou trois ans à un député pour se mettre au courant des nombreuses questions qui viennent à tous moments en discussion; qu'un député socialiste besogneux est entouré par les réactionnaires d'intrigues, de coalitions et de corruptions qui peuvent pousser ce député à tourner casaque, ce qui amènerait une perte sèche pour le Socialisme. »

Si pour obtenir un mandat, la campagne électorale est pénible et dispendieuse pour le candidat et ses amis, pour les renouvellements successifs de ce mandat au même élu, s'il a fait son devoir de mandataire, cette campagne devient de moins en moins pénible et dispendieuse, tout en devenant de plus en plus profitable à la propagande des principes socialistes et à la transformation sociale.

Un mandataire socialiste, député ou autre, qui obéit sincèrement à son mandat, verra ce mandat continuellement renouvelé par ses électeurs ; il sera donc de plus en plus au courant des diverses questions sur lesquelles il aura à prendre parti. Quant au mandataire qui n'a de socialiste que l'étiquette, ce qui arrive trop souvent, il est bon que ses électeurs s'en débarrassent le plus tôt possible.

Maintenant, remarquez qu'un mandataire vraiment socialiste doit combattre ou soutenir les diverses questions, qui lui sont soumises, suivant que ces questions concordent ou s'opposent aux principes de son mandat et que, sur ces questions surtout, il est dangereux pour les intérêts de ses électeurs, qu'il échappe à leur verdict pendant une période un peu longue : *Les mandataires infidèles arrivent presque toujours, vers la fin de leur mandat, à donner un semblant de satisfaction à leurs mandants.*

L'expérience prouve que les biens partagés pécuniairement se laissent, dans tous les partis, corrompre au moins aussi facilement que les besogneux. Si un mandataire nommé comme socialiste se vend à des intérêts individualistes, qu'il soit bien ou mal partagé pécuniairement, il n'est rien moins que socialiste, et il est absolument nécessaire que ses électeurs l'exécutent le plus rapidement possible : *La trahison d'un tel personnage n'est pas une perte sèche pour le socialisme, puisqu'il n'avait de socialité que l'étiquette ; n'oubliez pas que la transformation sociale nécessaire est bien plus retardée par les palinodies des pseudo-socialistes que par les efforts réunis de tous ses adversaires.*

Troisième objection

Vous parlez de faire, pour reconstituer le domaine national, une rente viagère reversible sur la tête de leurs enfants. Où prendrez-vous les fonds ?. Vous écraserez les travailleurs avec cette dette ! et les capitalistes ont déjà touché sous toutes sortes de formes des bénéfices tels qu'en juste équité il ne leur est rien dû. L'expropriation pure et simple est imposée par l'impossibilité de faire face à cette obligation sans compromettre toute la situation. Moi, je proposerai purement et simplement d'indemniser les obligataires par le paiement d'une partie de leur capital (au-dessus de trois mille francs par exemple) Au sujet de l'héritage que vous voulez arriver à supprimer mais d'une façon progressive, au bout de plusieurs générations, je vous répète tout ce que je dis à ma critique relative à la reconstitution du domaine national ; j'ajoute n'est-il pas préférable de le supprimer totalement et tout de suite, en prenant des mesures pour assurer l'existence des héritiers hors d'état de travailler ou incapables d'aucun travail. Vous croyez désarmer leurs réclamations par les mesures transitoires que vous proposez, n'y comptez pas. Vous aurez là des ennemis irréconciliables, quelques mesures que vous prissiez à leur égard. Du reste, l'état collectiviste a fait entrer en ligne de compte de son budget le retour des fortunes particulières et ne pourrait sans cela suffire aux multiples charges qu'il doit assumer.

Répliques

La *Fédération Collectiviste des Travailleurs Français* ne dit, ni dans son programme, ni autre part, qu'il faut faire aux capitalistes expropriés une rente viagère reversible sur la tête de leurs enfants; vous avez mal lu : Le programme de la fédération demande textuellement de voter immédiatement une loi pour que les communes, les départements et l'Etat aient toutes les facilités pour reprendre à l'amiable, et au mieux de l'intérêt collectif, toutes les exploitations individuelles ; et il indique qu'une de ces facilités pourrait être de garantir aux cessionnaires une rente viagère stipulée reversible, en partie, sur leur conjoint ou leurs enfants.

Vous demandez où prendre les fonds ? mais l'exploitation par la collectivité de ce qui, antérieurement, était une source de bénéfices à leurs possesseurs, donnera bien largement ces fonds destinés à représenter, en partie seulement et pour un temps relativement court, ce qui deviendrait immédiatement des propriétés de la collectivité, alors qu'elles pouvaient rester indéfiniment des propriétés individuelles tyranniques et onéreuses aux travailleurs : Non, les travailleurs ne seront pas écrasés par cette dette sociale ; au contraire, ils y trouveront un très grand profit surtout si elle leur épargne les aléas d'une expropriation pure et simple par des coups de force dont, jusqu'ici, ils ont toujours payé les frais et qui n'ont servi qu'à des sans-scrupules.

L'équité consiste à être juste pour tous ; l'expropriation pure et simple serait-elle juste pour tous ? serait-elle pratique, prudente, efficace, même à la suite d'une révolution violente et sanglante ? — Non, assurément.

Il est à peu près certain que l'expropriation pure et simple, c'est-à-dire immédiate et sans aucune compensation, aussi d'épouvantables tueries humaines et la destruction, au moins momentanée, de richesses sociales de toutes sortes résulteraient d'une révolution violente ; mais il est non moins certain que la transformation sociale indispensable au bien de tous, et surtout des travailleurs, loin de résulter de l'expropriation pure et simple, en serait indéfiniment retardée, parce que devant les nécessités incessantes et inéluctables que le besoin de vivre impose à tous, les difficultés formidables de satisfaire immédiatement ces nécessités et l'ébullition populaire qui en serait surexcitée, les institutions individualistes seraient continuées avec une nouvelle étiquette et un nouveau personnel : Il est donc indispensable que les socialistes conscients commencent sans tarder à prendre les moyens efficaces pour amener cette transformation le plus rapidement et sûrement possible ; la Fédération Collectiviste des travailleurs Français seule, actuellement, présente ces moyens à tous.

Au sujet de la suppression de l'héritage, comme pour la reconstitution du domaine national, vous avez mal lu ; Il ne s'agit pas de cette suppression au bout de plusieurs générations, mais de la commencer tout de suite, en ne faisant pas de la dictature, mais acte d'égalité et de prudence à l'avantage de tous et surtout des travailleurs.

Pour la suppression de l'héritage, dans les conditions d'équité et de prudence qu'indique le programme de la Fédération, vos objections sont celles que vous formulez contre les moyens de reconstitution du domaine national indiqués par ce programme ; pour les deux cas, aux mêmes objections, la Fédération oppose les mêmes répliques ; elle ajoute que son programme laisse à tous les intéressés des possibilités de transactions, non sur le principe de la suppression de l'héritage, mais sur des détails secondaires relatifs à la façon d'opérer cette suppression : Ces détails qui sont envisagés différemment par les plus sincères socialistes, laissent intact le principe de la suppression de l'héritage.

La Fédération poursuit l'union de tous les socialistes en ne leur imposant pas une discipline qui serait la suppression de leur liberté et la négation de l'égalité de tous dans l'exercice des droits sociaux : Elle ne veut pas être dictatoriale car elle se méfie, et pour cause, de toute dictature, fût-ce la sienne.

A la place des moyens indiqués par la Fédération pour supprimer totalement l'héritage, vous proposez de le supprimer d'un coup en prenant des mesures pour assurer l'existence des héritiers incapables de travailler ; si, par impossible, on pouvait expérimenter ce que vous proposez à quelles orgies de dictatures individuelles ne faudrait-il pas que tous se soumettent, pour n'aboutir qu'à continuer avec un autre personnel les infamies de l'état social individualiste actuel !!!

La Fédération ne se préoccupe pas de désarmer les imbéciles dans leurs réclamations contre elle ; elle se contente de les mettre dans l'impossibilité de retarder la transformation sociale faite au bénéfice immédiat des travailleurs et pour l'intérêt bien compris de tous SANS EXCEPTION.

Vous dites que l'état collectiviste a fait entrer en ligne de compte de son budget le retour des fortunes particulières à la nation ; cela est exact, si vous ajoutez : « dans tout ce que ces fortunes détiennent de richesses collectives; » mais, la conception de faire rentrer ces richesses tout d'un coup et par la violence est celle de quelques individus seulement : Cette conception est rejetée par la doctrine collectiviste intégrale qui ne veut pas duper les travailleurs, mais les servir utilement : en leur recommandant d'être toujours équitables, en tout et pour tous, afin qu'ils puissent arriver le plus rapidement possible à un état social égalitaire où toutes les charges et les bénéfices sociaux seront répartis entre tous de manière que chacun ait, PAR ÉQUIVALENCE, sa part égale dans ces charges et dans ces bénéfices.

Quatrième objection

Je trouve trop centralisateur et caporalisateur le fonctionnement des services publics que vous proposez, alors même que ce fonctionnement ne serait pas fait par des fonctionnaires mais par des fonctionnalistes comme vous dites. Contrairement à votre manière de voir, je crois (avec Jaurès d'ailleurs) à l'utilité de concéder aux groupements syndicaux et professionnels l'exploitation des usines et industries de tout genre expropriées. En concédant aux syndicats, aux groupements professionnels l'exploitation des usines, des industries de tout genre expropriées, on créera une émulation qui ne sera pas la concurrence et qui servira grandement au bon fonctionnement et au progrès de ces industries. Pour les raisons ci-dessus, je n'accepte pas vos théories sur l'équivalence et l'égalité des rétributions. Que tous aient une rétribution suffisante à assurer une existence facile et agréable, tel est notre but ; mais il est nécessaire de se plier aux exigences du caractère humain et d'encourager le travail par l'appât d'une situation supérieure et mieux rétribuée.

Répliques

« *Dans l'association collectiviste, les services pu-*
» *blics seront aussi nombreux et subdivisés qu'il sera*
» *nécessaire pour que les obligations sociales de cha-*
» *cun soient variées, faciles, attrayantes, courtes,*
» *efficaces, débarrassées de tout ce qui pourrait les*
» *rendre fatigantes, pénibles, malsaines ou dange-*
» *reuses pour les associés ; chaque associé y pourra*
» *choisir les occupations correspondantes à ses apti-*
» *tudes.* »

Ce n'est pas l'indication ci-dessus, plusieurs fois répétée dans la doctrine du Collectivisme intégral, qui a pu vous faire trouver trop centralisateur et caporalisateur les services publics de l'état social collectiviste ; alors, indiquez donc, je vous prie, ce qui motive votre critique ou vos inquiétudes au sujet de ces services.

Le programme de la fédération collective indique qu'il est bien de se servir des groupements corporatifs syndicaux et autres pour former le noyau des services publics urgents, il ajoute que dès qu'un service public fonctionne, le Collectivisme ne doit plus employer aucun de ces groupements comme Unité adjudicataire ou fermière d'une fraction quelconque du travail social qui est l'objet de ce service public ; à cela, vous répondez : « Je crois avec Jaurès à l'utilité de concéder aux groupements syndicaux et professionnels l'exploitation des usines et industries de tout genre expropriés, en agissant ainsi, on crée une émulation qui ne sera pas la concurrence et qui servira grandement au bon fonctionnement et au progrès de ces industries ».

Vous et Jaurès préférez donc aux véritables services publics, qui constitueraient les organes économiques de la société collectiviste future, le système de l'intérêt individuel représenté par des groupes? mais ces groupes, quels qu'ils soient, continueraient ce qui est avec plus de complications: La concurrence, quoi que vous en disiez, ne serait alors, ni moins âpre, ni moins féroce qu'aujourd'hui ; il y aurait, c'est bien présumable, plusieurs groupes dans chaque profession qui ne voudraient ou ne pourraient se fusionner, et, en dehors de ces groupes, des travailleurs qui auraient des raisons pour ne s'inféoder à aucun d'eux.

Il ne faut pas se payer de phrases creuses, mais voir les choses telles qu'elles sont : Ou ce serait une dictature monstrueuse qui répartirait travaux et rémunérations aux groupes qui lui plairaient, ou ce seraient des groupes qui se feraient concurrence en soumissionnant les travaux à faire? dans l'un et l'autre cas, quel changement avantageux y aurait-il pour les travailleurs? Cette demande est précise, il est bon que les partisans de confier le travail social à des groupes dans la société future y répondent.

En attendant que les amateurs de complications donnent la réponse demandée, la fédération collectiviste des travailleurs français leur reproche d'obscurcir la question et d'empêcher, sciemment ou inconsciemment, beaucoup de bonnes volontés de contribuer aux efforts nécessaires pour aboutir.

rapidement à la transformation sociale indispensable.

N'acceptant pas pour tous l'égalité, PAR ÉQUIVALENCE, des rétributions sociales, vous jugez qu'il est mieux que tous aient une rétribution suffisante à leur assurer une existence facile et agréable ; mais qui serait juge équitable dans la distribution de cette rétribution ? La dictature, toujours la dictature ! les travailleurs n'y gagneraient rien et l'Humanité y perdrait.

Vous terminez en disant « Il faut se plier aux exigences du caractère humain et encourager le travail par l'appel d'une situation meilleure et mieux rétribuée ».

Le caractère humain tel qu'il est aujourd'hui, chez la majorité des hommes, est un produit artificiel du milieu social individualiste ou du « Chacun pour soi » ; il ne s'agit pas de conserver ce caractère avec sa laideur actuelle, mais de le transformer en lui donnant un milieu où il aura tout profit à être fraternel pour tous ; cela serait impossible en continuant socialement des errements individualistes et dictatoriaux comme ceux que vous parlez de continuer, en les donnant pour des nouveautés.

Un conseil, pour finir, sur la question en discussion ; Observez sérieusement ce qui se passe dans les plus hautes sphères intellectuelles et dans les milieux du travail manuel le plus mécanique, vous verrez clairement que la véritable émulation y consiste moins à être mieux rétribué, que les autres, que d'y exercer supérieurement ses aptitudes, cela, malgré l'incitation formidable des nécessités sociales résultant de l'artificiel milieu social actuel. Aussi, ce ne sera pas par une situation meilleure et mieux rétribuée que la société collectiviste encouragera le travail ; mais par l'émulation sociale avantageuse à tous et résultant pour chacun de la mise en activité de ses aptitudes naturelles, développées intégralement.

Observations

La question de la défense nationale, est une des plus ardues que nous ayons à traiter, et cependant vous n'y consacrez que quelques lignes. J'ai vainement cherché dans ces lignes les mots de « milices nationales. » C'est, cependant, je crois, la seule organisation acceptable dans une société collectiviste tant que nous serons obligés de nous tenir prêts à repousser les invasions des nations voisines.

Explications.

La fédération Collectiviste des travailleurs français n'a pas eu pour but d'indiquer, dans son programme, les détails qui existeront dans la Société Collectiviste; mais de réclamer, dès maintenant, tout ce qui conduit directement et rapidement à l'instauration de cette Société, en ne sacrifiant jamais les intérêts des travailleurs.

Ce programme tient compte de tout ce qui existe actuellement, notamment de la nécessité où se trouve chaque peuple de prendre des précautions efficaces pour se défendre contre la convoitise des syndicats des privilèges sociaux qui, en système individualiste, forment tous les gouvernements des peuples ; chacun de ces syndicats cherche toujours à s'engraisser au détriment de ses voisins.

La France offre encore les meilleures conditions pour être l'initiatrice de la transformation sociale au profit de toute l'Humanité, elle doit se tenir toujours prête à se défendre contre les attaques extérieures;

c'est pourquoi, le programme du Collectivisme intégral qui s'occupe des réalités, et non des mots, recommande de se servir de ce qui existe et n'est pas un obstacle à la transformation sociale, dont il poursuit la réalisation ; il dit : Servez-vous de l'armée en réclamant sa transformation, sans délai, en instrument exclusivement employé à la défense nationale contre les attaques extérieures possibles, sans que jamais cet instrument puisse être employé dans les luttes intérieures, pas plus dans celles politiques que dans celles du travail contre le capital, ni dans des corvées, parades ou services d'ordre qui ne se rattachent pas strictement à la défense de la Nation contre les attaques extérieures.

Un mot n'ayant de valeur que par la signification qui lui est donnée ; ce qui importe, c'est de donner aux mots dont on se sert une signification précise : L'organisation appelée « l'armée » devenant un véritable service public dont les exigences seront simples et égales pour tous, dans lequel tous les citoyens feront un stage égal et où ils seront rappelés devant les dangers suscités par des attaques extérieures sera, certes, un instrument d'émancipation sociale plus égalitaire et plus utile que toutes les milices possibles.

Camarade, pour servir sérieusement les intérêts des travailleurs, il ne faut pas leur préconiser des réformes et des moyens qui ne peuvent servir efficacement à conquérir sûrement et le plus tôt possible l'état social où tous seront des associés libres et ÉGAUX PAR ÉQUIVALENCE ; *si non, on abuse au moins inconsciemment les travailleurs au profit d'intérêts plus ou moins individualistes.*

***

Précautions à prendre.

Spoliés et bénéficiaires de l'état social du « Chacun pour soi » dont le cœur et l'intelligence ont reconnu que votre intérêt exige la conquête de l'état social du « Chacun pour tous », le Collectivisme-Intégral appelle votre attention sur la nécessité c . concentrer tous vos efforts sur les moyens pratiques et rapides d'arriver sûrement à cette conquête, en ne vous laissant plus distraire de votre objectif pour des motifs qui n'ont rien à voir avec lui.

Comme ces motifs et les intérêts particuliers qui leur donnent naissance varient constamment, en affectant toutes les formes, il vous conseille pour les juger de prendre des critériums invariables : Le but que vous voulez atteindre, les moyens que vous devez employer, les précautions qu'il vous faut prendre.

Ce but, ces moyens, ces précautions se confondent toujours avec la justice absolue et la véritable humanité ; mais ils ne s'accordent pas avec les actes de réclame et de panaches individuels, avec les duplicités pour et par lesquelles des roublards créent de factices et successives opinions publiques.

Citoyens sincèrement Socialistes, comme vous n'êtes présentement qu'une minorité, deux facteurs sont indispensables à la réussite de vos efforts : Le temps et la possibilité d'éclairer ceux de vos concitoyens qui se laissent encore duper par les boniments individualistes.

Pour conserver ces deux facteurs, démasquez sans pitié les individus se disant patriotes, républicains, socialistes, anarchistes qui, par de spécieux trompe-l'œil et des phrases redondantes, agitent l'opinion publique pour tout autre cause que la conquête de la réelle égalité sociale en vue d'arriver à l'émancipation et au bonheur de tous.

Ces individus ne veulent que servir leur vanité et leurs intérêts personnels.

Leurs actes donnent de fallacieux prétextes au syndicat gouvernemental des privilèges sociaux pour comprimer vos efforts d'émancipation par des lois d'exception et des difficultés extérieures dont, toujours, vous payez les frais.

Les gens de cœur, les travailleurs, les spoliés, dans n'importe quel pays, peuvent-ils espérer quelques avantages des acrobaties politiciennes et de ce que leurs mandataires — *surtout s'ils se réclament du socialisme* — font beaucoup de bruit et de personnalités :

Pour réclamer de très anodins et momentanés palliatifs sociaux ;

Pour que ce soient tels ou tels individus, plutôt que tels autres, qui se partagent l'assiette au beurre sociale et gouvernementale, alors que le travail seul le fournit ;

Pour que dans leur prétendue patrie, ou dans toute autre, les exploiteurs du labeur des salariés arrondissent ce qu'ils appellent le *Domaine national*, en faisant s'entretuer des prolétaires sous toutes sortes de prétextes, etc., etc., etc. ; cela au lieu de poursuivre, sans trêve, la réalisation de mesures sérieuses en vue de la transformation absolue de l'état social actuel.

Non, mais de ces duperies, il résulte que l'attention générale est détournée du but à atteindre, que la chaîne de misères et d'esclavages sociaux devient de plus en plus lourde pour le plus grand nombre.

Gens de cœur, travailleurs, spoliés sociaux, ne

restez plus les complices conscients ou non des audacieux qui, abusant de la confiance que vous accordez à leur astuce, font leurs affaires à votre détriment : Imposez à vos candidats à n'importe quelle fonction publique un programme sérieux avec une sanction inéluctable ; sinon votre faiblesse et votre imprévoyance seront la cause d'un nouvel escamotage de la République et du Suffrage universel, moyens nécessaires pour la transformation sociale, et l'avenir sera plus cruel pour vos enfants que le présent ne vous est difficile.

Quand de prétendus socialistes veulent entraîner ceux des travailleurs qui ont confiance en eux à s'occuper de détails, où des intérêts personnels sont beaucoup plus en jeu que des questions de principes, les militants conscients ont le devoir d'affirmer que tout socialiste sincère et sérieux doit :

1° Concentrer ses efforts pour faire connaître clairement à tous le but du Socialisme et les moyens efficaces d'y atteindre le plus rapidement possible ;

2° Eviter toute polémique d'invectives et de personnalités, toute promesse vaine, toute agitation sur des questions qui ne touchent pas aux moyens sérieux de se diriger vers le but à atteindre ;

3° Attaquer de front et non par des moyens détournés les lois d'exceptions ;

4° Ne prendre parti ni pour, ni contre les souteneurs du capitalisme quand ils arrivent à se disputer entre eux ;

5° Démontrer qu'aucune union socialiste sincère ne peut exister entre des hommes qui ne tiennent pas compte des nécessités ci-dessus indiquées : En n'y conformant pas sa conduite parlée et écrite, celui qui se dit socialiste, est un ignorant, un inconscient ou un dupeur qui veut servir ses intérêts au détriment de celui des travailleurs.

Exemple, entre tous :

Avoir pris parti pour ou contre Dreyfus, au nom du Socialisme, c'était consciemment ou non jeter les efforts des travailleurs sur une fausse piste qui détournait leur attention de leur véritable intérêt.

Pourquoi les pseudo-socialistes, qui prétendaient servir la Vérité et la Justice en faisant de l'agitation dreyfusarde, que la vanité et l'or semé par de la duplicité anglaise alimentaient, n'avaient-ils pas fait, à beaucoup près, autant de bruit alors que c'étaient des petits et faibles qui étaient frappés par les abominables lois individualistes ?

Quels corrupteurs que l'or et la vanité dans l'état social du Chacun pour soi !!!

Dans cette affaire, comme dans tant d'autres, le devoir du militant véritablement socialiste était de marquer les mauvaises actions des antagonistes, de mettre en lumière que ces mauvaises actions de privilégiés sociaux sont des fruits logiques du milieu social actuel, et qu'il est de l'intérêt de tous, *sans exception*, de travailler à le transformer intégralement.

CONCLUSIONS GÉNÉRALES

L'avantage réel et permanant de chacun serait la pratique constante de la *Solidarité* ; l'état social individualiste rend cette pratique presque impossible à tous ; personne n'a de véritable intérêt à le prolonger.

Les plus réelles difficultés actuelles à ce que s'opère harmoniquement et rapidement la transformation sociale nécessaire proviennent du manque de sincérité, des sentiments de vanité haineuse, des polémiques d'invectives et de personnalités des pseudo-socialistes.

Les pires cataclysmes sociaux sont proches, si de cette transformation absolument urgente, qui peut s'opérer facilement par des moyens pacifiques, s'occupent seuls des politiciens la travestissant pour l'exploiter : Les uns en la combattant, les autres en prétendant la vouloir servir.

Donc, les hommes les meilleurs, les plus éclairés, les mieux partagés socialement ont le plus impérieux devoir et la nécessité la plus sérieuse d'aider, énergiquement, à réaliser sans délai cette transformation pour qu'elle s'accomplisse en de rapides évolutions ; ils doivent énergiquement et sans retard employer les moyens efficaces que cette transformation nécessite, et ne pas rester, sous toutes sortes de prétextes, dans leur routinière et dangereuse apathie.

***

Ce livre est le résultat d'une ardente passion : L'amour de la vérité.

TABLE ALPHABÉTIQUE

	Pages
1ʳᵉ Etude. — Base cosmologique	25
2ᵐᵉ Etude. — Organisation	104
3ᵐᵉ Etude. — Voies et moyens	140
4ᵐᵉ Etude. — Critiques et Répliques	216

Sujets plus particulièrement définis **philosophiquement** à la 26ᵉ proposition de la première Etude,

A

	Pages
Action	57
Adaptation	71
Affinité	75
Altruisme	69
Ame	62
Amour du Moi	77
Antipathie	77
Aptitude	70
Atavisme	69
Atmosphères	56
Attraction	75
Attributs	61

B

Bien	76
Bonheur	100
Bonté	76

C

Cataclisme	73
Cause-Première	47
Chance	70
Coïncidence	73
Conscience	61
Corps	62
Création	49

D

Développement	60

	Pages
Devoir	74
Dieu	47
Dissimulation	96
Double-vue	82
Droit	74

E

Egalité	98
Egoïsme	77
Espace	51
Esprit	62
Essence	56
Etat psychique	67
Etre	58
Evolutions	93
Existence	55

F

Faculté Sensitive	61
Fatalité	73
Fléau	73
Folie	81
Force	57

H

Hallucination	81
Hasard	73
Hérédité	66
Hypnotisme	89

I	Pages
Idée	65
Imagination	65
Immunité	70
Individu	58
Inertie	90
Influence des milieux	72
Inorganique	57
Instinct	63
Intelligence	53
J	
Jalousie	78
Justice	92
L	
Léthargie	82
Liberté	96
Licence	96
Lois d'influence	72
Lois naturelles	54
Lucidité	82
Lutte pour la vie	94
M	
Magnétisme	83
Mal	78
Maladie	80
Manifestations des Etres	66
Matière	52
Médicament	79
Médiumnité	88
Mémoire	66
Miracle	55
Mobiles des Etres	74
Monstruosités	79
Mort	90
Mouvement	57
Mystère	55
N	
Nature	50
Néant	92
Non-bien	78

O	Pages
Occasion	77
Organique	53
Organisme	63
P	
Pareil	98
Pensée	89
Perturbation	73
Philosophie	93
Poison	79
Pressentiments	83
R	
Répulsion	77
Rêve	81
Révolution	93
S	
Sagesse	75
Science	92
Sélection	71
Semblable	98
Sensation	64
Sommeil	86
Substances	52
Suggestion hypnotique	89
Suicide	91
Sympathie	75
T	
Temps	51
U	
Uniformité	98
V	
Vérité	75
Vertu	76
Vice	76
Vide	92
Vies individuelles	59
Vie universelle	57
Vouloir	83

Châteauroux. — Imp. P. Langlois et Cie

www.ingramcontent.com/pod-product-compliance
Lightning Source LLC
Chambersburg PA
CBHW052136230426
43671CB00009B/1272